暨南大学 企业发展研究所
企业发展研究书丛

质权人竞争与股权质押及其后果研究

李晓溪◎著

中国经济出版社
CHINA ECONOMIC PUBLISHING HOUSE
北 京

图书在版编目（CIP）数据

质权人竞争与股权质押及其后果研究 / 李晓溪 著.
—北京：中国经济出版社，2019. 12
（企业发展研究书丛）
ISBN 978-7-5136-5878-2

Ⅰ.①质… Ⅱ.①李… Ⅲ.①股权管理—研究 Ⅳ.①F271.2

中国版本图书馆 CIP 数据核字（2019）第 188522 号

责任编辑 姜 静 郑 潇
责任印制 马小宾
封面设计 华子图文

出版发行 中国经济出版社
印 刷 者 北京艾普海德印刷有限公司
经 销 者 各地新华书店
开 本 710mm×1000mm 1/16
印 张 18.5
字 数 300 千字
版 次 2019 年 12 月第 1 版
印 次 2019 年 12 月第 1 次
定 价 68.00 元
广告经营许可证 京西工商广字第 8179 号

中国经济出版社 **网址** www.economyph.com **社址** 北京市东城区安定门外大街 58 号 **邮编** 100011
本版图书如存在印装质量问题，请与本社销售中心联系调换（联系电话：010-57512564）

总 序

暨南大学企业发展研究所（以下简称“企发所”）成立于2003年，为广东省首批普通高校人文社会科学重点研究基地。经过多年发展，已形成社会责任观下的企业价值创造、行为公司财务和管理会计、生产运营管理与决策、品牌营销与服务管理、组织行为与人力资源管理五个成熟的研究团队。自2014年以来，企发所旗帜鲜明地确立了“企业转型发展”研究主题，立足广东省、服务大湾区经济，在科学研究、人才培养、学术交流、咨询服务等方面开展了一系列工作，涌现出一批具有影响力的标志性成果。2019年8月，企发所被广东省教育厅评估为“优秀文科平台”。

当前，全球经贸环境正发生深刻变化，经济形势面临严峻的挑战，企业唯有实现以技术创新和产业升级为核心的转型发展，不断提高其自身的竞争力，才能有效应对挑战。同时，我们也看到，我国企业转型发展理论研究迫切需要新的突破，这正是企发所集结学界、业界在相关领域共同展开理论与案例研究并汇集成书的初衷。

2015年，企发所已经开始着眼于当下的经济形势和社会需求，结合自身的研究特色，资助出版了第一批“暨南大学企业发展研究书丛”，获得了业内广泛认可和高度评价。今年，企发所再次资助出版第二批书丛共12本著作。本书丛主要围绕以下四个方面展开研究：

（1）通过建立财政科技资金绩效评价方法、指标及权重体系模型，科学评价广东省财政科技资金投入的绩效，为政府科学决策提供依据，进而提升广东省科技管理的能力。

（2）以传统行业的转型升级为背景，研究上市公司的并购，特别是规模较大的重大资产重组中的核心中介机构——独立财务顾问行为动机和经济后果的现实意义，为梳理、总结、改进声誉机制与独立财务顾问制度的有效性提供有益思路。

(3) 从企业持续发展的战略高度入手，开展管理模式创新研究。探索投资、知识创新、技术革新等要素对企业转型的推动作用，根据客户需求指引生产系统的动态定制，推动企业向规范化、服务化、创新化方向转变。

(4) 依托中国本土文化特色，从心理契约视角研究对品牌关系和顾客品牌决策的影响，寻找企业化解品牌危机以及通过品牌管理获得竞争优势的路径。

本次结集出版得到了中国经济出版社的大力支持，在书丛的编辑过程中，不仅注重每本书的学术水平，而且关注其使用价值。各位作者也都尽可能地将自己的最新研究成果阐述得通俗易懂，以启发更多的读者。由于这些研究成果仍有待完善，理论和方法还有不少值得改进之处，探索企业发展的研究还有待进一步深入。

希望通过此次的出版工作，一方面与国内外有关专家和同行分享相关领域的研究成果；另一方面接受各位专家的批评和建议，不断提高科研工作质量和科研成果水平，为粤港澳大湾区乃至全国的企业发展贡献绵薄之力。

特此为序。

卫海英
暨南大学企业发展研究所
2019 年 11 月

前　言

2013年5月，《股票质押式回购交易及登记结算业务办法（试行）》（下称《业务办法》）的出台将券商引入股权质押市场，打破了原本以银行和信托为主体的质权人市场均衡，加剧了股权质押市场质权人之间的竞争。本书试图利用这一外生冲击，结合中国上市公司控制权特征，基于质权人监督理论（Rajan and Winton，1995；Cerqueiro等，2014；谭燕和吴静，2013）、控制权理论（Claessens等，1999，2000；La Porta等，1999，2000；Faccio and Lang，2002；Dyck and Zingales，2004），分析质权人竞争的变化对控股股东股权质押动机及后果的影响。

本书主要从以下四个方面展开分析。

第一，考虑到质权人竞争会影响股权质押市场的供求均衡，本书研究质权人竞争与控股股东股权质押动机的关系。研究发现，《业务办法》实施后，控股股东更偏好进行股权质押。研究表明，《业务办法》将券商引入股权质押市场，强化了股权质押市场的质权人竞争，增加了股权质押市场的质权人供给，为出质方提供了更多可供选择的质权人，进而提高了控股股东股权质押动机。

第二，基于质权人监督理论、控制权理论，考虑到质权人竞争会影响其对控股股东的监督激励，进而改变公司盈余质量，本书分别研究质权人竞争与控股股东股权质押公司盈余质量的关系，即会计稳健性和应计质量。研究发现，相比非控股股东股权质押公司，《业务办法》实施后，控股股东股权质押公司的会计稳健性及应计质量均较差；在融资约束较弱、外部监督较弱或政府干预程度较高地区公司的样本中，上述结果更为显著。研究表明，质权人竞争会削弱质权人对于出质人（即控股股东）的监督作用，降低公司盈余质量；与此同时，出质人相对质权人的议价能力越强，质权人监督出质人的激励越弱，质权人竞争对控股股东股权质押公司盈余质量的负面效应越明显。

第三，基于质权人监督理论、控制权理论，考虑到质权人竞争会影响其对控股股东的监督激励，进而改变公司文字信息披露策略和崩盘风险，本书分别研究质权人竞争与控股股东股权质押公司文字信息披露，以及公司崩盘风险的关系。研究发现，相比非控股股东股权质押公司，《业务办法》实施后，控股股东股权质押公司年报“管理层讨论与分析”文字信息语气较为积极，且崩盘风险较高；在融资约束较弱、外部监督较弱或政府干预程度较高地区公司的样本中，上述结果更为显著。研究表明，质权人竞争会削弱质权人对于出质人（控股股东）的监督作用，其对股权质押公司文字信息披露的要求相应降低，进而提高公司崩盘风险；与此同时，出质人相对质权人的议价能力越强，质权人监督出质人的激励越弱，质权人竞争对控股股东股权质押公司文字信息披露策略及崩盘风险的负面效应越明显。

第四，考虑到《业务办法》的出台可能影响公司股权质押信息的披露，进而改变资本市场投资者或分析师认知，本书基于投资者估值及分析师预测两个角度，研究质权人竞争与控股股东股权质押公司市场识别的关系。研究发现，相比非控股股东股权质押公司，《业务办法》实施后，投资者对控股股东股权质押公司估值较低，分析师对控股股东股权质押公司盈利预测较为负面。研究表明，《业务办法》实施后，投资者或分析师可以识别质权人竞争增强产生的负面影响，给予控股股东股权质押公司相对较低的估值。

本书主要研究贡献如下：

第一，本书拓宽了质权人竞争与其监督作用的相关研究。已有针对银行竞争与银行监督的研究多集中于债权市场，已有针对券商竞争与券商监督的研究多集中于发行市场，均较少考虑质权市场中，两者所发挥的监督作用。基于质权人竞争视角，本书考察了银行和券商监督作用的弱化对控股股东股权质押公司盈余质量及崩盘风险的影响，丰富了已有银行竞争与银行监督、券商竞争与券商监督的文献。

第二，本书拓宽了股权质押动机的相关研究。已有针对股权质押动机的研究主要基于控股股东融资约束视角，论证与其他融资方式相比，股权质押融资的控制权优势、市场反应优势或便捷性。与已有研究均围绕控股股东一方展开论证不同，本书基于控股股东与质权人的博弈视角解读控股股东股权质押动机，并详细分析了质押动机与质权人监督作用的关系。

第三，本书丰富了股权质押与应计质量的相关研究。已有文献认为，质权人监督可以产生合约激励效应，促进控股股东股权质押公司降低盈余管理水平或采用更为隐蔽的盈余管理方式。本书强调，质权人能否发挥合约激励效应受制于质权人与出质人的议价能力；质权人市场竞争会降低质权人议价能力，削弱质权人监督作用，损害控股股东股权质押公司应计质量。

第四，通过研究质权人竞争对控股股东股权质押公司会计稳健性的影响，本书同时拓展了股权质押后果及会计稳健性影响因素的研究。一方面，针对股权质押后果的文献一般从盈余管理或盈余平滑角度考察质权人监督作用，较少关注控股股东股权质押对公司会计稳健性的影响。另一方面，针对会计稳健性形成原因的文献更多考虑债权人治理作用，较少关注质权人治理作用。本书强调，股权质押中的质权人会影响公司会计政策的选择。

第五，本书丰富了股权质押公司信息披露策略的相关研究。已有研究多基于盈余公告的数字信息视角，关注公司股权质押后，其可操纵应计或真实盈余管理的变化（Asija 等，2016；Huang and Xue，2016；谭燕和吴静，2013）。考虑与数字信息相比，文字信息更加易于操纵且操纵成本较低，本书发现，质权人竞争增强时，股权质押公司股价偏好采用积极的年报文字信息语气以抬高股价。

第六，本书为股权质押提高公司风险的研究提供了证据。已有研究指出，为维持质押物价值，公司有动机操纵股价，进而提升公司未来所面临的风险（Lee and Yeh，2004；谢德仁等，2016）。本书发现，质权人竞争削弱了其对出质人的监督激励，降低了股权质押公司的信息披露质量，进而加剧了公司未来股价的崩盘风险。

第七，本书研究结论具有一定实践意义。根据本书研究结论，公司可以利用相对有效的外部监督缓解控股股东股权质押的负面效应；与此同时，本书结论有助于投资者合理评估控股股东股权质押公司价值，并适时调整投资决策。此外，本书结论对监管层完善股权质押的质权人市场机制，制定针对控股股东股权质押公司的监管决策具有一定参考价值。

李晓溪

2019 年 10 月于广州

目　录

第1章　导　论

1.1　研究背景

2013年5月，上海证券交易所发布《股票质押式回购交易及登记结算业务办法（试行）》（以下简称《业务办法》），将券商纳入提供股权质押融资业务服务的机构范围。《业务办法》推行之前，股权质押的主要模式为场外交易，银行和信托是质押融资业务的中坚力量。据作者统计，2003—2012年，以银行和信托作为质权人的股权质押次数占股权质押业务总量之比高达90%，质押规模占业务总量之比更是达到了93%；特别是在2003—2007年，银行几乎垄断了整个股权质押市场。《业务办法》推行之后，券商走上股权质押的舞台，使得原本需要复杂手续才能在场外市场完成的股权质押融资业务，在场内市场即可便捷实现。随着《业务办法》的实施，在股权质押市场，相对银行、信托等场外交易机构，券商作为场内交易质权人的优势日趋凸显，并逐渐取代了银行的"领头羊"地位，一时风光无两。据作者统计，2013—2015年，以券商作为质权人的股权质押总笔数占股权质押业务总量之比由31%大幅上升至61%，质押总市值占业务总量之比则从25%大幅上升至59%，均呈成倍增长之势。由此可见，券商的进入打破了原有股权质押质权人市场的竞争均衡，使得相对垄断的股权质押市场逐渐向竞争型市场转变，为出质人提供了更多质押选择，进而影响出质人股权质押动机。

已有针对控股股东股权质押后果的研究并未得出一致结论。一方面，部分研究认为，股权质押在不改变控股股东控制权的情况下降低了控股股东的现金流权，加剧了控股股东控制权和现金流权的分离程度，形成"弱化激励效应"和"强化侵占效应"（Claessens等，1999，2002；Faccio and Lang，2002；郝项超和梁琪，2009），从而产生负面经济后果。另一方面，部分研究认为，基于质权人“合约激励假说”（Rajan and Winton，1995；Cerqueiro等，2014；谭燕和吴静，2013），控股股东为避免控制权转移风险（王斌等，2013），会努力采取积极性策略改善公司经营管理，从而产生正面经济后果。

在一定程度上，质权人市场竞争程度的改变会影响质权人监督动机，为已有莫衷一是的研究结论提供一个较为合理的解读。具体来说，若质权人监督作用较强，“合约激励效应”可能降低“弱化激励效应”及“强化侵占效应”，削弱控股股东股权质押负面影响，甚至形成控股股东股权质押正面效应；若质权人监督作用较弱，“弱化激励效应”及“强化侵占效应”可能严格占优于“合约激励效应”，加剧控股股东股权质押的负面影响。

基于以上分析，针对中国转轨经济制度背景，结合中国上市公司控制权特征，本书试图利用《业务办法》出台这一外生冲击，应用质权人监督理论、控制权理论，分析质权人竞争的变化对控股股东股权质押动机及后果的影响。

1.2 制度背景

1.2.1 股权质押市场发展

我国上市公司股东股权质押的历史由来已久。1995 年出台的《担保法》第七十五条第（二）项的相关内容，首次将“股权质押”纳入法制范围，允许股东可以质押依法可转让的股份或股票；《担保法》第七十八条对股权质押合同的效力作出了规范①。2007 年出台的《物权法》第二百二十三条重申了债务人或第三人有权处分的股权可以出质，并在第二百二十六条规定了股权

① 《担保法》第七十五条规定：“下列权利可以质押：（一）汇票、支票、本票、债券、存款单、仓单、提单；（二）依法可以转让的股份、股票；（三）依法可以转让的商标专用权，专利权、著作权中的财产权；（四）依法可以质押的其他权利。”第七十八条规定：“以依法可以转让的股票出质的，出质人与质权人应当订立书面合同，并向证券登记机构办理出质登记。质押合同自登记之日起生效。股票出质后，不得转让，但经出质人与质权人协商同意的可以转让。出质人转让股票所得的价款应当向质权人提前清偿所担保的债权或者向与质权人约定的第三人提存。以有限责任公司的股份出质的，适用公司法股份转让的有关规定。质押合同自股份出质记载于股东名册之日起生效。”

质权的效力①。考虑到“市场需要一种可以同时有效兼顾融资方、出资方利益，并实现快速质押、快速融资、快速处置、支持多种出资主体等进行股票质押融资的方式”以改善上市公司融资渠道不丰富、融资结构单一的问题，2013 年 5 月，上交所推出了股票质押回购业务，并发布《业务办法》。

早在 1999 年，A 股市场即出现了第一起股权质押交易。1999 年，为发行企业债券，鲁北化工（600727. SH）第一大股东山东鲁北企业集团总公司，将其持有的 9000 万股国有法人股作为质押反担保，质押期限为 1999 年 7 月 6 日至 2004 年 7 月 5 日，并于 2006 年 6 月 28 日在中国证券登记结算有限责任公司上海分公司办理了解除质押登记手续。

随着资本市场不断发展，上市公司股东股权质押现象日渐普遍。股权质押规模变化趋势见表 1-1。据作者统计，2015 年，沪深两市共有 1166 家上市公司发生控股股东股权质押（占全部 A 股上市公司的 41%），累计质押 1338 亿股（同比增长 29%），累计质押次数达 4445 次，累计参考市值约 22947 亿元；2015 年，A 股上市公司的控股股东股权质押规模较上一年增长近 133%。

表 1-1　2003—2015 年控股股东股权质押规模变化情况

年份	股权质押公司数（家）	质押公司占 A 股上市公司比值（%）	质押总次数（次）	质押总股数（亿股）	质押总市值（亿元）	质押比例（%）
2003	33	2. 60	36	19. 41	120. 47	19. 48
2004	115	8. 48	172	72. 61	398. 15	21. 79
2005	202	14. 94	337	147. 15	508. 71	21. 70
2006	205	14. 29	375	153. 79	715. 05	20. 13
2007	213	13. 75	465	172. 10	2161. 26	20. 27
2008	270	16. 84	647	251. 62	1947. 62	19. 26

① 《物权法》第二百二十三条规定：“债务人或者第三人有权处分的下列权利可以出质：（一）汇票、支票、本票；（二）债券、存款单；（三）仓单、提单；（四）可以转让的基金份额、股权；（五）可以转让的注册商标专用权、专利权、著作权等知识产权中的财产权；（六）应收账款；（七）法律、行政法规规定可以出质的其他财产权利。”第二百二十六条规定：“以基金份额、股权出质的，当事人应当订立书面合同。以基金份额、证券登记结算机构登记的股权出质的，质权自证券登记结算机构办理出质登记时设立；以其他股权出质的，质权自工商行政管理部门办理出质登记时设立。”

续表

年份	股权质押公司数（家）	质押公司占A股上市公司比值（%）	质押总次数（次）	质押总股数（亿股）	质押总市值（亿元）	质押比例（%）
2009	317	18.09	814	342.23	3055.98	21.24
2010	339	16.09	855	330.89	3387.20	17.56
2011	454	19.39	1266	463.28	4522.32	17.43
2012	554	22.43	1593	617.34	4569.50	17.95
2013	712	28.31	2145	757.40	6013.57	18.24
2014	860	32.67	3103	1038.63	9831.94	18.32
2015	1166	41.30	4445	1337.69	22947.31	17.10
合计	5440		16253			

股权质押交易的质权人性质日趋丰富。质权人性质的年度变化趋势见表1-2。2003—2012年，股权质押模式主要为场外交易，质押登记效率较低，融资成本较高，质押融资业务的开展以银行和信托为主：银行和信托作为质权人的股权质押次数占比约为90%，规模占比约为93%；特别是2003—2007年，银行垄断了股权质押市场约90%的规模。自2013年上交所推出股票质押回购业务，并发布《业务办法》，证券公司进入股权质押市场，其质押规模逐渐增加。

表1-2　2003—2015年控股股东股权质押质权人性质变化情况

Panel A：控股股东股权质押质权人性质——质押次数					
年份	股权质押次数（次）	银行为质权人占比（%）	信托为质权人占比（%）	券商为质权人占比（%）	其他金融机构为质权人占比（%）
2003	36	88.89	8.33	0.00	2.78
2004	172	94.19	0.58	0.00	5.23
2005	337	90.21	1.78	0.00	8.01
2006	375	88.80	2.13	0.00	9.07
2007	465	81.29	1.72	0.00	16.99
2008	647	76.66	11.44	0.15	11.75
2009	814	71.99	14.74	0.37	12.90
2010	855	63.39	27.13	0.47	9.01

续表

年份	股权质押次数（次）	银行为质权人占比（%）	信托为质权人占比（%）	券商为质权人占比（%）	其他金融机构为质权人占比（%）
2011	1266	47.47	43.13	0.08	9.32
2012	1593	43.82	45.70	1.26	9.23
2013	2145	36.27	26.25	30.54	6.95
2014	3103	25.88	10.57	57.11	6.45
2015	4445	24.16	6.77	61.48	7.58
Panel B：控股股东股权质押质权人性质——质押规模					
年份	股权质押总市值（亿元）	银行为质权人占比（%）	信托为质权人占比（%）	券商为质权人占比（%）	其他金融机构为质权人占比（%）
2003	120.47	83.01	14.64	0.00	2.35
2004	398.15	96.75	0.15	0.00	3.09
2005	508.71	92.58	1.10	0.00	6.32
2006	715.05	92.50	2.50	0.00	4.99
2007	2161.26	88.75	1.75	0.00	9.50
2008	1947.62	74.82	15.53	0.69	8.96
2009	3055.98	65.43	25.21	1.26	8.10
2010	3387.20	55.76	34.97	0.74	8.53
2011	4522.32	41.31	51.73	0.53	6.43
2012	4569.50	35.89	55.93	1.08	7.10
2013	6013.57	32.65	35.72	25.37	6.27
2014	9831.94	25.53	13.86	53.63	6.98
2015	22947.31	21.67	10.61	58.99	8.73

此外，股权质押市场的质权人竞争不断增强。质权人数量及竞争程度变化趋势见表1-3和图1-1。本书采用2个指标衡量质权人竞争程度：①质权人数量；②参考Li（2010）提取赫芬达尔指数（所有质权人市场份额平方和）、前四名质权人市场份额平方和、质权人数量3个指标的第一主成分，以此第一主成分的相反数度量市场竞争程度，该值越大，质权人市场竞争程度越强。表1-3显示，质权人数量从2003年的18个上升至2015年的421个，竞争程度从2003年的-0.15%上升至2015年的1.58%，尤其是2014—

2015 年增幅较大。上述结果显示，质权人竞争逐渐激烈，在 2013 年 5 月《业务办法》实施后更是如此。

表 1-3　2003—2015 年控股股东股权质押市场质权人竞争程度变化情况

年份	质权人数量（个）	质权人竞争程度（%）
2003	18	-0.15
2004	36	-0.05
2005	63	0.12
2006	79	0.07
2007	116	0.35
2008	133	0.45
2009	157	0.56
2010	169	0.66
2011	216	0.84
2012	230	0.91
2013	291	1.13
2014	307	1.16
2015	421	1.58

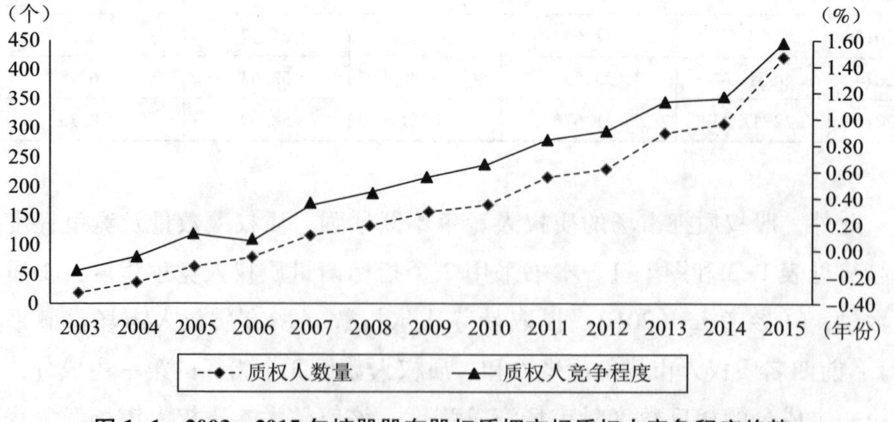

图 1-1　2003—2015 年控股股东股权质押市场质权人竞争程度趋势

图 1-1 显示了股权质押市场质权人竞争程度年度趋势，《业务办法》实施

后，质权人数量和竞争程度均呈上升趋势，尤其是2014—2015年增幅较大。

针对控股股东股权质押交易特征，本书发现，控股股东股权质押次数逐年增加（见表1-4）。控股股东质押仅1次的占比从2003年的94%降至2015年的33%；质押超过3次的占比从2003年的3%升至2015年的49%。上述结果显示，控股股东股权质押市场日渐活跃。

表1-4　2003—2015年控股股东股权质押次数变化情况

年份	股权质押公司数（家）	质押仅1次占比（%）	质押仅2次占比（%）	质押超过3次占比（%）
2003	33	93.94	3.03	3.03
2004	115	69.57	20.00	10.43
2005	202	58.42	27.23	14.36
2006	205	56.10	22.93	20.98
2007	213	49.30	25.35	25.35
2008	270	50.00	21.11	28.89
2009	317	46.06	21.45	32.49
2010	339	46.61	21.53	31.86
2011	454	42.29	23.13	34.58
2012	554	42.60	22.38	35.02
2013	712	36.10	20.79	43.12
2014	860	29.19	22.44	48.37
2015	1166	32.76	18.61	48.63

针对控股股东股权质押公司的控制权特征，本书发现，股权质押公司的股权性质有了明显改变（见表1-5）。2003—2015年，控股股东股权质押样本中国企占比逐年下降，从61%降至9%；相反地，民企占比逐年上升，由40%升至91%。上述结果显示，民企越来越多地参与到股权质押市场中来。

表 1-5　2003—2015 年控股股东股权质押公司性质变化情况

年份	股权质押公司数	国企占比（%）	民企占比（%）
2003	33	60.61	39.39
2004	115	46.09	53.91
2005	202	50.00	50.00
2006	205	41.95	58.05
2007	213	36.15	63.85
2008	270	34.81	65.19
2009	317	32.18	67.82
2010	339	24.48	75.52
2011	454	21.59	78.41
2012	554	18.23	81.77
2013	712	12.50	87.50
2014	860	10.12	89.88
2015	1166	9.26	90.74

1.2.2　股权质押信息披露相关法规

我国资本市场股权质押现象虽日趋普遍，但股权质押信息披露的相关法规尚待完善。

2013 年之前，监管部门对股权质押交易的信息披露并无针对性法规；控股股东股权质押交易仅需依据 2005 年 10 月 27 日出台的《证券法》第六十七条第（八）项中所提到的“持有公司百分之五以上股份的股东或者实际控制人，其持有股份或者控制公司的情况发生较大变化”，以及 2007 年 1 月 30 日施行的《上市公司信息披露管理办法》第三十条中所提到的“发生可能对上市公司证券及其衍生品种交易价格产生较大影响的重大事件，投资者尚未得知时，上市公司应当立即披露，说明事件的起因、目前的状态和可能产生的影响”等相关内容，履行披露义务。

2013 年 5 月，《股票质押式回购交易及登记结算业务办法（试行）》出台，规定“甲方为持股 5%以上的股东，且以其持有的该上市公司的股票参与股票质押回购的，则承诺按照有关规定的要求及时、准确地履行信息披露义务”。

随着股权质押市场风险不断凸显，2015年12月29日，上交所发布《上市公司股份质押（冻结、解质、解冻）公告》，明确规定“上市公司股东及其一致行动人所持公司5%以上的股份被质押、冻结、解质、解冻的，应当适用本指引并及时披露公告。控股股东质押股份出现平仓风险的，应当适用本指引并及时披露公告及进展”。

2016年1月16日，中国证券监督管理委员会原主席肖钢在2016年全国证券期货监管工作会议上的讲话指出，“建立健全上市公司信息披露制度规则体系，推进简明化、差异化、分行业信息披露。完善上市公司股权质押信息报送和披露规则。”

可见，股权质押交易的信息披露规范工作虽然取得了长足进展，但距离实现股权质押交易的有效监管还有一定距离。

1.3 研究框架

基于质权人监督理论、控制权理论，本书分别从控股股东股权质押动机、控股股东股权质押与公司盈余质量、控股股东股权质押与公司文字信息披露策略及崩盘风险，以及控股股东股权质押与市场识别4个角度展开分析，研究质权人竞争对控股股东股权质押动机及后果的影响。首先，考虑到《业务办法》的出台改变了质权人市场竞争格局，本书论证质权人竞争会改变控股股东股权质押动机；其次，本书应用质权人监督理论及控制权理论，论证质权人竞争的变化会改变质权人对于出质人（即控股股东）的监督作用，进而影响公司盈余质量、文字信息披露策略及崩盘风险；再次，考虑到出质人议价能力可能改变质权人竞争与控股股东股权质押公司盈余质量、文字信息披露策略及崩盘风险的关系，本书分别基于融资约束、外部监督以及政府干预3个视角，研究出质人议价能力存在差异时，质权人竞争与控股股东股权质押公司盈余质量、文字信息披露策略及崩盘风险的关系；最后，考虑到《业务办法》的出台可能影响公司股权质押信息的披露，进而改变资本市场投资者或分析师认知，本书基于投资者估值及分析师预测2个角度，研究质权人竞争与控股股东股权质押公司市场识别的关系。本书主要从以下几个方面进行研究。

1.3.1 质权人竞争与控股股东股权质押动机

2013年5月，《业务办法》的出台加剧了股权质押市场质权人之间的竞争。首先，券商的进入加剧了券商和银行之间的竞争。在一定程度上，《业务办法》的推行拓宽了可供公司选择的质权人范围，券商和银行之间难免展开“客户资源争夺战”（Takaoka and McKenzie，2006），使得相对垄断的股权质押市场逐渐向竞争型市场转变。其次，券商的进入加剧了券商和券商之间的竞争。《业务办法》的推行使得股权质押业务成为券商行业亟待开发的“新大陆”，引发券商之间对于客户资源的激烈竞争。最后，券商的进入加剧了银行和银行之间的竞争。作为股权质押场外交易的质权人，在专业性、便捷性、及时性等方面，银行及信托等机构与券商相比劣势相对明显。为减轻券商蚕食市场带来的损失，银行之间很可能展开客户资源的“争夺战”。可见，《业务办法》将券商引入股权质押市场，强化了股权质押市场的质权人竞争，增加了股权质押市场的质权人供给，为出质方提供了更多可供选择的质权人，进而提高了控股股东股权质押动机。因此，《业务办法》实施后，控股股东更偏好进行股权质押。

1.3.2 质权人竞争、控股股东股权质押与公司盈余质量

质权人竞争的加剧会削弱质权人监督作用。首先，质权人市场竞争程度的增强弱化了质权人事前筛选过程中的监督作用。为争夺客户资源，质权人可能在客户筛选过程中降低标准，使得资质相对平庸甚至相对较差的客户进入了股权质押市场（Marquez，2002；Dell’Ariccia and Marquez，2006）。其次，质权人市场竞争程度的增强弱化了质权人契约签订时的监督作用。一方面，为争夺客户资源，质权人市场竞争的加剧削弱了质权人在合同谈判过程中的议价能力（Takaoka and McKenzie，2006；Yasuda，2007），导致出质人触发违约条款的可能性降低；另一方面，质权人市场竞争的增强也弱化了质权人对于贷款利率执行标准的议价能力，损害了抵押贷款对出质人的约束效力。最后，质权人市场竞争程度的增强弱化了质权人契约签订后的监督作用。质权人市场竞争增强时，质权人在质押合约签订时放松了违约条款，降低了贷

款利率，从而增加了质权人的事后监督成本，降低了质权人的事后监督激励。

考虑到控股股东进行股权质押时，其掏空动机也相应增强，进而损害公司盈余质量（Claessens 等，1999，2002；Faccio and Lang，2002；Liu and Lu，2007；郝项超和梁琪，2009），本书认为质权人竞争会削弱质权人对于出质人（即控股股东）的监督作用，降低公司盈余质量。本书将分别从公司会计稳健性和应计质量2个角度展开论证。

一是本书研究质权人竞争与控股股东股权质押公司会计稳健性的关系。考虑到会计政策稳健时，公司净利润较低，触发违约条款的可能性较高（Nikolaev，2010；Tan，2013），不利于控股股东的掏空行为（Ahmed 等，2002；Peek 等，2010），质权人可能放松对公司会计稳健性的要求。因此，相比非控股股东股权质押公司，《业务办法》实施后，控股股东股权质押公司的会计稳健性较差。

二是本书研究质权人竞争与控股股东股权质押公司应计质量的关系。鉴于质权人竞争增强时，质权人对出质人的监督随之下降，控股股东掏空动机增强；此时，管理层更偏好操纵应计项目以满足控股股东个人需求（Bergstresser and Philippon，2006；Hou 等，2015；王克敏和刘博，2014），进而降低公司应计质量。因此，相比非控股股东股权质押公司，《业务办法》实施后，控股股东股权质押公司的应计质量较差。

本书研究当质权人议价能力不同时，质权人竞争与控股股东股权质押公司盈余质量的关系。本书分别基于融资约束、外部监督以及政府干预3个视角提出研究问题。

一是本书研究控股股东股权质押公司融资约束特征对质权人竞争与控股股东股权质押公司盈余质量的调节作用。融资约束较弱的公司“不差钱”，往往处于质押谈判的优势地位，质权人的议价能力相对较弱。因此，与融资约束较强的公司相比，《业务办法》实施后，控股股东股权质押公司会计稳健性或应计质量下降的程度在融资约束较弱公司的样本中更为显著。

二是本书研究控股股东股权质押公司外部监督特征对质权人竞争与控股股东股权质押公司盈余质量的调节作用。良好的外部监督环境可以提高公司盈余质量，改善公司治理水平（Lennox 等，2015；范经华等，2013；刘启亮等，2013），遏制控股股东掏空行为，进而缓解质权人竞争增强所产生的负面效应。因此，与外部监督较强的公司相比，《业务办法》实施后，控股股东股权质押公司会计稳健性或应计质量下降的程度在外部监督较弱公司的样本中更为显著。

三是本书研究控股股东股权质押公司政府干预特征对质权人竞争与控股股东股权质押公司盈余质量的调节作用。财政分权体制下，地方政府通常会扶持本地区上市公司，竭尽所能地为公司发展提供便利（Xu，2011；周黎安，2004，2007）。作为地方政府的“宠儿”，在出现债务纠纷时，上市公司往往有更强的议价能力，而银行等债权人的利益可能难以得到有效保障（万良勇和魏明海，2009）。因此，与政府干预程度较低地区的公司相比，《业务办法》实施后，控股股东股权质押公司会计稳健性或应计质量下降的程度在政府干预程度较高地区公司的样本中更为显著。

1.3.3 质权人竞争、控股股东股权质押与公司文字信息披露策略及崩盘风险

首先，本书研究质权人竞争与控股股东股权质押公司文字信息披露策略的关系。当质权人竞争增强时，如何获得更多客户，维持自身的市场竞争优势以避免被“淘汰出局”，是质权人需要考虑的首要问题。一方面，质权人可能放松事前筛选标准，“广撒网，多敛鱼”，争抢新客户，正如 Marquez（2002）、Dell'Ariccia 和 Marquez（2006）指出，银行会放松贷款标准以争夺市场份额；另一方面，为维持良好的客户关系，质权人也可能降低事后监督标准，避免出质人触发违约条款，如刘星等（2015）发现，银行业竞争的增强会促使银行主动减少债务契约中的限制性条款，弱化债权人监管效力。同时，较积极的年报语气有利于维持甚至抬高二级市场股价，有效避免出质人违约，减少质权人面临违约纠纷的可能，使得质权人在激烈的竞争中“站稳脚跟”。鉴于此，本书认为质权人竞争的增强容易导致其放松对股权质押公司文字信息披露的监督标准。因此，相比非控股股东股权质押公司，《业务办法》实施后，控股股东股权质押公司的文字信息语气较为积极，且可操纵性文字信息语气较为积极。

其次，本书研究质权人竞争与控股股东股权质押公司崩盘风险的关系。作为衡量公司信息披露质量的重要指标，盈余质量与公司股价崩盘风险密切

相关（Kim 和 Zhang，2016）。质权人竞争增强时，控股股东股权质押公司的盈余质量相对下降，使得公司股价崩盘风险增加。同时，在选择股权质押融资方式之后，为提高质押物（股权）价值，得到更多抵押贷款，控股股东有强烈动机影响公司信息披露决策，以维持甚至抬高二级市场股价；鉴于此，公司往往偏好多发好消息、隐藏坏消息，从而增加了公司未来股价的崩盘风险（谢德仁等，2016）。因此，相比非控股股东股权质押公司，《业务办法》实施后，控股股东股权质押公司的崩盘风险较高。

最后，本书基于融资约束、外部监督以及政府干预 3 个视角，研究质权人议价能力不同时，质权人竞争与控股股东股权质押公司文字信息披露策略及崩盘风险的关系。参照质权人议价能力对质权人竞争与控股股东股权质押公司盈余质量的相关论证，与融资约束较强（外部监督较强、政府干预程度较低地区）的公司相比，《业务办法》实施后，控股股东股权质押公司文字信息语气操纵和崩盘风险增加的程度在融资约束较弱（外部监督较弱、政府干预程度较高地区）公司的样本中更为显著。

1.3.4 质权人竞争、控股股东股权质押与市场识别

本书基于投资者估值及分析师预测 2 个角度，研究质权人竞争与控股股东股权质押公司市场识别的关系。《业务办法》对股权质押交易的信息披露作出了针对性规定，有助于市场及时了解公司股权质押的相关信息，给予股权质押公司正确估值。同时，作为券商的新生业务，股权质押备受媒体关注，有益于二级市场价格发现（Chan，2003；Tetlock，2007；Tetlock 等，2008；等等）。此外，分析师对宏观经济信息、行业信息及公司信息的数据搜集、处理及判断能力极具专业性（Hutton 等，2012；Green 等，2014；Li 等，2015；Cheng 等，2016），其专业性有助于判断质权人竞争负面效应。因此，相比非控股股东股权质押公司，《业务办法》实施后，投资者对控股股东股权质押公司估值较低，分析师对控股股东股权质押公司盈利预测较为负面。

1.3.5 研究框架

本书结构主要分为 6 个部分。结构安排如图 1-2 所示。

第 1 章是导论。主要介绍了本书的研究背景、研究问题、研究发现、研

究贡献以及框架。本书将针对中国转轨经济制度背景，详述我国股权质押发展历程及现状，梳理股权质押相关法规，确立本书实践基础。

第2章是质权人竞争与控股股东股权质押动机研究。基于股权质押动机的角度，本书回顾国内外已有相关理论及实证研究，总结已有相关研究的主要研究发现，论证本书研究贡献。基于已有理论，本书从质权人竞争与控股股东股权质押动机展开论证，阐释研究假设。基于上述研究假设，本书介绍样本选取、变量定义、模型设计和主要变量的初步描述性统计，进而利用描述性统计和多元回归分析的方法，检验《业务办法》实施与控股股东股权质押可能性的关系，并进行了相关稳健性检验。

第3章是质权人竞争、控股股东股权质押与公司盈余质量研究。基于股权质押后果、质权人竞争、质权人治理与公司决策3个角度，本书回顾国内外已有相关理论及实证研究，总结已有相关研究的主要研究发现，论证本书研究贡献。基于已有理论，本书从质权人竞争与控股股东股权质押公司盈余质量展开论证，阐释研究假设。基于上述研究假设，本书介绍样本选取、变量定义、模型设计和主要变量的初步描述性统计，进而利用双重差分（Differences-in-Differences，DID）的描述性统计和多元回归分析方法，检验相比非控股股东股权质押公司，《业务办法》实施前后，控股股东股权质押公司的会计稳健性、应计质量变化；采用双重差分和分组多元回归分析方法，检验控股股东股权质押公司融资约束、外部监督以及政府干预特征对质权人竞争与控股股东股权质押公司盈余质量关系的调节作用。此外，本书进行了相关稳健性检验。

第4章是控股股东股权质押、公司文字信息披露策略及崩盘风险研究。基于股权质押后果、质权人治理与公司崩盘风险、公司文字信息披露3个角度，本书回顾国内外已有相关理论及实证研究，总结已有相关研究的主要研究发现，论证本书研究贡献。基于已有理论，本书从质权人竞争与控股股东股权质押公司信息披露策略展开论证，阐释研究假设。基于上述研究假设，本书介绍样本选取、变量定义、模型设计和主要变量的初步描述性统计，进而利用双重差分的描述性统计和多元回归分析方法，检验相比非控股股东股权质押公司，《业务办法》实施前后，控股股东股权质押公司的文字信息语气、崩盘风险变化；采用双重差分和分组多元回归分析方法，检验控股股东股权质押公司融资约束、外部监督以及政府干预特征对质权人竞争与控股股东股权质押公司文字信息语气及崩盘风险关系的调节作用。此外，本书进行了相关稳健性检验。

第5章是质权人竞争与控股股东股权质押公司市场识别关系研究。基于股权质押后果、质权人治理与公司价值的角度，本书回顾国内外已有相关理论及实证研究，总结已有相关研究的主要研究发现，论证本书研究贡献。基于已有理论，本书从质权人竞争与控股股东股权质押公司市场识别展开论证，阐释研究假设。基于上述研究假设，本书介绍样本选取、变量定义、模型设计和主要变量的初步描述性统计，进而利用双重差分的描述性统计和多元回归分析方法，检验相比非控股股东股权质押公司，《业务办法》实施前后，投资者对控股股东股权质押公司的估值变化，以及分析师对控股股东股权质押公司的盈利预测变化。此外，本书进行了相关稳健性检验。

第6章是结论。总结了本书的主要研究发现，阐述本书的研究贡献，指出本书研究的不足，在此基础上指出未来的研究方向。

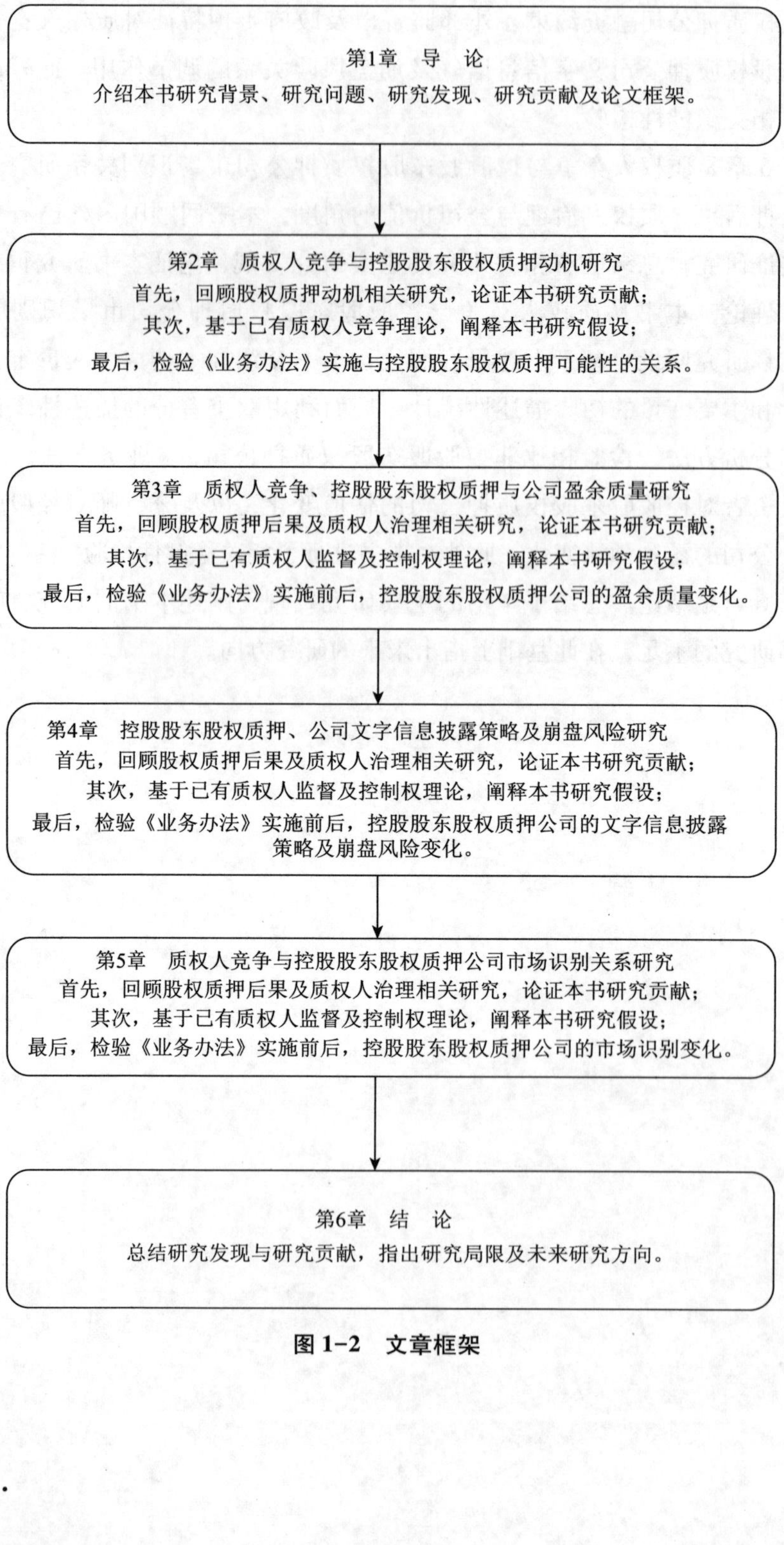
第1章 导 论
介绍本书研究背景、研究问题、研究发现、研究贡献及论文框架。
第2章 质权人竞争与控股股东股权质押动机研究
首先，回顾股权质押动机相关研究，论证本书研究贡献；
其次，基于已有质权人竞争理论，阐释本书研究假设；
最后，检验《业务办法》实施与控股股东股权质押可能性的关系。
第3章 质权人竞争、控股股东股权质押与公司盈余质量研究
首先，回顾股权质押后果及质权人治理相关研究，论证本书研究贡献；
其次，基于已有质权人监督及控制权理论，阐释本书研究假设；
最后，检验《业务办法》实施前后，控股股东股权质押公司的盈余质量变化。
第4章 控股股东股权质押、公司文字信息披露策略及崩盘风险研究
首先，回顾股权质押后果及质权人治理相关研究，论证本书研究贡献；
其次，基于已有质权人监督及控制权理论，阐释本书研究假设；
最后，检验《业务办法》实施前后，控股股东股权质押公司的文字信息披露策略及崩盘风险变化。
第5章 质权人竞争与控股股东股权质押公司市场识别关系研究
首先，回顾股权质押后果及质权人治理相关研究，论证本书研究贡献；
其次，基于已有质权人监督及控制权理论，阐释本书研究假设；
最后，检验《业务办法》实施前后，控股股东股权质押公司的市场识别变化。
第6章 结 论
总结研究发现与研究贡献，指出研究局限及未来研究方向。

图 1–2 文章框架

第2章　质权人竞争与控股股东股权质押动机研究

2.1　股权质押动机研究

股权质押是指出质人将自己所有的股权作为质押物，向金融机构申请贷款，或给予第三方贷款担保的行为（谢德仁等，2016）。股权质押动机可以简单划分为主动质押与被动质押两类。

所谓主动质押是指控股股东主动质押其所持有的股权，并以质押形式套取现金的一种方式。郝项超和梁琪（2009）认为，股权质押是控股股东回收投资的一个途径；他们以“明星电力”为例，指出最终控制人以股权质押方式获取高额银行贷款后，其剩余投资成本大幅降低。王斌等（2013）认为，大股东进行主动股权质押，主动激活其可用财务资源，俨然成为一种“常态化”的融资策略。他们指出，主动质押在私募公司中尤为普遍，是私募投资公司不断“杠杆化”的扩张策略之一。在资本市场实践中，主动质押往往伴随直接减持，在一定程度上，是控股股东套现退出的具体反映。比如，2012年11月，罗顿发展（600209）原控股股东海南黄金海岸集团股权质押解除后便立即减持，短短1个月的时间，其持股比例从28.04%大幅下降至4.95%①。可见，若控股股东主动质押股权，其股权质押行为往往是控股股东大幅减持的前奏。

与控股股东主动质押不同，控股股东被动质押仅为控股股东融资约束的具体表现，控股股东并不希望因股权质押而丧失控制权。控股股东选择股权质押进行融资往往出于以下3个方面的考虑。

① http：//finance. ifeng. com/stock/ssgs/20121210/7410280. shtml.

首先，相对于直接减持，股权质押的控制权优势更为明显。根据《中华人民共和国担保法》《中华人民共和国物权法》的相关规定，质权人除享有被质押股权产生的现金收益外，若质押股权未发生股价大幅下跌并触及“警戒比例”或“平仓比例”，被质押股权的控制权仍归出质人所有（谭燕和吴静，2013；谢德仁等，2016）。换而言之，股权质押可以避免直接减持带来的控制权丧失风险。王斌等（2013）、徐寿福等（2016）指出，股权质押可以使大股东在债务融资的同时维持其控股地位。Anderson 和 Puleo（2015）认为，内部人偏好选择股权质押的一个原因在于，质押股权并不会丧失控制权，他们可以继续分享股权所产生的长期价值增值，甚至掠夺其他股东权益以牟取私利。Dou 等（2019）认为，股权质押可以避免内部人减持股票，使得他们继续保持公司的投票决策权。Huang 和 Xue（2016）发现，在股权分置改革后，非流通股股东持股比例及其控制权转移风险考量，是影响控股股东选择股权质押或股份减持的关键因素。谢德仁等（2016）指出，在我国资本市场，上市公司控股股东“求钱若渴”，考虑到控制权削弱的风险，其既不愿意，也不能够以减持股票的方式获取资金。由此可见，相比直接减持，控股股东股权质押产生的控制权转移风险更小。

其次，与直接减持相比，选择股权质押方式融资，可以在一定程度上减弱二级市场对公司融资约束或经营状况不佳的负面反应。Chen 和 Kao（2011）回顾了有关抵押贷款的文献，在理论上，出质人质量和质押物价值之间的关系并不存在确定方向。基于逆向选择理论，若出质人未来发展前景极佳，其更偏好通过提供高品质质押物以释放其高品质信号，从而获取抵押贷款；相反地，基于降低质权人风险的相关理论，若出质人质量较差，则其必须向质权人提供高品质抵押物方可获得抵押贷款。换而言之，股权质押并不一定意味着公司质量较差。王斌等（2013）认为，考虑到股权质押后可能产生的股价下降风险和控制权转移风险，控股股东可能通过努力经营改善公司业绩，这也可能在一定程度上改变投资者对于公司未来发展前景的认知。不难发现，相对控股股东直接减持而释放出的负面信号，股权质押的负面效应可能较弱。

最后，针对我国转轨经济制度背景，相对其他融资方式，股权质押流程较为简单，易于操作。郝项超和梁琪（2009）认为，股权质押使得民营上市公司的融资来源更加多样。在一定程度上，对于民营公司而言，银行往往存在“信贷歧视”，其通常需要公司提供抵押品或第三方担保才可以获得贷款，而股权质押则拓展了民营公司融资空间。同时，鉴于作为质押物的股票具有较高的流动性，且容易变现，银行可以相对较低的成本实现风控管理。李永伟（2007）、王斌等（2013）发现，与国有大股东相比，民营大股东因融资约束等原因而大量采用股权质押融资策略。谢德仁等（2016）指出，银行贷款的审批手续较为严格，且所需时间较长，而股权质押则并不需要监管方层层审批，特别是股市向好时，股权质押获得的资金也随之增多，使得控股股东更加偏好股权质押融资。徐寿福等（2016）认为，不同于增发、配股等再融资方式，股权质押仅需在与质权人签订相关协议，依照规定办理出质登记的同时披露有关信息即可。相对而言，出质人受到监管较弱，且自主权较高，他们发现，大股东股权质押意愿会受宏观信贷政策影响。由此可见，相对二级市场再融资、债券发行、银行贷款等融资方式，股权质押审批流程较少，为控股股东节约了时间成本及监管成本。

梳理股权质押动机的研究，本书研究发现相对已有相关研究的贡献为：已有针对股权质押动机的研究主要基于控股股东融资约束视角，论证与其他融资方式相比，股权质押融资的控制权优势（Anderson and Puleo，2015；Dou等，2019；Huang and Xue，2016；谭燕和吴静，2013；王斌等，2013；谢德仁等，2016；徐寿福等，2016）、股权质押融资的市场反应优势（Chen and Kao，2011；王斌等，2013），以及股权质押融资的便捷性（郝项超和梁琪，2009；李永伟，2007；王斌等，2013；谢德仁等，2016；徐寿福等，2016）。与已有研究均围绕控股股东一方展开论证不同，本书基于控股股东与质权人的博弈视角解读控股股东股权质押动机，并详细分析了质押动机与质权人监督作用的关系。具体来说，在股权质押契约签订过程中，控股股东融资约束程度会左右其股权质押动机，进而改变控股股东对质权人的议价能力，引发质权人监督作用的变化，最终影响公司盈余质量及市场业绩。

2.2 质权人竞争问题研究

质权人竞争程度会影响其对出质人的监督作用。一方面，质权人竞争程度加剧可导致出质人发展多个潜在质权人，进而质权人信息垄断优势削弱，“敲竹杠”问题减弱，质权人垄断租金降低；另一方面，质权人竞争程度加剧会降低质权人议价能力，降低其与出质人分享剩余收益的能力。上述两方面均会降低质权人搜集出质人私有信息的收益，抑制其筛选和监督出质人的激励。已有研究多集中于银行竞争与其监督作用，或者是券商竞争对其承销业务的影响，较少关注质权人竞争与其监督作用的关系。

已有银行竞争与其监督作用的研究，并未得出一致结论。一方面，银行业竞争加剧，会降低银行议价能力，降低其与债务人分享剩余收益的能力（Petersen and Rajan，1995；Zarutskie，2006），进而降低银行筛选和监督债务人的收益，抑制其筛选和监督的激励。Cao 和 Shi （2001） 采用“赢者诅咒”理论解释银行业竞争加剧对其监督的影响，指出当银行数量增加，银行需竞标潜在债务人，而对债务人估值过高的银行才有机会赢得竞标，导致银行净收益下降；因此，为补偿竞标前信息搜集成本，银行减少参与竞标次数，减少事前筛选行为，导致信贷供给减少，贷款利率增加。Marquez （2002） 指出，银行业竞争加剧后，银行不得不放松贷款标准，争夺潜在客户，导致低质量债务人也会获得贷款，即银行对客户的筛选标准降低。Ruckes （2004） 指出，经济上行期间，债务人经营前景乐观、债务违约率低，导致银行竞争加剧，此时银行筛选仅为了排除少部分高风险债务人，使得银行事前筛选的边际收益下降，进而削弱其筛选激励。Dell' Ariccia 和 Marquez （2006） 指出，信贷需求增加时期，银行间信息不对称程度降低，单个银行的信息垄断优势减弱，导致银行业竞争加剧，因此，为争夺市场份额，银行会放松贷款标准，减少事前筛选行为，发展高风险客户以获取高收益，进而增加银行高风险资产的比例。Bushman 等 （2016） 利用银行跨州经营管制放松的制度背景，指出银行跨州经营管制放松后，债务人信贷质量下降，贷款息差对债务人信贷质量的敏感性下降，债务契约数量减少，表明银行业竞争加剧减弱了银行对债务人的监督和筛选。刘星等 （2015） 以中国上市公司为研究对象，研究银行竞争对债务人银行借款比例的影响，研究表明，银行业竞争加剧会促使银行争夺客户，主动放松对债务人资产审查或者减少债务契约中限制性条款，弱化单个债权人的监管效力，导致债务人银行借款比例提高。另一方面，银行业竞争加剧，会降低贷款利率，导致银行放松贷款标准，发展高风险客户，为降低此类客户违约可能性，银行会加强对债务人的筛选和监督（Dick and Lehnert，2010）。Dick 和 Lehnert（2010）利用银行跨州经营管制放松的制度背景，研究银行业竞争与债务人破产率的关系，发现银行跨州经营管制放松后，债务人破产率增加，但其违约风险下降，上述结果表明，银行跨州经营管制放松会加剧银行业竞争，促使银行采用更为复杂的信用评级技术，加强对债务人监督。马君潞等（2011）以中国上市公司为研究对象，指出银行业竞争加剧会降低贷款利率，导致债务人还本付息压力降低、自由现金流增加、代理成本上升，因此银行更为关注债务人代理问题引发的违约风险，会选择短期借款替代长期借款，以便更有效地监督债务人，即"代理成本效应"，研究结果表明，"代理成本效应"越强的地区，债务人借款期限越短；在法制越健全、政府干预越少的地区，"代理成本效应"较弱。

已有研究中较少研究券商竞争对其监督的影响，多集中于券商竞争与其承销业务或者分析师评级的关系。

券商竞争会减弱其议价能力，导致承销价差下降、发行折价率下降。Takaoka 和 McKenzie（2006）指出，1993 年日本金融系统改革后银行获准开展公司债承销业务，导致该市场承销商增加、竞争加剧，研究发现，1993 年日本金融系统改革后公司债承销佣金和价差下降。与 Takaoka 和 McKenzie（2006）的结论一致，Yasuda（2007）指出，1993 年日本金融系统改革降低了银行的议价能力，研究发现，银行与发行公司的借贷关系能帮助其获取承销业务，相比仅与单一银行存在借贷关系的承销公司，与多家银行存在借贷关系的承销公司承销费用较低。部分研究集中于美国承销市场竞争，并未得出一致结论。Chen 和 Ritter（2000）发现，在筹资规模为 20 万~80 万美元的 1111 次 IPO 中，约 90% IPO 承销价差约为 7%，不仅高于澳大利亚、日本、中国香港或欧洲市场，且远高于完全竞争市场下的承销价差，其原因可能是券商声誉、券商提供的分析师跟踪和买入评级服务；Chen 和 Ritter（2000）指出上述结果是由于券商合谋（Collusion）以获取垄断利润。而 Hansen（2001）质疑 Chen 和 Ritter（2000）的结论，指出，IPO 市场进入壁垒较低、行业集中度较低，以及 7%承销价差无法为券商带来超额利润，因此 7%价差现象不可能是券商合谋导致，而是券商凭借其声誉、包销服务和发行折价竞争的结果。Fernando 等（2005）指出券商和发行公司存在双向选择的过程，券商会竞争高质量发行公司，同时发行公司会竞争高质量券商；均衡状态下，高质量券商与高质量发行公司匹配，低质量券商与低质量发行公司匹配。Liu 和 Ritter（2011）指出，IPO 市场竞争程度强，但少数券商可凭借其特殊服务比如，明星分析师跟踪、行业专长等，获取行业垄断地位，研究发现，券商能够通过提供明星分析师跟踪业务，获取高 IPO 折价率，上述结果在风险投资支持的 IPO 样本中更为显著。陆正飞和韩非池（2014）以中国上市公司为研究对象，考察券商地域垄断（Market Power）对发行公司 IPO 折价的影响，指出券商地域垄断性有助于形成政治联系，促使地方政府干预当地公司的承销商选择，研究发现，相比处于非地域垄断地位的券商，处于地域垄断地位券商承销 IPO 的发行折价率较高，且上述结果在地方国有企业中更为显著；在发行制度由行政审批改为自由定价制度后，券商地域垄断与发行公司 IPO 折价率的相关关系减弱。

另外，券商可能通过发布较高分析师盈利预测和买入评级，来争取客户。Agrawal 和 Chen（2008）指出，分析师评级越乐观，其所在券商收入中承销业务和经纪业务占比越高，在控制被跟踪公司规模、券商规模、分析师经验和跟踪公司数量后，上述结论依然成立。Kadan 等（2009）指出，2002 年 6 月的相关法规（*New NASD Rule* 2711，*Amended NYSE Rule* 472 *Global Settlement*）旨在避免券商承销业务对其分析师评级的影响，研究发现，相关法规出台后，券商承销业务与分析师乐观评级的正相关关系减弱。Groysberg 等（2011）利用券商内部分析师年薪数据，指出分析师通过发展潜在客户、向客户提供咨询业务和参与客户 IPO 发行，参与相关承销业务，研究发现，分析师跟踪公司支付承销和经纪费用越多，其薪酬越高，且 Global Settlement 法规出台后，上述正相关关系减弱。上述结果表明，券商将承销业务收入作为分析师薪酬考核因素，会影响分析师研究业务的独立性，影响其评级报告。然而，与上述结论不同，Krigman 等（2001）比较变更券商和未变更券商样本，发现两类样本的分析师预测误差不存在显著差异，说明较高分析师盈利预测并不能帮助券商争取客户。Ljungqvist 等（2006）以 1993—2002 年的债券、股权发行为研究对象，直接检验了分析师评级能否帮助其券商获取承销业务，发现分析师乐观评级并不能提高券商获取承销业务的可能性，而发行公司券商选择的最重要影响因素是券商与发行公司关联程度，即之前是否有过贷款或者承销业务。Cowen 等（2006）发现，为维持自身声誉，券商不会采用发布乐观分析师评级的方式来争取承销业务。

通过对质权人竞争文献的梳理，不难发现，已有针对银行竞争与银行监督的研究多集中于债权市场（Marquez，2002；Dell'Ariccia and Marquez，2006；Bushman 等，2016），已有针对券商竞争与券商监督的研究多集中于发行市场（Takaoka and McKenzie，2006；Yasuda，2007），均较少考虑质权市场中，两者所发挥的监督作用。基于质权人竞争视角，本书丰富了已有银行竞争与银行监督、券商竞争与券商监督的文献。

2.3　理论分析与研究假设

券商的进入打破了原有股权质押市场的竞争均衡。其原因有三点。首先，券商的进入加剧了券商和银行之间的竞争。在一定程度上，《业务办法》的推行拓宽了可供公司选择的质权人范围，简化了公司股权质押流程，进而增强了公司参与股权质押业务的动机。针对前述“潜在”进行股权质押融资的“新客户”，券商和银行之间势必展开激烈争夺。券商也可能利用自身场内交易业务的专业性或及时性优势，积极争夺银行既有的“老客户”。正如 Takaoka 和 McKenzie（2006）指出，1993 年日本金融系统改革后，银行获准开展公司债承销业务，使得公司债市场承销商增加，导致市场竞争加剧。可见，股权质押业务供给方的增加，使得相对垄断的股权质押市场逐渐向竞争型市场转变。其次，券商的进入加剧了券商和券商之间的竞争。《业务办法》实施之前，股权质押业务主要集中于场外交易，券商参与度极低。《业务办法》的推行使得股权质押业务成为券商行业亟待开发的“新大陆”，急于开疆拓土分羹市场的心态容易引发券商之间对于客户资源的激烈竞争。一方面，券商并不仅仅只开展股权质押业务，还会通过股权质押业务与上市公司建立合作关系，为券商推广后续的承销业务及经纪业务积累了宝贵的客户资源，在一定程度上形成了“乘数效应”；另一方面，考虑到市场垄断性打破之初，开展股权质押业务盈利性较高，正如实务界的相关人士坦言，股权质押融资业务俨然已成为券商眼中的“摇钱树”①，尚未进入股权质押市场的券商会想方设法进入市场，追逐利润。最后，券商的进入加剧了银行和银行之间的竞争。作为股权质押场外交易的质权人，在专业性、便捷性、及时性等方面，银行及信托等机构与券商相比劣势相对明显。已有文献表明，券商不仅可以在股票发行等相对复杂的业务中充分发挥“鉴证”作用（Michaely and Shaw，1994；Carter 等，1998；Aggarwal and Conroy，2000；Fang，2005），券商分析师对于宏观经济信息、行业信息及公司信息的数据搜集、处理及判断能力也极具专业性（Boni and Womack，2006；Hutton 等，2012；Green 等，2014；Li 等，2015；Cheng 等，2016）。券商与中国结算之间关系密切，不同于场外交易的繁复流程，即便是大额的股权质押也可在一周之内完成，极大地缩短了出质人的融资时间。可见，为减轻券商蚕食市场带来的损失，原来“和平共处”甚至采用串谋等方式维持垄断利润优势的银行之间很可能展开客户资源的“争夺战”。由此，因《业务办法》推行而“闪亮登场”的券商不仅加剧了券商和原有银行、信托等质权人之间的竞争，还强化了券商之间以及银行之间的竞争，进而推高了股权质押市场的质权人竞争程度。

基于以上分析，本书认为《业务办法》将券商引入股权质押市场，强化了股权质押市场的质权人竞争，增加了股权质押市场的质权人供给，为出质方提供了更多可供选择的质权人，进而提高了控股股东股权质押动机。因此，本书提出假设 1：

H1：《业务办法》实施后，控股股东更偏好进行股权质押。

2.4 实证检验

2.4.1 样本选取

本书以 2003—2015 年 A 股非金融上市公司为研究对象，分析控股股东股权质押的影响因素。本研究使用的股权质押股数来自 Wind 数据库，并手工整理质押股东信息；公司基本特征数据均来自国泰安数据库。参考 Chan 等（2016）、谢德仁等（2016），样本筛选过程如下：首先，删除总资产、所有者

① http：//magazine. caixin. com/2013-04-26/100521032. html.

权益为“负”或“零”的样本；其次，删除 ST 样本；最后，删除主要研究变量缺失样本。本书最终样本共 19568 个公司—年度观测数，其中控股股东进行股权质押的观测数、控股股东未进行股权质押的观测数分别为 4418 个、15150 个，样本筛选过程见表 2-1。

表 2-1　样本选择

项目	总公司—年度观测数（个）	控股股东进行股权质押的观测数（个）	控股股东未进行股权质押的观测数（个）
2003—2015 年 A 股上市公司	24886	5440	19446
减：金融业上市公司	524	71	453
减：总资产、所有者权益为负值或 0 的样本	1865	159	1706
减：ST 样本	1529	307	1222
减：数据缺失样本	1400	485	915
最终样本	19568	4418	15150

样本分布情况见表 2-2。表 2-2 中 Panel A 显示，控股股东进行股权质押的观测数占比平均为 20%，从 2003 年的 3%上升至 2015 年的 40%。Panel B 显示，控股股东进行股权质押观测数占比最高的 3 个行业依次为其他制造业，木材、家具、纺织、服装、皮毛，其占比分别为 54%、39%及 39%；控股股东进行股权质押观测数占比最低的 3 个行业为交通运输、仓储业，电力、煤气及水的生产和供应业，采掘业，其占比分别为 6%、12%及 17%。Panel C 显示，控股股东进行股权质押观测数占比最高的 3 个地区依次为福建、青海、内蒙古，占比分别为 39%、36%、34%；控股股东股权质押观测占比最低的 3 个地区依次为上海、云南、天津，占比分别为 11%、12%、15%。

表 2-2　样本分布

Panel A：样本年度分布			
会计年度	总观测数（个）	控股股东进行股权质押的观测数（个）	控股股东未进行股权质押的观测数（个）
2003	977	30	947
2004	1026	98	928
2005	1115	185	930
2006	1075	174	901
2007	1132	168	964
2008	1276	221	1055
2009	1350	274	1076
2010	1483	268	1215
2011	1832	390	1442
2012	2091	489	1602
2013	2205	644	1561
2014	2069	699	1370
2015	1937	778	1159
合计	19568	4418	15150
Panel B：样本行业分布			
行业	总观测数（个）	控股股东进行股权质押的观测数（个）	控股股东未进行股权质押的观测数（个）
农、林、牧、渔业	284	69	215
采掘业	601	100	501
食品、饮料	822	186	636
纺织、服装、皮毛	524	203	321
木材、家具	104	41	63
造纸、印刷	312	68	244
石油、化学、塑胶、塑料	1933	472	1461
电子	950	243	707
金属、非金属	1660	360	1300
机械、设备、仪表	3527	744	2783
医药、生物制品	1194	322	872

续表

行业	总观测数（个）	控股股东进行股权质押的观测数（个）	控股股东未进行股权质押的观测数（个）
电力、煤气及水的生产和供应业	103	56	47
建筑业	940	112	828
交通运输、仓储业	513	122	391
信息技术业	778	43	735
批发和零售贸易	1425	381	1044
房地产业	1407	266	1141
社会服务业	1282	375	907
传播与文化	671	160	511
综合类	291	52	239
合计	247	43	204
Panel C：样本地区分布			
地区	总观测数（个）	控股股东进行股权质押的观测数（个）	控股股东未进行股权质押的观测数（个）
安徽	665	115	550
北京	1491	240	1251
福建	727	280	447
甘肃	216	54	162
广东	2543	584	1959
广西	272	44	228
贵州	227	40	187
海南	218	66	152
河北	407	100	307
河南	512	112	400
黑龙江	315	79	236
湖北	720	152	568
湖南	577	136	441
吉林	373	78	295
江苏	1695	427	1268
江西	315	73	242
辽宁	594	151	443

续表

地区	总观测数（个）	控股股东进行股权质押的观测数（个）	控股股东未进行股权质押的观测数（个）
内蒙古	227	78	149
宁夏	109	25	84
青海	89	32	57
山东	1141	262	879
山西	289	49	240
陕西	302	58	244
上海	1681	198	1483
四川	784	213	571
天津	331	48	283
西藏	89	23	66
新疆	345	79	266
云南	277	34	243
浙江	1728	495	1233
重庆	309	93	216
合计	19568	4418	15150

2.4.2　变量定义和模型设计

2.4.2.1　控股股东股权质押特征

本书参考谢德仁等（2016）、徐寿福等（2016），采用控股股东是否实施股权质押（*Pledge*）衡量公司控股股东股权质押倾向。具体来说，若该年度公司控股股东质押其股权，*Pledge* 取值为 1，若该年度控股股东未质押其股权，*Pledge* 取值则为 0。

2.4.2.2　质权人竞争虚拟变量

考虑到《业务办法》允许证券公司开展股权质押业务，会加剧股权质押市场质权人竞争，本书以《业务办法》实施前后分组，检验其对控股股东股权质押动机的影响。具体来说，考虑到证交所于 2013 年 5 月 24 日出台《业务办法》，本书以 2013 年为分界点，在《业务办法》实施阶段（2013 年之后，包括 2013 年）质权人竞争虚拟变量（*Post*）变量取 1，否则取 0。

2.4.2.3　控制变量

根据谢德仁等（2016）、徐寿福等（2016），本书设计了以下控制变量：国企（*SOE*）、控股股东持股比例（*Hold*）、公司规模（*Size*）、市值账面比（*MB*）、杠杆（*LEV*）、业绩（*ROA*）、行业（*Industry*）、年度（*Year*）。本书对崩盘风险变量之外的所有连续变量进行 1%缩尾处理。变量设计见表 2-3。

表 2-3　变量定义

Panel A：控股股东股权质押特征	
Pledge	控股股东股权质押虚拟变量，若该年度公司控股股东质押其股权，则取值为 1，若公司控股股东未质押其股权，则为 0
Panel B：质权人竞争虚拟变量	
Post	质权人竞争虚拟变量，在《业务办法》实施阶段（2013 年之后，包括 2013 年）变量取 1，否则取 0
Panel C：控制变量	
SOE	国企虚拟变量，若公司为国企则取 1，否则取 0
Hold	公司控股股东持股比例
Size	公司规模，即公司总市值的对数值
MB	公司市值账面比
LEV	公司杠杆，即总负债与总资产的比值
ROA	公司净利润
Industry	基于证监会行业分类定义的行业虚拟变量

2.4.2.4　质权人竞争与控股股东股权质押动机与模型的设计

为了考察质权人竞争对控股股东股权质押动机的影响，对假设 1 进行验证，本书基于公司年度观测，建立如下回归模型：

$$Pledge_t = \theta_0 + \theta_1\,Post_t + \theta_2\,ControlVariable_t + Industry + \varepsilon \qquad (2-1)$$

其中，$ControlVariable_t$表示控制变量。若假设 1 成立，则《业务办法》实施后，控股股东更偏好进行股权质押，即 θ_1显著大于 0。

2.4.3 实证结果

2.4.3.1 《业务办法》与控股股东股权质押动机的描述性统计

为了检验质权人竞争对控股股东股权质押动机的影响，本书比较《业务办法》实施前后控股股东股权质押可能性（$Pledge_t$）的差异，描述性统计见表2-4。

表2-4显示，在《业务办法》实施后，控股股东股权质押可能性（$Pledge_t$）均值、中位数分别为0.341、0.000；在《业务办法》实施前，$Pledge_t$均值、中位数分别为0.172、0.000，且《业务办法》实施前后$Pledge_t$均值、中位数的差异均在1%水平上显著为正，因此《业务办法》实施后，控股股东股权质押可能性显著提高。

表2-4 《业务办法》与控股股东股权质押动机的描述性统计

变量	《业务办法》实施后			《业务办法》实施前			t检验	秩和检验
	观测值	均值	中位数	观测值	均值	中位数		
$Pledge_t$	6211	0.341	0.000	13357	0.172	0.000	26.88***	26.40***

注：*、**、***分别表示10%、5%、1%显著性水平，下同。

2.4.3.2 《业务办法》与控股股东股权质押动机的回归分析

为了控制其他公司特征对控股股东股权质押动机的影响，本书利用logit模型分析《业务办法》对控股股东股权质押动机（$Pledge_t$）的影响，回归结果见表2-5。

表2-5 《业务办法》与控股股东股权质押动机的回归分析

变量	(1)	
	$Pledge_t$	
截距项	-1.986***	(-5.75)
$Post_t$	0.708***	(16.73)
SOE_t	-2.015***	(-42.19)
$Hold_t$	0.005***	(4.18)
$Size_t$	0.018	(0.78)

续表

变量	(1)	
	$Pledge_t$	
MB_t	0.035***	(4.89)
LEV_t	1.712***	(15.28)
ROA_t	-1.635***	(-4.64)
Industry	控制	
N	19568	
pseudoR^2	0.170	

注：括号中数字为经过异方差调整的 t 值，下同。

表 2-5 显示了《业务办法》与控股股东股权质押动机的回归结果。列（1）中，《业务办法》实施虚拟变量（$Post_t$）回归系数为 0.708，在 1%水平上显著，该结果表明，《业务办法》实施后，控股股东更偏好进行股权质押。表 2-5结果与表 2-4 结果一致，验证了假设 1。

2.4.4　稳健性检验

2.4.4.1　控制质权人竞争变量度量的稳健性检验

考虑到采用《业务办法》虚拟变量衡量质权人竞争可能存在误差，本书采用质权人数量（*NUM*）和质权人竞争指数（*PMC*）衡量质权人竞争，进一步检验质权人竞争与控股股东股权质押动机的关系。质权人数量是指根据 Wind 股权质押数据，手工整理得到该年度开展股权质押业务的质权人个数，取其自然对数；质权人竞争指数是指参考 Li（2010）提取赫芬达尔指数（即所有质权人市场份额平方和）、前四名质权人市场份额平方和、质权人数量 3 个指标的第一主成分，以此第一主成分的相反数度量竞争程度，该值越大，质权人市场竞争程度越强，其中，质权人市场份额，是该质权人开展股权质押业务总市值占当年股权质押市场总市值的比重。回归结果见表 2-6。

表 2-6 中列（1）显示采用质权人数量（*NUM*）衡量质权人竞争的《业务办法》与控股股东股权质押动机的回归结果。质权人数量（NUM_t）回归系数为 0.691，在 1%水平上显著；列（2）显示采用质权人竞争指数（PMC）衡量质权人竞争的《业务办法》与控股股东股权质押动机的回归结果。质权

人竞争指数（PMC_t）回归系数为 0.990，在 1%水平上显著。上述结果与表 2-5结果一致，表明质权人竞争计量方式不影响《业务办法》与控股股东股权质押动机。

表 2-6　控制质权人竞争变量度量的《业务办法》与控股股东股权质押动机的回归分析

变量	(1)	(2)
	$Pledge_t$	$Pledge_t$
截距项	-4.033***	-0.944***
	(-11.99)	(-2.62)
NUM_t	0.691***	
	(18.95)	
PMC_t		0.990***
		(19.74)
SOE_t	-1.957***	-1.956***
	(-40.73)	(-40.66)
$Hold_t$	0.007***	0.006***
	(5.12)	(4.93)
$Size_t$	-0.078***	-0.097***
	(-3.25)	(-3.89)
MB_t	0.035***	0.031***
	(4.87)	(4.38)
LEV_t	1.864***	1.921***
	(16.32)	(16.75)
ROA_t	-1.553***	-1.221***
	(-4.42)	(-3.43)
Industry	控制	控制
N	19568	19568
pseudoR^2	0.176	0.176

2.4.4.2　控制股权质押变量度量的稳健性检验

考虑到采用控股股东股权质押虚拟变量衡量其股权质押可能存在误差，本书采用控股股东股权质押次数（*NPledge*）和质押比例（*RPledge*）进一步检验质权人竞争与控股股东股权质押动机的关系。控股股东股权质押次数（*NPledge*）是指公司控股股东当年质押次数的自然对数；质押比例（*RPledge*）是指当年控股股东平均质押股数占公司总股本比值的自然对数。回归结果见表 2-7。

表 2-7 中 Panel A 显示了采用控股股东股权质押次数（*NPledge*）衡量股权质押的《业务办法》与控股股东股权质押动机的回归结果。《业务办法》虚拟变量（$Post_t$）、质权人数量（NUM_t）、质权人竞争指数（PMC_t）回归系数分别为 0.160、0.087、0.168，均在 1%水平上显著。Panel B 显示采用控股股东股权质押比例（*RPledge*）衡量股权质押的《业务办法》与控股股东股权质押动机的回归结果。《业务办法》虚拟变量（$Post_t$）、质权人数量（NUM_t）、质权人竞争指数（PMC_t）回归系数分别为 0.178、0.131、0.214，均在 1%水平上显著。结果与表 2-5 结果一致。上述结果表明，控股股东股权质押计量方式不影响《业务办法》与控股股东股权质押动机的研究结果。

表 2-7　控制股权质押变量度量的《业务办法》与控股股东股权质押动机的回归分析

Panel A：采用控股股东股权质押次数衡量股权质押的《业务办法》与控股股东股权质押动机的回归结果			
变量	(1)	(2)	(3)
	$NPledge_t$	$NPledge_t$	$NPledge_t$
截距项	-0.183***	-0.529***	-0.068
	(-2.76)	(-8.13)	(-1.01)
$Post_t$	0.160***		
	(17.15)		
NUM_t		0.087***	
		(21.07)	
PMC_t			0.168***
			(20.61)
SOE_t	-0.433***	-0.428***	-0.420***
	(-47.51)	(-47.28)	(-46.23)
$Hold_t$	0.002***	0.003***	0.003***
	(9.53)	(10.58)	(10.62)

续表

变量	(1)	(2)	(3)
	$NPledge_t$	$NPledge_t$	$NPledge_t$
$Size_t$	0.027***	0.024***	0.013***
	(6.56)	(5.35)	(3.03)
MB_t	0.009***	0.009***	0.008***
	(5.00)	(5.06)	(4.83)
LEV_t	0.370***	0.356***	0.379***
	(17.40)	(16.78)	(17.84)
ROA_t	−0.283***	−0.376***	−0.272***
	(−4.04)	(−5.42)	(−3.91)
Industry	控制	控制	控制
N	19568	19568	19568
adj. R^2	0.190	0.187	0.190

Panel B：采用控股股东股权质押比例衡量股权质押的《业务办法》与控股股东股权质押动机的回归结果

变量	(1)	(2)	(3)
	$RPledge_t$	$RPledge_t$	$RPledge_t$
截距项	0.929***	0.556***	1.135***
	(9.19)	(5.76)	(10.89)
$Post_t$	0.178***		
	(12.20)		
NUM_t		0.131***	
		(16.09)	
PMC_t			0.214***
			(14.59)
SOE_t	−0.604***	−0.586***	−0.583***
	(−41.79)	(−40.41)	(−39.75)
$Hold_t$	0.003***	0.004***	0.004***
	(8.73)	(10.09)	(9.73)
$Size_t$	−0.042***	−0.060***	−0.065***
	(−6.46)	(−8.73)	(−9.19)

续表

变量	(1)	(2)	(3)
	$RPledge_t$	$RPledge_t$	$RPledge_t$
MB_t	0.014***	0.014***	0.014***
	(5.35)	(5.28)	(5.16)
LEV_t	0.498***	0.496***	0.518***
	(13.89)	(13.89)	(14.44)
ROA_t	-0.617***	-0.650***	-0.561***
	(-5.49)	(-5.87)	(-4.98)
Industry	控制	控制	控制
N	19568	19568	19568
adj. R^2	0.135	0.137	0.137

2.5 小结

考虑到质权人竞争会影响股权质押市场的供求均衡，本书研究质权人竞争与控股股东股权质押动机的关系。研究发现，《业务办法》实施后，控股股东更偏好进行股权质押。研究表明，《业务办法》将券商引入股权质押市场，强化了股权质押市场的质权人竞争，增加了股权质押市场的质权人供给，为出质方提供了更多可供选择的质权人，进而提高了控股股东股权质押动机。

本书拓宽了股权质押动机的相关研究。已有针对股权质押动机的研究主要基于控股股东融资约束视角，论证与其他融资方式相比，股权质押融资的控制权优势、市场反应优势或便捷性。与已有研究均围绕控股股东一方展开论证不同，本书基于控股股东与质权人的博弈视角解读控股股东股权质押动机，并详细分析了质押动机与质权人监督作用的关系。

第3章　质权人竞争、控股股东股权质押与公司盈余质量研究

3.1　股权质押后果研究

已有文献主要基于代理理论及控制权理论，从公司治理、公司风险、公司价值等角度，分析股权质押经济后果。一方面，部分研究认为，股权质押在不改变控股股东控制权的情况下降低了控股股东的现金流权，加剧了公司控制权和现金流权的分离程度，形成“弱化激励效应”和“强化侵占效应”（郝项超和梁琪，2009），从而产生负面经济后果。另一方面，部分研究认为，基于质权人“合约激励假说”（谭燕和吴静，2013），控股股东为避免控制权转移风险（王斌等，2013），会努力采取积极性策略改善公司经营管理，从而产生正面经济后果。

Yeh等（2009）发现，针对中国股权分置改革，非流通股股东股权质押比例越高，流通股股东要求非流通股股东提供的补偿对价就越高。他们认为，非流通股股东的高股权质押比例可以在一定程度上反映出公司代理问题相对严重。谭燕和吴静（2013）考察了债权银行（质权人）对出质方（控股股东）的合约激励效应。他们发现，在其他因素相同情况下，与股权未质押公司相比，股权质押公司盈余管理和控股股东掏空程度较低，且与股权非连续质押公司相比，股权连续质押公司盈余管理及控股股东掏空程度较低。与国有质押公司相比，民营质押公司盈余管理及控股股东掏空程度较低，金融发展水平则会强化股权质押治理效应。李旎和郑国坚（2015）研究市值管理对公司股权质押的影响，发现市值管理与控股股东股权质押正相关，且可以降低控股股东掏空动机。王斌和宋春霞（2015）发现，股权质押公司应计性盈余管理程度较低，真实盈余管理程度较高，表明质权人在一定程度上发挥

了治理作用，使公司盈余管理方式由应计盈余管理，向较为隐蔽的真实盈余管理转变。陈共荣等（2016）也发现了类似结论。Asija等（2016）以印度上市公司为研究对象，发现在质押发生的第一年，公司存在强烈动机向上操纵盈余；在质押之后，质权人监督作用日趋显著，公司可操纵应计也随之下降。与此同时，公司研发支出也显著下降，他们认为，可操纵应计和研发支出的相反变化表明，公司盈余管理方式由可操纵应计盈余管理向真实盈余管理转变。Huang和Xue（2016）指出，股权分置改革后，二级市场股价对于控股股东股权质押行为变得尤为重要。为维持质押标的物的持续增长，股权质押公司更偏好进行盈余平滑。Yeh等（2016）发现，公司股权质押比例越高，内部人择时及减持收益越明显。

梳理股权质押与盈余质量的研究，本书研究发现相对已有相关研究贡献如下：已有文献认为，质权人监督可以产生合约激励效应，促进控股股东股权质押公司降低盈余管理水平或采用更为隐蔽的盈余管理方式（谭燕和吴静，2013；Asija等，2016；王斌和宋春霞，2015；陈共荣等，2016）。本书认为质权人能否发挥合约激励效应受制于质权人与出质人的议价能力。具体来说，质权人市场竞争会降低质权人议价能力，削弱质权人监督作用，降低控股股东股权质押公司应计质量和会计稳健性。

3.2 质权人竞争问题研究

已有针对质权人竞争与质权人监督的研究多围绕“银行”展开。当银行业竞争加剧时，银行议价能力相应下降，不利于银行与债务人分享剩余收益（Petersen and Rajan，1995；Zarutskie，2006），进而弱化银行的筛选及监督激励。当银行竞争增强时，如何获得更多客户，维持自身的市场竞争优势以避免“淘汰出局”，是银行需要考虑的首要问题。一方面，已有文献指出，银行可能放松事前筛选标准，以争抢客户；正如Marquez（2002）、Dell'Ariccia和Marquez（2006）指出，银行会放松贷款标准以争夺市场份额。另一方面，已有研究指出，为维持良好的客户关系，银行也可能降低事后监督标准，避免出质人触发违约条款；如刘星等（2015）发现，银行业竞争的增强会促使银行主动减少债务契约中的限制性条款，弱化债权人监管效力。

3.3 质权人治理相关研究

3.3.1 质权人治理理论基础

3.3.1.1 债务融资的公司治理作用研究

债务融资自身会产生代理成本。Jensen 和 Meckling（1976）认为，公司所有权和经营权的分离会使管理层基于自身利益最大化，而非公司利益最大化作出经营决策。因此，公司的外部融资——股权融资和债务融资，均会产生代理成本。具体来说，股权融资和债务融资的代理成本不仅包括公司管理层的在职消费、帝国建设等，还包括为解决管理层和股东、债权人之间利益冲突的契约成本，如管理层自愿向利益相关者披露公司财务报表，并雇佣独立审计师事务所对报表进行审计的成本。Myers（1977）从债务融资导致股东投资决策非最优化的角度分析了债务融资的代理成本。他认为，公司的现有资产，特别是其成长机会，可以被看作看涨期权，但该实物期权的价值取决于公司未来的投资安排。当公司存在债务融资时，公司股东会按照股东利益最大化，而非股东和债权人的利益最大化作出投资决策，因此，债务融资会使公司拒绝那些可以增加公司价值但预期收益更多归属于债权人的投资项目，导致公司投资不足，公司价值下降。

与上述研究关注债务融资自身的代理成本不同，已有研究还基于信息不对称理论和代理理论研究债务融资的公司治理作用。基于信息不对称理论，已有研究指出，债务融资可以借助债务契约安排对公司进行事前筛选和事后监督，以缓解债权人与公司的信息不对称，发挥债务融资的公司治理作用。Myers 和 Msjluf（1984）认为，相对于外部投资者，管理层作为内部人拥有更多的私有信息，其导致外部融资成本较高。若公司选择发行更安全的证券——证券价格与管理层掌握的私有信息敏感性较低的证券，则可以降低该逆向选择成本。因此，管理层会选择在发行股票前先发行债券，因为股票估值需要了解公司资产的准确价值及未来的投资机会，而债券估值则只需考虑抵押资产的价值，无须关注公司整体价值。即债务融资与管理层私有信息间的低敏感度使其可以减少公司的逆向选择成本。Harris 和 Raviv（1990）认为，债务融资具有两方面的信息价值：一方面，在签订债务契约时，为获取贷款，管理层需要向债权人提供相关信息；另一方面，当发生债务违约时，债权人具有改变公司经营策略或进行破产重组的权利，公司管理层还需要与债权人沟通以避免破产清算。债务融资的信息价值缓解了管理层与债权人之间的信息不对称，有助于债权人更好地监督管理层，使其更有效地执行相关经营策略，特别是当发生债务违约时，债权人的监督作用会大大降低管理层的代理成本。Fama（1990）认为，债务契约之所以可以降低契约成本是因为债务契约往往都有可信的专家对其进行监督或担保。这些专家会通过分析公司财务状况、与管理层沟通、进驻公司董事会等形式对公司违约风险进行评估并监督，以帮助债权人减少信息风险。这里的专家即是金融中介，如银行、保险和信托公司，还有评级机构和审计师等。Heinkel 和 Zechner（1990）认为，在信息不对称条件下，公司管理层无法准确判断公司未来投资机会的质量，因此，一个仅有权益融资的公司就可能发生过度投资，而债务融资则可以通过缓解公司信息不对称减少公司的过度投资问题。

基于代理理论，已有研究指出，债权人可以借助债务契约条款来监督债务人，从而缓解债权人与公司间的代理冲突。Smith 和 Warner（1979）总结了债务契约条款的三种类型。第一种债务契约条款会限制公司发放股利或进行股票回购；第二种债务契约条款会限制公司的借款规模，还会限制某些类型债务的发放，比如清偿顺序更高的债务；第三种债务契约条款会限制公司的投资政策，比如明确规定贷款的具体用途、限制贷款去向、限制公司进行并购等。公司一旦触发这些契约条款，银行就有权提前收回贷款。因此，债务契约条款能有效监督公司管理层的在职消费、过度投资及利益侵占问题，从而有效保护债权人，甚至中小投资者的利益。Smith 和 Warner（1979）总结认为，债务契约条款赋予债权人在公司债务违约时获得公司控制权，会减少债务人的逆向选择和道德风险问题。他们还指出，债务契约对公司一种行为的限制还会间接限制公司其他行为。比如限制公司支付股利会导致公司将这些资金用于投资净现值为正的项目，从而间接影响公司的投资决策。与此相一致，Myers（1977）和 Kalay（1982）也发现，限制股利支付的债务契约能解决公司在面临投资机会时的投资不足问题。其他债务契约，如限制公司债务融资总额会避免公司出现更高的财务杠杆，间接约束了公司的过度投资行为。Grossman 和 Hart（1982）认为，债务融资使管理层面临还本付息压力，一旦公司发生债务违约，则可能陷入破产清算。由于管理层得到的薪金、在职消费及权力声望都与其职位相关，因此债务融资伴随的破产威胁实际上会激励管理层努力工作，使管理层和股东的利益更加一致，最终降低了管理层与股东之间的代理成本。一旦公司发生债务违约，债权人有权及时接管公司，可以避免管理层进一步耗空公司资源，为中小投资者保留一部分剩余价值，即债务融资还可以缓解大股东与中小股东之间的代理冲突。Jensen（1986）从债务融资可以减少管理层可控的自由现金流①视角分析了债务融资降低管理层代理成本的作用。他认为，由于外部股东和管理层之间存在信息不对称，管理层为追求自身利益最大化，宁愿将自由现金流投入低收益项目，也不愿将其分配给股东，从而产生了自由现金流的代理成本。他认为，尽管支付股利可以减少管理层的可控资源，使公司外部融资代理成本降低（Rozeff，1982；Easterbrook，1984），但债务融资才真正发挥了降低外部融资代理成本的作用。其原因在于，当公司存在大量自由现金流时，管理层可以通过支付股利或股票回购等方式减少自由现金流，但其不会影响管理层继续享有公司未来的自由现金流，即自由现金流的代理成本不会永久减少。同时，鉴于管理层可以随时改变公司的现金股利政策，管理层永久性增加现金股利水平的承诺也可能是无效的。与此不同，债务融资要求管理层必须在未来年度支付既定的本金和利息，确定地减少管理层未来可控的自由现金流，降低自由现金流的代理成本，如管理层在职消费、“帝国”建设和管理层懈怠等。换而言之，债务融资通过确定地减少管理层可控的自由现金流而避免企业盲目扩张，降低了管理层代理成本，提高公司价值。Stulz（1990）分析了债务融资通过影响公司投资决策而提高公司价值的内在机理。他认为，当公司不存在债务融资时，管理层既可能会通过过度投资攫取私有收益，也可能会为保留管理职位而投资不足，两者均会对公司价值产生负面影响。而当公司存在债务融资时，债务融资既可能通过破产清算和减少自由现金流等途径约束管理层的过度投资，还可能因其还本付息压力来激励管理层找寻更有价值的投资项目，缓解投资不足。Bolton和Scharfstein（1990）认为，一旦公司发生债务违约，债权人有权使公司退出资本市场，并终止未来的融资可能。Gilson

① 自由现金流是公司持有的超过所有净现值为正的投资项目需要的现金之外的部分。

（1990）发现，美国公司破产或债务重组后，只有 46%的董事会留任，公司股权会更加集中，内部人持股会减少，即公司债务违约会显著改变公司的所有权结构及管理层的可控资源。Aghion 和 Bolton（1992）认为，相比于 VC 股权融资、可转换证券等，债务融资是唯一可使公司控制权处于或有状态的融资方式，因为公司股东能否保留控制权取决于其能否持续满足债务契约规定的条件。一旦公司不能按时还本付息，公司控制权就会被移交至债权人，并遵循债权人的意见进行重组或清算。Denis 和 Denis（1993）发现，当公司使用大量债务融资替代股权融资后，公司未分配的现金流、资本支出和总资产都会大大降低，且投资减少越多的公司股东财富增加越多，表明增加的债务融资发挥了限制管理层自由裁量权的作用。Hart 和 Moore（1995）分析了长期债务在限制管理层投资非盈利项目方面的作用。Rajan 和 Winton（1995）认为，债务契约条款和抵押担保都可以激励债权人加强对公司的监督。Shleifer 和 Vishny（1997）指出，债权人为确保顺利收回贷款，会对大股东和管理层可能做出的损害公司价值的行为加以限制，其不仅保护了债权人自身的利益，也保护了小股东的利益。Hart 和 Moore（1998）证明，在企业家只能攫取项目投资收益，但不能攫取项目资产的条件下，债务融资是有价值的。因为企业家一旦发生债务违约，债权人就有权清算项目资产，此时企业家需要与债权人重新签订债务契约。Billett 等（2007）发现，杠杆和成长性越高的公司，债务契约保护条款越多；短期借款占比越高的公司，债务契约保护条款越少。即债务契约条款能发挥保护债权人利益、减少控制股东和债权人利益冲突的作用。

债务融资之所以能够发挥公司治理作用，其原因在于债务融资可以起到缓解信息不对称，同时减少管理层代理成本的作用。具体来说，在签订债务契约时，债权人会与管理层进行信息沟通，从而减少双方的信息不对称（Harris and Raviv，1990）；债务融资还需要公司定期还本付息，导致管理层可控的自由现金流大大减少（Jensen，1986）；公司一旦发生债务违约，就可能面临破产清算，债权人也会控制公司，从而减少公司的逆向选择和道德风险问题（Smith and Warner，1979；Grossman and Hart，1982；Aghion and Bolton，1992）。

债务契约的期限结构不同，其公司治理作用也不同。相对长期借款，短期借款更能缓解股东与债权人之间的利益冲突，即短期借款的公司治理效应更强。Barclay 和 Smith（1995）指出，短期债务融资存在三类契约成本：更多的发行成本、管理层需要频繁处理债务事项诱发的机会成本、潜在的再投资风险和非流动性成本。正是由于短期借款具有上述契约成本，能够更好地发挥公司治理作用。Myers（1977）认为，如果债务在公司执行增长期权之前到期，管理层偏离公司价值最大化的动机就会大大降低，即短期债务更有助于缓解债务融资引起的投资不足问题。Diamond（1991a，1993）认为，相比于长期借款，短期借款更可能诱发公司的流动性风险——公司长期有偿债能力但短期较难获得再融资的风险，其会迫使公司在经营出现暂时困难时进行破产清算。因此，只有最高质量或最低质量的公司才会使用短期借款。Rajan（1992）强调，短期借款使银行在贷款续新时掌握更强的议价能力。在极端情况下，使用短期借款还可以使银行在发现公司存在问题时及时收回贷款（Diamond and Rajan，2001）。Childs 等（2005）发现，由于短期借款对公司价值的变化不敏感，而且短期借款可以频繁地再定价，因此短期借款可以有效缓解过度投资和投资不足问题。Billett 等（2007）发现，尽管短期债务较高的流动性风险会导致债务期限较短的公司其财务杠杆也较低（Johnson，2003），但短期债务能减弱公司成长机会和财务杠杆之间的负相关关系，即短期债务能通过更好地发挥公司治理作用帮助高成长公司缓解融资难问题。针对中国资本市场，黎凯和叶建芳（2007）发现，中央和地方政府对短期借款基本没有干预，但地方政府会干预银行使地方控股企业获得更多的长期借款。黄乾富和沈红波（2009）发现，短期债务可以抑制公司的过度投资行为。徐昕和沈红波（2010）发现，短期银行借款和长期银行借款均对公司会计稳健性有积极影响，且短期银行借款的监督作用大于长期银行借款。

债务融资公司治理效应的发挥与国家层面是否具备完善的债权人利益保护法律体系息息相关（Shleifer and Vishny，1997）。债权人法律保护较强的国家，如日本和德国，银行的治理作用往往更强，这不仅因为银行作为大股东会进驻公司董事会，影响公司借款决策，还因为银行会借助法律对债权人利益的完善保护对公司实施监督。当国家层面的债权人法律保护力度较弱时，银行的公司治理作用就十分有限。Djankov 等（2008）发现，平均而言，全球 88 个国家的债务执行效率是很低的，具体表现在公共部门较差的执行能力与债务契约的形式主义，如无效的担保体系、无效的债权人投票体系、不通畅的诉讼渠道、破产时过多的商业干预等。他们发现，人均收入越高的国家，债务融资的执行效率越高，法国和德国法律体系的国家，债务融资的执行效率较低。Claessens 等（2003）针对东亚国家发现，更强的债权人保护和更完善的司法体系能显著增加公司被起诉破产的概率。Giannetti（2003）发现，债权人保护更好的国家，其公司投资无形资产时更易获得银行借款，高风险公司也更易获得长期借款，更注重债权人利益的法律体系有助于公司获得更多借款，且借款期限更长。

在完全无摩擦的资本市场中，只要公司拥有净现值为正的投资项目，就能获得足够的资金支持。但实际上，还是有很多公司因为缺少资金支持而不得不放弃一些有价值的投资项目，即使它们愿意支付更高的利息成本（De Meza and Webb，2000）。Stiglitz 和 Weiss（1981）指出，当借款方拥有更多关于自身风险水平的私有信息，而贷款方事前却无法判断借款方的风险特征时，银行抬高利率只会使部分低风险公司退出信贷市场，导致信贷市场出现逆向选择问题，此时信贷市场不会自动完全出清，而是出现信贷配给现象①。Bester 和 Hellwig（1987）进一步指出，银行抬高利率不仅会使公司产生逆向选择问题，即低风险公司会选择退出信贷市场，还会出现道德风险问题，即公司获得借款后会选择投资高风险的项目。公司的道德风险问题也会导致信贷市场出现信贷配给现象。可见，单一的利率价格条款不能完全实现信贷资源的合理配置，银行还需要采取一些非价格条款达成目标。常见的非价格条款包括：借款方特征，如公司规模、财务状况和信用评级等；对借款方的特别要求，如抵押、担保和借款期限等；其他影响因素，如借款方身份、借款方与银行的私人联系等。事实上，银行在搜集和处理上述信息时已经发挥了筛选和监督贷款对象的作用，减少了银行与公司间的信息不对称。基于此，大量研究分析了银行在解决信贷市场信息不对称时的积极作用，即银行会通过搜集信息并作出信贷决策，从而部分地缓解信息不对称，实现信贷资金合理配置的目标。

---

① 信贷配给（Credit Rationing）是指在一定的利率条件下，信贷市场的需求大于供给的现象。具体来说，银行只会满足一部分人的部分贷款申请，另一部分人即使愿意支付更高利率也得不到贷款。

大量研究指出，信贷市场普遍存在的信息不对称是催生银行等金融中介的主要原因。Leland 和 Pyle（1977）指出，贷款人通过支付一定成本可以获得关于借款人质量的相关信息，同时，信息搜集还存在规模经济效应，因此，每个贷款人都希望有一个第三方中介机构能为其搜集信息并将信息出售给自己。然而，这样的第三方中介机构存在 2 个问题，一方面，由于信息具有公共品属性，信息购买方在获得信息后存在道德风险问题，即他们可能将信息转售给其他贷款人，导致第三方中介机构只能获得部分信息需求方的收益；另一方面，由于第三方中介机构和信息需求方之间也存在信息不对称，信息需求方就不能完全确定信息质量的高低，从而产生 Akerlof（1970）提出的柠檬市场现象。然而，若信息需求方自己成为中介去搜集信息，上述问题就会迎刃而解。银行就是这样一类集受托存款、信息收集和贷款发放于一体的金融中介机构。Diamond（1984）的理论模型指出，银行作为众多存款人的受托者，会代表全体存款人直接搜集借款人信息，这不仅会避免单个存款人自己监督时重复支出的监督成本，大大降低债权人对债务人的总监督成本，还会避免存款人各自监督时的搭便车行为，强化债权人对债务人的监督激励。Boyd 和 Prescott（1986）的理论模型证明，当公司拥有关于自身投资机会的私有信息时，银行等金融中介就必然产生，因为金融中介在信息生产方面具有规模经济和比较优势。Boyd 和 Prescott（1986）还得到了均衡状态下金融中介的 3 个特点：首先，金融中介从大量客户中借钱，将其贷给其他大量客户，即金融中介资产负债表的两端都是极度分散化的；其次，由于贷款客户拥有更多关于自身风险水平的私有信息，金融中介就需要花费成本去获取贷款客户的私有信息，据此分配贷款并设定契约条款；最后，与金融机构向借款客户提供较为固定的支付类型不同，金融机构向贷款客户提供不同的支付方式。

作为金融市场的重要金融中介，银行普遍被认为具有更强的信息优势，其导致银行贷款契约显著不同于其他类型的债务契约。Fama（1985）指出银行是不同于其他非银行金融机构的独特金融中介。他认为，由于银行存款需要向中央银行支付准备金，而商业票据和银行承兑汇票则不需要，即银行存款比其他金融工具的成本更高。因此，银行只能要求借款方支付更高的利率，同时也要求银行必须能激励借款方愿意支付更高的利率，否则其他非银行金融机构就可以通过索取更低的利率将所有银行客户吸引走。换而言之，公司之所以愿意向银行支付更高的利息获取贷款，银行必然有其独特之处。Fama（1985）提出了 2 个理由：首先，相对于其他贷款人，银行实际上是内部贷款人，其可以通过占据董事会席位或在借贷过程中监督公司以获取公司的私有信息，使银行获得更强的信息优势，从而更好地筛选和监督贷款对象；其次，由于银行贷款在公司破产时的偿还顺序更靠后，因此，公司获得银行贷款实际上向其他资金提供者传递了公司高质量的信号，使得公司其他资金来源的借款成本也降低。Berlin 和 Loeys（1988）对比了两种类型的债务契约，一种债务契约通过契约条款约束公司，另一种债务契约借助专家监督公司，前者类似于债券，后者类似于银行借款。他们的理论模型发现，若债务契约基于公司有噪声的财务指标设置条款，债务契约要么太严格以至于很多高质量项目也会被清算，要么太宽松以至于很多低质量项目被实施；若雇佣金融中介监督债务实施，则能大大提高债务执行效率，尽管该监督行为需要支付一定的成本。因此，公司的最优债务融资策略是在刚性债券条款引发的无效性和雇佣金融中介的代理成本之间权衡的结果。公司的债务融资策略会依赖于公司的信用评级、财务指标的准确性、项目过早清算带来的损失及契约监督成本等。Diamond（1991b）研究了公司在银行借款和债券市场募资之间选择的问题，发现公司在设立初期会选择从银行借款，以希望借助银行的监督作用建立公司声誉，而后则会依赖公司声誉直接从公开市场募集资金。Rajan（1992）指出，与公司债券由众多投资者持有不同，银行贷款由银行集中持有会强化银行对债务人的监督。Amihud 等（1999）也指出，与银行借款相比，公司债券的持有人众多且不固定，其不太可能对债务人进行监督。Gertner 和 Scharfstein（1991）、Bolton 和 Scharfstein（1996）指出，如果借款人发生违约的债务由大量债权人持有，公司债务重组的难度就会大大增加，借款人可能会被迫接受破产清算。银行借款由银行集中持有，公司与银行达成债务重组的难度往往较低。债券持有人过度分散及债务重组难度较高可能解释了为何只有一些发达国家经常使用公司债券，且公司债券规模也小于银行贷款的现象（Mayer，1990）。

银行作为独特的金融中介所从事的信息筛选和积极监督实际上也起到了对公司的治理作用。贷款发放前，银行会通过信息筛选确定潜在优质客户

（Allen，1990；Diamond，1991b）；贷款发放后，银行会以停止贷款相威胁，确保公司进行正确投资（Diamond，1984）。即银行会通过减少公司事前的逆向选择和事后的道德风险发挥公司治理作用。

一方面，在向公司提供贷款前，银行会通过搜集公开的财务信息和其他非公开信息并加以判断，以确定借款人的综合资质，从而强化银行对公司贷款申请的事前审核。Abdel-Khalik（1973）发现，银行信贷员非常关注公司的财务状况，比如现金流、负债率、应收账款周转率、获利能力及销售增长率等指标。Zimmer（1980）发现，银行信贷员会运用财务比率的时间变化分析公司陷入财务困境的可能性。Chung 等（1993）发现，银行信贷员会使用历史成本、专有资产和净现金流现值等会计信息来确定公司的信用额度和抵押资产。针对中国上市公司，饶艳超和胡奕明（2005）通过问卷调查发现，银行信贷员对三张财务报表的信息比较关注，特别是资产负债表中的货币资金、应收账款、固定资产、长短期借款、实收资本等项目，利润表中的主营业务收入和利润，以及现金流量表中的经营活动现金流量、长期投资等科目。此外，银行信贷人员还十分关注财务报表附注中的收入说明、关联方关系以及非财务信息中的公司诚信、抵押、保证人等信息。总之，在向公司批准贷款前，银行信贷员会通过分析公司的公开信息和非公开信息以确定借款人的综合资质。

另一方面，在与公司签订债务契约时，银行还会通过制定各种类型的契约条款以实现对公司的有效监督。Smith 和 Warner（1979）总结认为，债务契约条款使债权人在公司债务违约时获得公司控制权，会减少债务人的逆向选择和道德风险问题。Gilson（1990）发现，美国公司破产或债务重组后，银行会变成主要股东或任命新的董事，只有 46%的原有董事会留任，且留任董事的持股也会显著减少。公司股权会更加集中，内部人持股会减少。研究表明，公司债务违约会显著改变公司的所有权结构及资源配置。Allen 等（1991）发现，银行可以通过信贷契约安排或提供其他金融服务获取关于借款公司的私有信息，并长期监督公司的经营活动和财务表现。Shleifer 和 Vishny（1997）总结前人研究认为，银行作为大债权人，实际上发挥了类似于大股东或控制权市场中投资者执行其权利的作用。债权人权利主要体现在两方面，一方面，债务契约使债权人在公司债务违约时获得公司控制权，会减少债务人的逆向选择和道德风险问题；另一方面，债权人往往会通过发放短期借款使公司必须以较短周期经常偿还贷款。大债权人的或有控制权和现金流量权使其有能力干预公司的主要经营决策，发挥债权人的公司治理作用。

银行的公司治理作用还体现在其能够对不同风险特征的公司贷款进行合理定价。Chen 和 Wei（1993）发现，银行更可能为低杠杆和低破产风险的公司提供违约豁免。Blackwell 等（1998）发现，高风险的公司借款利率显著更高，而经会计师事务所审计的公司借款利率显著更低。Francis 等（2005）发现，盈余质量越差的公司，债务融资成本越高。Bharath 等（2008）发现，盈余质量越差的公司，越倾向于从银行借款而非发行公司债融资，但银行借款面临着更严格的价格条款（借款利率）和非价格条款（借款期限和抵押条件）。

针对我国银行的公司治理作用，在国有银行股份制改革之前，国有银行的“预算软约束”使其不能发挥严格的审核和监督作用。Kornai（1979，1980）指出，在诸如苏联和东欧等社会主义经济体制中，由于企业大都被政府控制，当企业因经营困难而无法按期还本付息时，政府就会对其进行救助，导致企业的预算约束实际是软的。鉴于企业预期到发生财务困境就会被救助，管理层努力改善公司业绩的激励就大大降低，从而放任企业陷入困境。Kornai（1998）又进一步指出，即使在非计划经济机制下，如果政府和企业间存在隶属关系，企业管理层仍然会对政府救助产生预期，导致企业出现预算软约束。Kornai 等（2003）总结认为，只要经济体中存在这样两类组织，一类组织无法通过正常运营实现财务预算平衡，必须要经过外部干预才能避免破产清算，实现自身生存；另一类组织则为其提供各种资源支持以维持其正常运营，“预算软约束”问题就不可能避免。前一类组织通常是国有企业，后一类组织通常是政府或政府组织。基于“预算软约束”理论，田利辉（2004）利用 1994—1998 年，即 1994 年三大政策性银行成立后（政策性银行与商业银行的分离），1999 年四大资产管理公司成立前（其目的是强化预算约束）的数据发现，当存在“预算软约束”问题时，银行贷款规模的提高并没有导致经理层公款消费和自由现金流的减少，反而导致其增加，即债务融资并没有发挥应有的公司治理作用。田利辉（2005b）进一步将我国的银行体系改革分为 3 个阶段，即 1994—1998 年的商业化阶段、1999—2003 年的市场化阶段、2004 年以后的股份化阶段。在商业化阶段，我国商业银行开始摆脱政府下属职能部门的角色；在市场化阶段，我国商业银行开展了以市场化为核心的全面改革，要求银行控制信贷风险，公平参与市场竞争，自负盈亏，在一定程度上减少了政府干预，但基本上没有触及产权问题；在股份化阶段，国有商业银行改革启动，中国银行和中国建设银行率先成为股份制改革的试点单位（2004 年 1 月 6 日），银行业改革开始触及产权问题。他利用 1994—2003 年的数据，发现银行的市场化改革并没有纠正扭曲的银企关系，债务融资的公司治理作用依然没有有效发挥。田利辉（2005a）进一步剖析了债务融资没有发挥公司治理作用的具体原因。他利用 1994—1998 年的数据发现，公司银行借款规模增大，国有企业管理层的公款消费和自由现金流会增加，导致公司效率和公司价值下降，民营企业则没有上述负面影响。研究表明，当国有企业和国有银行拥有共同的国家所有权时，其诱发的预算软约束问题导致债务融资不能发挥公司治理作用。

在商业银行进行股份制改革之前，我国银行作为债权人所发挥的公司治理作用十分有限。于东智（2003）以 1997—2000 年的上市公司为研究样本，发现我国上市公司的资本结构存在诸多不合理的特征，债务融资没有表现出治理作用。胡奕明和周伟（2006）认为，银行对公司的监督作用主要体现在对公司经营状况、财务状况以及未来违约或破产可能性的专业判断方面，如果银行发挥了有效的监督作用，银行的贷款决策就应该与公司财务状况间存在合理的相关关系。基于此，利用 1999—2002 年 A 股上市公司的样本，他们发现，银行贷款政策（贷款数量、期限与保证方式）与公司财务状况间要么不相关，要么相关但不合理，相关又合理的财务指标总体偏少。可见，银行通过改变贷款政策来传导监督压力的效果是有限的。但胡奕明和谢诗蕾（2005）利用 1999—2003 年 A 股上市公司的样本发现，公司短期借款利率与公司负债率、获利能力和其他外部融资能力间有合理的显著相关关系，长期借款利率与公司负债率、流动性、资产周转率间有合理的显著相关关系，公司长短期借款利率还与大股东占款程度呈正相关关系。这些证据表明，银行借款利率反映了公司的财务状况和公司治理状况，银行对借款人起到了一定的监督作用。戴璐和汤谷良（2007）选择从 2001 年起长达 4 年货币资金和短期借款占总资产比例均超过 20%的上海科技（600608）和从 2002 年起上述指标均超过 20%的东盛科技（600771）为案例研究对象，发现大股东长期借助债务融资来维系低效率的投资扩张及私有收益，高现金持有也不代表公司真实的偿债能力，反而产生了逆向选择效应。邓莉等（2008）以上市公司的 26 例要约收购为样本，发现银行贷款越多的公司，其成为要约收购目标的可能性及收购成功的概率越低，表明债务融资没有通过控制权市场发挥治理作用。黄乾富和沈红波（2009）以 1997—2004 年 206 家制造业上市公司为样本，发现债务融资可以抑制公司的过度投资行为，但主要是因为商业信用可以约束公司的过度投资行为，而银行借款由于受到政府干预使其约束作用较弱。Bailey 等（2011）以 1999—2004 年为样本区间，发现公司业绩越差，管理费用越高，越倾向于获得银行贷款，且获得贷款后公司业绩更差，公司银行贷款公告的市场反应也显著为负。可见，银行借款完全没有发挥公司治理作用。

随着银行经营效率的不断提高，银行作为金融中介发挥的公司治理作用也逐步增强。沈红波等（2007）以 2005 年宣告贷款的上市公司为研究对象，发现公司的自由现金流越高，贷款公告的累计超额收益也越高，表明银行贷款已经具备一定监督效率。胡奕明等（2008）利用 2000—2005 年我国 A 股上市公司的样本发现，银行借款利率与公司财务状况间存在正向压力传导效应，即公司业绩越好，贷款利率越低，贷款续新与借款人财务状况之间的关系则相反，即公司业绩越差，获得续贷的可能性反而越高。这些证据表明，我国银行作为大贷款人已经具备一定的监督作用，但主要体现在贷款利率上，贷款续新方面并没有反映出银行的监督作用。李世辉和雷新途（2008）发现，我国中小上市公司的债务对公司显性代理成本具有显著的抑制作用，但对隐性代理成本的抑制作用较弱。吴军和白云霞（2009）发现，1999—2007年偿债能力较低或亏损的国有企业依然能从银行获得贷款，但 2003 年之后，该现象大幅减少，表明 2003 年以来的国有银行股份制改革显著降低了国有企业的“预算软约束”问题。祝继高等（2009）构建了一个对冲组合，即买入获得信用借款且借款利率较低的公司，同时卖出获得抵押借款且借款利率较高的公司，发现该组合的超额回报显著为正。研究表明，我国银行贷款行为虽面临政府干预，但银行作为中介机构依然具有信息优势，银行贷款信息有一定的信息含量。江伟（2011）以 2000—2006 年的上市公司为研究对象，发现银行贷款可以抑制上市公司的过度投资，且银行贷款对民营企业过度投资的抑制作用强于国有企业。孙亮和柳建华（2011）发现，银行在配置信贷资源时会考虑公司的财务绩效和代理成本，而且，银行业改革和地区市场化进程均能促进银行信贷资金的配置效率。简泽（2013）以2002年银行信贷部门的改革作为银行债权治理得以强化的外生冲击，检验银行债权治理对国有企业管理层偏好和绩效的影响。研究发现，银行信贷部门的改革有效约束了国有企业管理层的规模偏好、花费偏好和平静生活偏好，抑制了国有企业的投资饥渴及工资侵蚀利润现象，促进了国有企业技术创新，最终显著改善了国有企业的盈利状况。孙会霞等（2013）基于2004—2011年借款公告数据发现，公司财务业绩越好、代理成本越低、商业信用越高，越容易获得银行借款，但无助于降低公司融资成本。公司维持关系的银行数量越多，也越容易获得银行借款，但也无助于降低公司融资成本。研究表明，2004年银行股份制改革以来，商业银行的信贷配置效率得到改善，但商业银行的信用风险定价能力依然受到利率管制的影响。

3.3.1.2 抵押借款的公司治理作用研究

抵押借款是一种特殊的债务融资。已有研究基于信息不对称理论和代理理论研究债务融资的公司治理作用。基于信息不对称理论，已有研究指出，债权人可以依据债务契约条款对公司进行事前筛选和事后监督，以缓解债权人与公司的信息不对称，发挥债务融资的公司治理作用。具体地，签订债务契约时，债权人要求管理层提供公司信息，降低信息不对称（Harris and Raviv，1990）；债务融资要求公司定期还本付息，减少管理层可控自由现金流（Jensen，1986）；同时，一旦公司违约，面临破产清算压力，且债权人可能获取公司控制权，进而减少公司逆向选择和道德风险问题（Smith and Warner，1979；Grossman and Hart，1982；Aghion and Bolton，1992）。债务契约类型不同，其公司治理作用也不同。为尽可能减少公司违约造成的损失，债权人往往在债务契约中要求其提供抵押品作为损失补偿，降低债务代理成本。已有文献分别基于抵押贷款解决债务人逆向选择和道德风险问题展开分析。

基于抵押贷款解决债务人逆向选择问题，Bester（1985）、Besanko和Thakor（1987a，1987b）、Chan和Thankor（1987）指出，低违约风险的债务

人会通过抵押资产来传递其质量较高的私有信息，以降低信息不对称，帮助债权人了解公司真实质量，同时，高违约风险债权人发生违约的概率较高，一旦违约则会失去抵押资产，即其提供抵押资产的成本较高，则更不愿意提供抵押资产。因此，抵押资产会降低债务人逆向选择风险，帮助债权人区分债务人类型，作出合理的贷款决策。Chan 和 Kanatas（1985）指出，抵押品会发挥信号作用，帮助低违约风险债务人向债权人揭示其违约风险，提高债权人对未来收益的预期。当债权人和债务人存在异质信念，比如债务人对债务融资收益预期高于债权人，债务人有动机提供抵押资产，以换取低贷款利率。Jiménez 等（2006）针对西班牙抵押借款的研究发现，无信贷记录的年轻公司信息不对称程度最强，其利用抵押资产来揭示自身信贷风险的可能性最大。Berger 等（2011b）利用小企业信贷打分技术（Small Business Credit Scoring，SBCS）研究债务人事前信息不对称程度对抵押借款的影响，对 37 家美国大银行贷款数据的研究结果表明，该技术降低了小企业事前信息不对称水平，降低了债权人对抵押资产的要求。

基于抵押贷款解决债务人道德风险问题，Boot 等（1991）指出，抵押贷款能够帮助债权人对债务人实施约束，激励其按期偿还贷款，降低债务人道德风险。一旦债务人违约，抵押资产产权将转移给债权人，进而约束债务人在借款后损害公司价值的行为，比如，抵押贷款可以避免管理层追逐高风险项目，并激励其努力经营以确保按期偿还贷款，促使债务人与债权人利益趋于一致。Angbazo 等（1998）研究了高杠杆交易贷款［Highly Leveraged Transaction（HLT）Loans］信贷息差，指出抵押贷款的利差较高，证明债权人要求高风险贷款提供抵押品，通常以债务人资产或者其持有权益作为抵押。Jiménez 等（2006）研究西班牙抵押借款发现，实际利率较高时期，债务人更可能使用抵押借款；贷款规模越大，债务人更可能使用抵押借款，上述结果与 Boot 等（1991）抵押资产降低债务人道德风险的结论一致。

较少研究区分了抵押借款究竟是缓解事前逆向选择还是防范事后道德风险。Berger 等（2011a）利用玻利维亚监管机构要求当地金融机构提供信贷记录的制度背景，获取债务人信贷记录信息，构造其可观察风险和不可观察风险变量，对上述两种理论进行区分。Berger 等（2011a）研究发现，降低债务人事后道德风险是债权人要求抵押资产的主要原因，当债权人与债务人间信息不对称程度大，且为短期借款时，降低债务人逆向选择问题是抵押借款的主要原因。关联贷款、金融市场发展程度、抵押贷款相关法律等均会影响债权人对抵押资产的要求。针对关联贷款与抵押资产的关系，Berger 和 Udell（1995，2002）针对小公司债务融资的研究指出，债务人和债权人之间借贷关系越持久，债权人越不会要求其提供抵押资产，相比其他银行，借贷关系长久的债权人与债务人之间信息不对称程度较低，会帮助债权人识别债务人信贷质量，降低债务人逆向选择问题，因此使用抵押贷款的可能性较小。Jiménez 等（2006）针对西班牙抵押借款的研究发现，关联贷款会促进债权人和债务人间信息共享，降低债权人对抵押资产的要求。Menkhoff 等（2006）研究了泰国商业银行抵押借款的影响因素，发现相比处于成熟市场的同行，泰国银行对抵押资产的要求更高，且泰国银行要求债务人提供抵押资产是为了降低小公司和年轻公司的高信贷风险，而非信息不对称，双方长久借贷关系并不能降低银行对抵押资产的要求。针对金融市场发展程度对抵押借款的影响，Haniz（2003）针对罗马尼亚和爱沙尼亚的研究发现，在转型经济阶段，法制环境不健全，银行竞争程度低，债权人处于垄断地位，其要求债务人提供抵押资产不仅是为了降低道德风险问题，同时攫取租金。Jiménez 等（2006）针对西班牙抵押借款的研究发现，借贷市场竞争程度越高，债权人对抵押资产的要求越低。针对抵押贷款法律与抵押借款的关系，Calomiris 等（2017）指出，在担保法不健全的国家，债权人难以对可移动资产进行监督，且追偿可移动资产的法律程度复杂，导致可移动资产的贷款抵押率低于不动产贷款抵押率，且债权人更偏好不动产贷款抵押。

针对抵押借款对债权人监督作用的影响，已有研究结论并不一致。一方面，抵押借款与债权人监督获得的债务人私有信息同质时，两者相互替代。Boot 等（1991）指出，抵押资产是债权人筛选机制的替代，抵押借款会减弱债权人监督的动机。Manove 和 Padilla（1999，2001）指出，当缺乏经验或者资源以评估贷款风险时，比如对新产品或者新市场进入者，债权人筛选成本较高，其要求债务人提供抵押资产的动机增强，以替代贷款风险评估，进而发放贷款时审慎筛选的动机减弱。Jiménez 等（2006）发现，缺乏经验、风险规避程度高的债权人更可能要求抵押资产，相比具有丰富商业贷款经验的大银行，小银行、储蓄银行和以个人业务为主的银行，要求抵押资产的可能性更高，与 Manove 和 Padilla（1999，2001）结论一致。另一方面，抵押借款与债权人监督获得的债务人私有信息不同时，两者相互补充。Rajan 和 Winton（1995）指出，抵押资产是债权人监督机制的补充，会帮助债权人了解债务人信息，以便在债权人临近违约时及时要求债务人补充更多抵押资产。与 Rajan 和 Winton（1995）结论一致，Cerqueiro 等（2014）指出，当抵押资产价值下跌时，债权人会提高贷款利率，收紧代用额度，降低其对债务人的监督力度。Ono 和 Uesugi（2009）针对日本贷款市场的研究表明，由于信息搜集的“搭便车”问题，债权人监督和筛选债务人的激励较弱，建立长期借贷关系的激励也较弱，相比非抵押借款，抵押借款中债权人的剩余价值分配权较高，因此，抵押借款中债权人监督债务人、建立长期借贷关系的激励较强。

较少文献直接研究股权质押中质权人的监督作用。Asija 等（2016）研究印度上市公司股权质押，发现质权人会发挥其监督作用，降低出质人的应计盈余管理，上述结果在连续质押样本中更为显著。谭燕和吴静（2013）以中国上市公司为研究对象，发现股权质押降低了出质人道德风险，激励其努力经营，提高信息质量，研究结果显示，相比未进行股权质押样本，股权质押样本盈余管理水平和掏空程度显著较低；相比非连续股权质押样本，连续股权质押样本盈余管理水平和掏空程度显著较低；相比国有质押样本，民营质押样本盈余管理水平和掏空程度显著较低。

3.3.1.3　银行作为质权人的公司治理作用研究

作为抵押借款的质权人，银行有动机对出质人进行事前筛选和事后监督，以降低出质人的逆向选择和道德风险，降低股权质押中股价崩盘风险，在股价跌破平仓警戒线时及时要求出质人补仓。已有文献较多研究银行作为债权人的治理机制，分析抵押借款中银行作为质权人所起监督作用的文献较少。作为独特的金融中介，银行通过事前信息筛选和事后积极监督发挥其公司治理作用。贷款发放前，银行会搜集信息，筛选低信贷风险债务人（Allen，1990；Harris and Raviv，1990），即减少债务人事前逆向选择；贷款发放后，银行会设置债务契约条款和违约条款，限制债务人行为，避免债务人投资过度或追求高风险投资项目（Diamond，1984；Harris and Raviv，1990），即减少债务人事后道德风险。

一方面，在发放贷款前，银行会搜集公开财务信息和其他非公开信息，以确定债务人综合资质，判断其未来现金流和到期还本付息的能力，从而强化银行对其贷款申请的事前审核（Zimmer，1980；Chung 等，1993；饶艳超和胡奕明，2005）。Abdel-Khalik（1973）发现，银行信贷员会分析公司财务指标预测债务人违约风险，比如现金流、负债率、应收账款周转率、获利能力及销售增长率等，且详细财务信息能帮助提高财务指标的预测能力。Francis 等（2005）发现，盈余质量越差的公司，债务融资成本越高。Bharath 等（2008）发现，相比债券持有者，债权人具有更强的信息搜集能力和处理能力，更可能降低盈余质量较差公司的逆向选择成本，此类公司更可能进行银行借款；同时，相比盈余质量较好公司，盈余质量较差公司的银行借款利率更高，期限更短，且更可能需要提供抵押资产。Graham 等（2008）发现，对于发生财务重述的债务人，债权人会修正对其未来现金流的预期，且对其财务信息可信度的不确定程度更高，导致债权人和财务重述债务人间的信息不对称程度更高，增加债权人的监督成本；相比其他债务人，财务重述债务人借款利率更高，期限更短，债务契约条款更多，且更可能提供抵押资产。Ross（2010）针对美国商业贷款的研究指出，商业联合贷款中银行发挥了筛选和监督债权人的作用，当债务人从声誉较好的银行获取贷款时，债务人贷款公告市场反应较好。总之，在发放贷款前，银行会分析公司公开信息和非公开信息以确定债务人综合资质。

另一方面，在签订债务契约时，银行会通过制定各类契约条款以实现对公司的有效监督。Smith 和 Warner（1979）认为，债务人违约时，债务契约条款赋予银行获得债务人控制权的权利，因此，为避免控制权转移，债务人会减少逆向选择和道德风险问题。Gilson（1990）发现，债务人破产或债务重组后，银行会成为大股东或任命新董事，原有董事会仅有 46%成员留任，且留任董事持股也会显著减少。研究表明，债务人债务违约会显著改变其所有权结构及资源配置。Krosznera 和 Strahan（2001）发现，约 32%的美国大公司董事会中有来自商业银行的董事，且该类董事通过参与债务人董事会，能够获取其所在行业的特有信息，研究发现，派遣董事的银行会对其所在行业公司发放更多贷款。Nikolaev（2010）指出，在公司濒临破产时，债务契约条款实施会保证经营决策权和控制权由股东转移给债券持有者，避免管理层侵害债券持有者的利益。Erkens 等（2014）指出，银行会通过向债务人董事会派遣董事，获取债务人私有信息，以便密切监督，一旦债务人信贷风险上升，债权人可要求修改债务契约条款，保证自身利益，进而降低银行和债务人的信息不对称，降低银行对债务人会计稳健性的需求。

关于已有银行作为质权人的公司治理作用研究较少，且结论并不一致。Rajan 和 Winton（1995）指出，抵押资产是银行监督机制的补充，依据抵押资产价值变动，银行能够获取债务人私有信息，以便及时发现债权人是否临近违约，即银行监督激励增强。Cerqueiro 等（2014）指出，当抵押资产价值下跌时，银行会提高贷款利率，收紧贷款额度，降低其对债务人的监督力度，与 Rajan 和 Winton（1995）结论一致。Ono 和 Uesugi（2009）研究发现，由于搜集债务人私有信息的“搭便车”问题，银行监督和筛选债务人的激励较弱，建立长期借贷关系的激励也较弱，且债权人可通过发放抵押贷款，提高其剩余价值分配权，因此，抵押借款中银行监督债务人、建立长期借贷关系的激励较强。然而，Manove 和 Padilla（1999，2001）指出，当筛选成本较高时，比如评估新市场进入者的贷款风险，银行缺乏经验或者资源，其要求债务人提供抵押资产的动机增强，进而发放贷款时审慎筛选的动机减弱。与 Manove 和 Padilla（1999，2001）结论一致，Jiménez 等（2006）针对西班牙银行贷款的研究发现，缺乏经验、风险规避程度较高的银行更可能要求抵押资产，相比具有丰富商业贷款经验的大银行，小银行、储蓄银行和以个人业务为主的银行，发放抵押贷款的可能性更高。谭燕和吴静（2013）以中国上市公司为研究对象，发现股权质押降低了出质人道德风险，激励其提高信息质量，结果显示，相比未进行股权质押样本，股权质押样本盈余管理水平和掏空程度显著较低；相比非连续股权质押样本，连续股权质押样本盈余管理水平和掏空程度显著较低。

3.3.1.4　券商作为质权人的公司治理作用研究

作为抵押借款的质权人，券商有动机对出质人进行事前筛选和事后监督，以降低出质人的逆向选择和道德风险，降低股权质押中股价崩盘风险，在股价跌破平仓警戒线时及时要求出质人补仓。已有文献多集中于券商作为承销商的公司治理作用、券商分析师作为信息中介的监督作用，较少研究券商作为质权人的公司治理作用。作为发行市场金融中介的核心，券商凭借其声誉向市场投资者传递发行人质量的信息，起到“鉴证”作用，券商声誉越高，越能有效降低发行人与投资者间的信息不对称，降低逆向选择问题，因此，为维护自身声誉，券商有动机谨慎选择客户，对发行人进行尽职调查，避免定价不合理、发行失败。券商有动机向发行人提供监督服务，改善公司治理，提高发行人长期业绩。同时，凭借自身分析师的信息搜集和处理能力，券商能够获取宏观经济、行业、发行人信息，以帮助其事前筛选发行人、事后监督发行人。

券商凭借其声誉向市场投资者传递发行人质量的信息，起到“鉴证”作用，因此，券商有动机进行事前筛选以维护自身声誉。Beatty 和 Ritter（1986）、Chemmanur 和 Fulghieri（1994）、Nanda 和 Yun（1997）、Dunbar（2000）指出，发行定价不合理会损害券商声誉，导致其市场份额减少。Carter 和 Manaster（1990）指出，为维护其声誉，高声誉券商仅会选择风险较低的发行人，研究发现，券商声誉较高，发行人折价率较低，说明高声誉券商能够筛选出低风险的发行人。Chemmanur 和 Fulghieri（1994）指出，考虑到市场投资者根据券商以往承销发行人业绩来判断券商声誉，券商会设定评估标准以筛选发行人。Michaely 和 Shaw（1994）、Carter 等（1998）发现，券商声誉较高，发行人折价率较低，长期业绩较好，说明高声誉券商能够筛选出未来业绩较好的发行人。Aggarwal 和 Conroy（2000）研究 IPO 首日价格发现机制中的券商行为并指出，在 IPO 开市前 5 分钟券商会通过观察其他作市商报价，以决定 IPO 开盘时间及开盘价格，保证发行顺利，维持其市场声誉。Fang（2005）研究债券市场中券商“鉴证”作用并指出，券商会向债券投资者传递发行人质量的信号，券商声誉越高，债券收益率越低，发行人净收益越高，说明券商会选择高质量发行人以免损害自身声誉。Kutsuna 等（2007）研究日本商业银行承销业务并指出，商业银行会利用其与客户的贷款关系获取私有信息，帮助其筛选发行人。Golubov 等（2012）研究兼并收购市场中券商作用并指出，考虑到相比其他类型收购，收购上市公司会引来市场投资者密切关注，券商维持自身声誉的动机更强，因此，券商会谨慎甄别收购目标，帮助收购方获取协同收益。徐浩萍和罗炜（2007）以中国上市公司为研究对象，发现市场份额高且执业质量好的券商能够显著降低 IPO 发行折价率，且能够吸引高质量发行人，未来市场份额随之增加。施海娜等（2011）以中小企业板 IPO 为研究对象，指出券商声誉主要来源于其分析师研究能力、以往客户发行折价及 IPO 后长期业绩，券商声誉越高，发行公司盈余管理程度越低、发行折价程度越低，上述结果说明，券商声誉能有效鉴证发行公司质量，降低发行公司与市场投资者信息不对称程度，进而降低其融资成本。许荣等（2013）研究 2009—2011 年创业板和主板 IPO，发现券商声誉较好，创业板市场 IPO 折价率、波动性较低，但上述结果在主板市场不显著，进一步，券商声誉功能帮助创业板市场发行公司获得更高筹资净额。

同时，券商有动机向发行人提供监督服务，改善公司治理，通过事后监督提高发行人长期业绩。Hansen 和 Torregrosa（1992）指出，为维持自身声誉，券商有动机监督公司，降低其代理成本，提高长期业绩，比如，获取公司行业地位信息，帮助建立内部评估机制，以辅助董事会评估管理层业绩。Jain 和 Kini（1999）研究 IPO 公司发行后长期业绩指出，考虑到市场投资者根据券商以往承销发行人长期业绩来判断券商声誉，券商有动机监督发行人，提高其长期业绩；同时，获得发行人权证的券商收益与发行人长期收益紧密相连，进而券商有动机进行监督，以保证自身收益。Li 和 Masulis（2004）指出，当券商作为 VC 投资者参与公司发行，不仅凭借其声誉发挥鉴证作用，而且通过监督发行人维护自身股权投资利益，研究发现，券商作为 VC 投资者参与的发行人折价率较低，并且券商声誉越高，发行人折价率越低。方军雄（2012）研究券商 Pre-IPO 股权投资并指出，在中国资本市场制度背景下，券商约束不足、投资者保护缺失，导致券商股权投资损害其独立性、影响其监督作用。研究发现，相比其他公司，券商股权投资公司上市前盈余管理程度显著较高，且主要见诸券商早期入股的公司，同时券商股权投资公司上市后会计业绩下降更多。

券商主要依靠其分析师信息搜集和处理能力，获取宏观经济、行业及发行人信息，发挥其监督作用。已有文献指出，分析师分析解读信息能力主要来源于其对行业、宏观经济的准确判断，以及其与公司管理层的密切沟通，上述能力能够帮助投资者分析价值、发现错误定价。Boni 和 Womack（2006）指出，分析师专长在于其对行业内股票排名的能力，其优势体现在解释特定行业和市场的趋势，促进行业内信息传递，研究发现，根据分行业分析师评级构造投资组合可获得超额收益，并且上述信息能够帮助投资者识别行业内短期错误定价。Hutton 等（2012）比较管理层和分析师盈利预测指出，在宏观经济层面，分析师预测更为准确，研究表明，当公司经营状况跟随宏观经济指标（GDP 或者能源成本等）变动时，分析师盈利预测比管理层盈利预测更为精确；而在行业信息层面，两者无差异。Green 等（2014）指出，通过参加券商—公司交流会，券商分析师能够获取公司管理层私有信息，有助于其发布更及时、更准确、更具信息含量的盈利预测，研究表明，参加券商—公司交流会后，分析师评级变动的市场反应更强，且此类交流会频率越高，上述效应越强。Yezegel（2015）研究盈余公告后分析师评级变动的原因并指出，分析师发现错误定价时更可能修改其评级。Li 等（2015）分析发生公司新闻后分析师评级变动并指出，分析师会根据公司新闻迅速修正其评级，且上述评级变动会促进公司新闻的价格发现。Jung 等（2015）采用分析师是否参加公司电话会议方式刻画其尽职调查状况，即分析师未跟踪该公司但参加其电话会议的行为说明分析师对该公司关注增加，相反，分析师跟踪该公司但未参加其电话会议的行为说明关注下降，研究发现，分析师关注变动能够预测公司未来业绩变动，上述结果说明分析师专业背景和尽职调查有助于其预测公司经营前景。Cheng 等（2016）研究中国上市公司发现，分析师通过实地调研能够了解公司经营状况，获取私有信息，提高其预测准确度，上述结果在信息不对称程度较高时更强，比如，此前分析师实地调研次数少，或者调研分析师与受访公司地理距离远。

借助其专业知识和行业经验，分析师能够帮助市场参与者解读公司信息，降低公司与市场的信息不对称，降低其代理问题，进而实现监督公司的目的（Jensen and Meckling，1976；Healy and Palepu，2001；Miller，2006；Chen 等，2015）。Yu（2008）发现，分析师会长期跟踪公司财务报表，并通过盈利发布会等与管理层沟通，获取公司私有信息，提高公司信息透明度，进而降低公司盈余管理水平，研究表明，相比其他分析师，盈利预测更准确、所在券商声誉更好、经验较多和处理信息更有效的分析师监督能力更强。McInnis 和 Collins（2011）、Mohanram（2014）、Radhakrishnan 和 Wu（2014）指出，分析师提供现金流预测，能够帮助投资者获取公司总应计信息，增加公司信息透明度，提高其应计盈余管理的成本。研究发现，在分析师提供现金流预测后，公司盈余质量提高，通过应计盈余管理达标的可能性降低，通过真实盈余管理达标的可能性提高。李春涛等（2014）以中国上市公司为研究对象，指出分析师跟踪显著降低了知名企业盈余管理程度，且降低其通过盈余管理达标的可能性，但上述结果对一般企业不成立。

3.3.2　质权人治理与公司盈余质量研究

3.3.2.1　质权人治理与公司会计稳健性研究

已有研究较少集中于质权人治理与会计稳健性，多基于债权人治理展开分析。会计稳健性是指，相对会计收益，公司会更及时地确认会计损失的会计现象（Basu，1997）。Watts（2003）指出，会计稳健性的成因包括契约成本、股东诉讼成本、税收成本和监管成本 4 个方面，其中，有关契约成本与会计稳健性关系的研究最为成熟。基于契约理论，在契约主体与公司存在信息不对称或收益不对称的条件下，会计稳健性可以降低公司道德风险。例如，契约中的会计稳健性可以约束管理层的机会主义披露行为。同时，通过推迟收益确认，会计稳健性会低估公司累计收益或净资产，从而限制管理层自身或公司其他利益相关者的机会主义行为，提升契约机制有效性及公司价值。

Watts（2003）认为，债权人收益与公司净资产并不对称。当债务到期时，一方面，若公司净资产高于债务面值，除债务面值外，债权人无法得到其他任何补偿；另一方面，若公司净资产难以偿付债务，债权人收回的款项将低于债务面值。因此，债权人存在保护债务契约价值的激励，从而要求公司采用稳健的会计政策。

首先，会计政策稳健时，公司净利润较低，触发违约条款可能性较高，债权人更易发挥监督作用。Ball 等（2008）指出，鉴于会计稳健性会影响债务契约中的诸多财务比率，并进一步影响公司投资、兼并、股利、回购等政策，相对股票市场，债券市场更偏好财务报表与股价的高相关性。Nikolaev（2010）发现，公司公开发行的债务附加条款越多，其会计政策越稳健。Tan（2013）认为，公司触发违约条款后，债券人会获取更多公司经营信息，并实施更为严格的监督以避免后续损失，其对公司会计稳健性的要求也随之提高；他发现，触发违约条款后，公司会计政策愈加稳健，且至少持续8个季度。Martin 和 Roychowdhury（2015）指出，一旦公司出现资不抵债，当公司债务存在信用违约互换（Credit Default Swap，CDS）衍生产品时，债权人收益波动性降低，使得其监督激励减弱，对会计稳健性的需求也相应下降；他们发现，当公司债务可通过信用违约互换交易后，公司会计稳健程度显著降低。

其次，会计政策稳健时，公司净利润较低，债权人与管理层、债权人与股东之间的代理冲突较弱（Chen 等，2010）。Ahmed 等（2002）认为，稳健的会计政策可以降低留存收益并限制股利发放，缓解债权人和股东之间的代理冲突。他们发现，针对股利政策，债权人和股东分歧越严重，公司会计政策越稳健。Peek 等（2010）认为，相对公开上市公司，私营公司中债权人和股东的代理冲突较弱，债权人对会计稳健性的要求也相对较低。Jayaraman 和 Shivakumar（2013）指出，限制兼并收购法案的出台降低了管理层机会主义行为的成本，加剧了债权人和管理层的代理冲突，从而提高了债权人对公司会计稳健性的需要。Haw 等（2014）发现，公司信息不对称程度较高时，债权人面临的代理成本较高，其对公司会计稳健性的要求也较高。

此外，部分文献同时基于以上两个角度考察了债权人治理作用与公司会计稳健性的关系。Wittenberg-Moerman（2008）认为，会计稳健性可以降低债权人和公司之间的信息不对称，其原因在于，一方面，通过及时触发违约条款，会计稳健性可提高债务契约有效性；另一方面，稳健的会计政策会低估公司净资产，降低债权人代理成本。他发现，会计稳健性可以降低公司债券的买卖价差。

针对我国资本市场债权人治理作用与公司会计稳健性的关系，学者也多基于 Watts（2003）指出的“债务契约有效机制”角度展开分析。孙铮等（2005）发现，相对债务比重低的公司，债务比重高的公司会计政策更加稳健，且上述结论在盈利能力较差及非国有公司中更为显著。徐昕和沈红波（2010）也发现，上市公司银行贷款比例越高，稳健性越高，且短期银行贷款的监督作用大于长期银行贷款的监督作用。祝继高（2011）利用银行起诉上市公司违反债务契约的法律诉讼数据研究发现，相对未被银行起诉的企业，被银行起诉的企业会计政策更稳健，且非四大国有银行对会计稳健性的要求更高。

已有研究多基于债务契约有效性角度，通过违约条款触发可能性和债权人代理问题 2 个途径，论证债权人对公司会计稳健性的需求和债权人发挥的积极公司治理作用。部分文献（Martin and Roychowdhury，2015）从债权人自身监督激励弱化视角论证其对治理作用的下降，而较少关注债权人被动放弃监督权时，公司会计稳健性的变化。

3.3.2.2　质权人治理与公司应计质量研究

在权责发生制下，收入和费用的确认和计量依据其实际影响会计期间，而非现金收付时间，由此造成了盈余确认和现金收付时间的不一致，每个会计期间两者差异即为应计项目。应计项目确认依赖于管理层和会计人员主观判断和估计，比如，坏账准备和折旧政策选择，给予了管理层操纵空间。因此，应计质量反映了公司盈余信息的可靠性，是公司管理层和股票市场投资者十分关注的会计属性。

已有研究多基于公司治理和资本市场动机分析应计质量的影响因素（Dechow 等，2010），从质权人治理角度研究公司应计质量的文献较少。

一方面，公司治理会影响公司应计质量。Wang（2006）研究股权结构对应计质量的影响，指出家族企业股东更为注重公司长期业绩和可持续发展，维护企业声誉的动机较强，且家族企业股东了解公司运营状况，有能力发现管理层自利行为，能够实施有效监督，研究发现，相比非家族企业，家族企业应计质量较好。Doyle 等（2007）指出，存在重大内控缺陷的公司应计质量较低。Chaney 等（2011）研究政治关联对应计质量的影响，指出政治关联可帮助公司轻易获得外部融资，因此上述公司提供高质量财务报告以降低融资成本的动机较弱。研究发现，相比无政治关联公司，有政治关联的公司应计质量显著较低。Chen 等（2016）研究美国市场中借壳上市的中国公司应计质量，指出中国法律执行力度、投资者保护程度较弱，导致借壳上市的中国公司应计质量较低。研究发现，与公开发行上市美国公司相比，借壳上市的美国公司应计质量无差异，然而，与发行 ADR 上市的中国公司相比，借壳上市的中国公司应计质量显著较低。与借壳上市的美国公司相比，借壳上市的中国公司应计质量显著较低。黄琼宇等（2014）以 2003—2008 年中国上市家族企业为研究对象，指出公开发行直接上市家族企业获得政治支持较多，其提高应计质量以降低融资成本的动机较弱。研究发现，与买壳上市的家族企业相比，公开发行直接上市家族企业的银行贷款、政府补贴较多，实际税率较低，应计质量较低。袁振超和张路（2013）研究分析师现金流预测与应计质量的关系，指出分析师现金流预测能够提高应计信息透明度，抑制管理层操纵应计项目，进而提高应计质量。分析师影响力越强，外部治理作用越强，即影响力越大的分析师（最佳分析师或者顶级券商分析师）现金流预测越能够抑制管理层操纵应计项目。沈红波等（2014）发现，民营企业受到监管处罚后应计质量显著改善，但政治关联会削弱上述效应。

另一方面，资本市场动机会影响公司应计质量。Friedlan（1994）和 Teoh 等（1998）指出，公司 IPO 前会通过操纵应计以提高市值，误导投资者，应计质量较低。基于此，Morsfield 和 Tan（2006）研究风险投资的监督作用并发现，与无风险投资支持公司相比，风险投资支持 IPO 公司较少操纵应计，应计质量较高。Burgstahler 和 Dichev（1997）、Das 和 Zhang（2003）指出，为避免公司实际盈余低于分析师预期，公司会向上操纵盈余，导致应计质量下降。Cohen 和 Zarowin（2010）以公开增发公司为研究对象，发现公司公开增发前会向上操纵应计，以提高市值，误导投资者。Ramanna 和 Roychowdhury（2010）研究美国大选并指出，为避免大选期间选民过度关注导致的负面后果，提供政治献金的公司会操纵应计以降低盈余。研究发现，在 2004 年大选前，政治关联公司向下操纵应计，导致应计质量降低。王克敏和刘博（2014）以中国上市公司为研究对象，指出为在公司控制权转移后获取留任机会，管理层会与收购方合谋，在控制权转移前向下操纵盈余，以降低股权转让价格。研究发现，公司控制权转移前会向下操纵应计，导致应计质量降低，且上述结果在国企民营前更为显著。

部分研究分析资本市场制度变革对公司应计质量的影响。Cohen 等（2008）指出，SOX 法案颁布后，公司操纵应计的成本增加，即 SOX 会抑制公司进行应计盈余管理。研究发现，SOX 法案颁布后，公司应计盈余管理减弱，应计质量提高。Massa 等（2015）、Fang 等（2016）指出，卖空投资者关注目标公司应计质量，导致公司应计盈余管理风险增加，进而抑制公司应计操纵行为。研究发现，融资融券法规出台后，相比其他公司，标的公司应计盈余管理减弱，应计质量提高。王克敏和刘博（2012）以中国上市公司为研究对象，指出公司公开增发前会向上操纵应计以提高市值，高公开增发业绩门槛能够抑制公司操纵应计的动机，即公开增发业绩门槛提高后，公司应计质量提高。陈晖丽和刘峰（2014）研究融资融券对中国上市公司应计盈余管理的影响发现，相比其他公司，融资融券法规后标的公司应计盈余管理显著降低，且上述结果在高市场化水平地区更为显著。

基于债权人治理，已有研究指出，债权人事后监督会降低债务人道德风险，促进其提高盈余质量，降低信贷风险。Bushman 和 Wittenberg-Moerman（2012）指出，为维持自身声誉，高声誉债权人会实施更为严格的事前筛选和事后监督，研究发现，债权人声誉越高，债务人盈余持续性越好，应计质量越高。

3.3.3 质权人治理相关研究小结

已有针对质权人治理问题的研究主要集中于抵押贷款中银行发挥的监督作用。本书从以下角度丰富了已有研究。

首先，本书拓展了银行作为质权人的公司治理作用研究。已有研究主要从抵押资产与银行监督相互补充（Rajan and Winton，1995；Cerqueiro 等，2014；谭燕和吴静，2013）抑或相互替代（Manove and Padilla，1999，2001；Jiménez 等，2006）2 个角度分析银行在抵押贷款中所发挥的监督作用。应用抵押资产与银行监督相互补充的理论，基于质权人竞争视角，质权人竞争会削弱质权人监督作用，降低控股股东股权质押公司信息披露质量。

其次，本书拓展了券商监督作用的相关研究。具体来说，鉴于券商的业务范围主要集中于承销和经纪，已有针对券商监督的研究更多关注发行市场（Hansen and Torregrosa，1992；Jain and Kini，1999；Li and Masulis，2004；方军雄，2012）或分析师追踪（Green 等，2014；Li 等，2015；Jung 等，2015；Cheng 等，2016），较少分析券商作为债权人或质权人的作用。考虑到《业务办法》的出台使得券商积极参与到股权质押业务中来，本书研究了券商作为质权人所发挥的监督作用，并详细论证了质权人竞争与券商监督作用的关系，为已有券商监督作用的相关研究提供了崭新视角。

此外，通过对质权人治理与公司决策文献的梳理，不难发现，针对公司会计稳健性、应计质量的文献，均较少关注质权人所发挥的治理作用。基于质权人竞争视角，质权人监督作用的弱化会降低公司盈余质量。

通过研究质权人竞争对控股股东股权质押公司会计稳健性的影响，本书同时拓展了股权质押后果及会计稳健性影响因素的研究。一方面，针对股权质押后果的文献一般从盈余管理（谭燕和吴静，2013；Asija 等，2016；王斌和宋春霞，2015；陈共荣等，2016）或盈余平滑（Huang and Xue，2016）角度考察质权人监督作用，较少关注控股股东股权质押对公司会计稳健性的影响。另一方面，针对会计稳健性形成原因的文献更多考虑债权人治理作用（Ahmed 等，2002；Watts，2003；Wittenberg - Moerman，2008；Nikolaev，2010；Peek 等，2010；Jayaraman and Shivakumar，2013；Tan，2013；Haw 等，2014；Martin and Roychowdhury，2015），较少关注质权人治理作用。本书认为股权质押中的质权人会影响公司会计政策的选择。

3.4 理论分析与研究假设

质权人存在监督出质人的动机。就本质而言，股权质押融资业务是一种抵押贷款，提供股权质押业务的质权人同时也是抵押贷款的债权人。债权人与公司之间存在信息不对称，为避免发生债务违约而导致权益受损，债权人有动机监督公司生产经营。正如 Watts（2003）指出，债权人的收益与公司净资产并不对称；当债务到期时，若公司净资产高于债务面值，除债务面值外，债权人无法得到其他任何补偿；若公司净资产难以偿付债务，债权人收回的款项将低于债务面值。由此可见，监督债务人是债权人的“天然”属性。在一定程度上，质押物或抵押物的存在虽可缓解出质人或债务人的逆向选择与道德风险问题（Bester，1985；Besanko and Thakor，1987a，1987b；Chan and Thankor，1987；Boot 等，1991；Jiménez 等，2006；Berger 等，2011a），但质权人或债权人的监督动机可能并不会随之下降。正如 Rajan 和 Winton（1995）指出，抵押资产是债权人监督机制的补充，其有助于债权人了解债务人信息，以便在债务人临近违约时，要求债务人及时补充更多抵押资产。考虑到金融市场发展程度较低时，债权人对于抵押资产的标准也相应提高（Haniz，2003），目前中国资本市场发展尚不成熟，不同于抵押物与债权人监督之间的相互替代作用（Boot 等，1991），作为质押物的股权与质权人监督之间更可能呈现互补之态。正如谭燕和吴静（2013）指出，银行对控股股东股权质押公司的盈余管理预期降低了股权质押公司的盈余管理程度。为降低出质人发生违约的损失，股权质押的质权人有动机监督出质人的行为或决策。

质权人具备监督出质人行为决策的能力。不论是作为股权质押场外交易质权人的银行或信托，抑或是作为股权质押场内交易质权人的券商，均为资本市场中相对专业的金融中介，具备监督出质人行为决策的专业知识。针对银行，Francis 等（2005）的研究结果表明，银行能够准确识别公司盈余质量，并制定与盈余质量相匹配的利率水平；Erkens 等（2014）指出，为获取债务人私有信息，银行可能会向债务人董事会派遣董事。针对券商，如前所述，相对银行或信托，券商的专业能力“有过之而无不及”（Michaely and Shaw，1994；Carter 等，1998；Aggarwal and Conroy，2000；Fang，2005；Boni and Womack，2006；Hutton 等，2012；Green 等，2014；Li 等，2015；Cheng 等，2016）。质权人可以利用其专业知识有效监督出质人行为。

在券商进入股权质押融资市场后，券商与银行之间、券商与券商之间、银行与银行之间竞争加剧，会削弱质权人监督作用。2013 年 5 月，《业务办法》的出台加剧了股权质押市场质权人之间的竞争。首先，券商的进入加剧了券商和银行、信托之间的竞争。在一定程度上，《业务办法》的推行拓宽了可供公司选择的质权人范围，简化了公司股权质押流程，进而增强了公司参与股权质押业务的动机。针对前述“潜在”进行股权质押融资的“新客户”，券商和银行、信托之间势必展开激烈争夺。券商也可能利用自身场内交易业务的专业性或及时性优势，积极争夺银行、信托既有的“老客户”。正如 Takaoka 和 McKenzie（2006）指出，1993 年日本金融系统改革后，银行获准开展公司债承销业务，使得公司债市场承销商增加，导致市场竞争加剧。其次，券商的进入加剧了券商和券商之间的竞争。《业务办法》实施之前，股权质押业务主要集中于场外交易，券商参与度极低。《业务办法》的推行使得股权质押业务成为券商行业亟待开发的“新大陆”，急于开疆拓土分羹市场的心态容易引发券商之间对于客户资源的激烈竞争。一方面，券商并不仅仅只开展股权质押业务，还会通过股权质押业务与上市公司建立合作关系，为券商推广后续的承销业务及经纪业务积累了宝贵的客户资源，在一定程度上形成了“乘数效应”；另一方面，市场垄断性打破之初，开展股权质押业务盈利性较高，正如实务界的相关人士坦言，股权质押融资业务俨然已成为券商眼中的“摇钱树”①，鉴于此，尚未进入股权质押市场的券商会想方设法进入市场，追逐利润。最后，券商的进入加剧了银行和信托之间的竞争。为减轻券商蚕食市场带来的损失，原来处于“寡头垄断”的银行和信托之间很可能展开客户资源的“争夺战”。由此可见，因《业务办法》推行而“闪亮登场”的券商不仅加剧了券商和原有银行、信托等质权人之间的竞争，还强化了券商之间以及银行、信托之间的竞争，进而推高了股权质押市场的质权人竞争程度。

激烈的质权人竞争可能削弱质权人监督作用。这种削弱主要表现在以下3个方面。第一，质权人市场竞争程度的增强弱化了质权人事前筛选过程中的监督作用。质权人与公司之间存在信息不对称。一般情况下，如何筛选优质出质人以降低违约风险形成的损失，是质权人需要考虑的首要问题。然而，随着质权人市场竞争程度的增强，为争夺客户资源，质权人可能在客户筛选过程中降低标准，使得资质相对平庸甚至相对较差的客户进入股权质押市场。正如Marquez（2002）指出，银行业竞争加剧后，银行不得不放松贷款标准，争夺潜在客户，导致低质量债务人也可以获得贷款。Dell’Ariccia和Marquez（2006）也发现，为争夺市场份额，银行会发展高风险客户以获取收益，导致银行高风险资产的比例攀升。券商也可能发布相对乐观的分析师预测或较高的买入评级，以争抢客户资源（Agrawal and Chen，2008；Kadan等，2009；Groysberg等，2011）。可见，在一定程度上，质权人市场竞争的增强降低了股权质押融资的“门槛”，可能引发出质人质量良莠不齐的乱象。第二，质权人市场竞争程度的增强弱化了质权人契约签订时的监督作用。一方面，为争夺客户资源，质权人市场竞争的加剧削弱了质权人在合同谈判过程中的议价能力，导致出质人触发违约条款的可能性降低。债务契约或质押契约签订过程中，违约条款是债权人或质权人发挥监督作用、维护自身权益的保障。一旦债务人或出质人触发违约条款，债权人或质权人可以要求追加抵

① http：//magazine. caixin. com/2013-04-26/100521032. html.

押，并实施更为严格的监督措施（Nikolaev，2010；Tan，2013）。具体到股权质押而言，质押比率、警戒比例、平仓比例等均为股权质押合同的重要指标（谢德仁等，2016）。Takaoka 和 McKenzie（2006）、Yasuda（2007）的研究结果均表明，银行进入原由券商垄断的公司债承销市场之后，其议价能力显著下降，质权人市场竞争程度的增强可能迫使质权人制定相对宽松的警戒比例或平仓比例，进而削弱违约风险对出质人的约束作用。另一方面，质权人市场竞争的增强也弱化了质权人对于贷款利率执行标准的议价能力，诱发其采用降低贷款利率的手段争夺客户资源，进而降低了出质人的债务成本及破产风险，损害了抵押贷款对出质人的约束效力。可见，质权人竞争的加剧不利于其采用严格的违约条款或较高的利率水平对出质人实施监督。第三，质权人市场竞争程度的增强弱化了质权人契约签订后的监督作用。抵押贷款具有合约激励作用；债务人违约造成的抵押资产产权转移，可以有效降低债务人事后的道德风险（Boot 等，1991；谭燕和吴静，2013）。质权人市场竞争增强时，质权人在质押合约签订时放松了违约条款，降低了贷款利率，一方面使得该笔股权质押融资业务的收益下降，另一方面造成了事后监督信息搜集的困难，从而增加了质权人的事后监督成本，降低了质权人的事后监督激励。同时，质权人事后对出质人“指手画脚”的行为也不利于质权人维持良好的客户关系。由此可见，质权人竞争的增强可能提高出质人事后的道德风险。因此，质权人市场竞争程度的增强弱化了质权人对出质人的监督作用。

控股股东股权质押行为会影响公司盈余质量。在新兴资本市场，一股独大的现象较为普遍，公司决策往往出自控股股东而非管理者（La Porta 等，1999，2000；Dyck and Zingales，2004）。换而言之，控股股东行为与公司决策紧密相关。股权质押是控股股东融资约束的直接体现，其在不改变控股股东控制权的情况下降低了控股股东的现金流权，加剧了公司控制权和现金流权的分离程度，形成“弱化激励效应”和“强化侵占效应”（Claessens 等，1999，2002；Faccio and Lang，2002；郝项超和梁琪，2009），容易引发控股股东掏空行为（Johnson 等，2000；郑国坚等，2014），进而降低公司盈余质量（Liu and Lu，2007）。在一定程度上，质权人所发挥的监督作用可以缓解控股股东掏空对公司盈余质量的负面影响。正如谭燕和吴静（2013）指出，质权银行发挥了“合约激励效应”，其对公司操纵盈余的预期显著降低了股权质押样本的盈余管理水平和掏空程度。Asija 等（2016）也发现，股权质押之后，质权人监督作用日趋显著，公司可操纵应计水平也随之下降。由此可见，控股股东进行股权质押时，其掏空动机也相应增强，进而损害公司盈余质量，而质权人的监督作用可以弱化上述负面效应。

基于以上分析，质权人竞争会削弱质权人对于出质人（控股股东）的监督作用，降低公司盈余质量。本书将分别从公司会计稳健性和应计质量 2 个角度展开论证。

会计稳健性是指相对会计收益，公司会更及时地确认会计损失的会计现象（Basu，1997）。基于契约理论，在契约主体与公司存在信息不对称或收益不对称的条件下，会计稳健性可以降低公司道德风险（Watts，2003）。

质权人竞争导致其对出质股东的监督弱化会降低公司会计稳健性。一方面，考虑到会计政策稳健时，公司净利润较低，触发违约条款可能性较高，违约风险也较高（Ball 等，2008；Nikolaev，2010；Tan，2013；Martin and Roychowdhury，2015），为争夺股权质押客户资源，质权人可能放松对公司会计稳健性的要求。另一方面，考虑到会计政策稳健时，公司净利润较低，不利于控股股东的掏空行为（Ahmed 等，2002；Peek 等，2010），为积极抢占客户，建立良好的客户关系，质权人也可能降低对公司会计稳健性的要求。质权人竞争增强时，控股股东股权质押行为可能使公司会计政策趋于激进。由此，本书提出假设 2：

H2：相比非控股股东股权质押公司，《业务办法》实施后，控股股东股权质押公司的会计稳健性较差。

公司盈余与现金收入之间的差异即为应计项目。鉴于应计项目的确认主要依赖于管理层和会计人员的主观判断与估计，如，如何确认坏账、如何计量折旧等，公司有动机利用应计项目操纵盈余，以为控股股东或管理层牟取私利（Bergstresser and Philippon，2006；Hou 等，2015；王克敏和刘博，2014）。质权人竞争增强时，质权人对出质人的监督随之下降，控股股东掏空动机增强；此时，管理层更偏好操纵应计项目以满足控股股东个人需求，进而降低公司应计质量。由此，本书提出假设 3：

H3：相比非控股股东股权质押公司，《业务办法》实施后，控股股东股权质押公司的应计质量较差。

考虑到出质人议价能力可能改变质权人竞争与控股股东股权质押公司盈余质量的关系，本书分别基于融资约束、外部监督以及政府干预 3 个视角，研究出质人议价能力存在差异时，质权人竞争与控股股东股权质押公司盈余质量的关系。

融资约束方面，公司融资约束越强，其在质押谈判中的议价能力越差。如前所述，控股股东往往“求钱若渴”，其股权质押的主要原因即为融资约束（郝项超和梁琪，2009；谭燕和吴静，2013；谢德仁等，2016）。当公司融资约束较强时，控股股东的可用资金也相应受限。这种情况下，在质押合同的谈判过程中，控股股东作为出质人，为尽快寻找质权人并获得质押贷款融资，其相对质权人的议价能力相应受限。相反地，融资约束较弱的公司“不差钱”，往往处于质押谈判的优势地位，质权人的议价能力相对较弱；此时，质权人竞争对质权人监督作用的削弱程度较高，控股股东股权质押对公司盈余质量的负面影响也随之增强。由此，本书提出假设 2. 1、假设 3. 1：

H2. 1：与融资约束较强的公司相比，《业务办法》实施后，控股股东股权质押公司会计稳健性下降的程度在融资约束较弱公司的样本中更为显著。

H3. 1：与融资约束较强的公司相比，《业务办法》实施后，控股股东股权质押公司应计质量下降的程度在融资约束较弱公司的样本中更为显著。

外部监督方面，良好的外部监督环境有助于缓解质权人竞争增强所产生的负面影响。已有文献指出，审计师质量或诉讼风险的提高会抑制公司盈余管理行为，或促使公司采用更为隐蔽的盈余管理方式（Cohen 等，2008；Cohen and Zarowin，2010；Burnett 等，2012；Zang，2012）。Lennox 等（2015）发现，对中国国有公司而言，与未经审计的盈余相比，经审计师审计的盈余更加平稳也更加持续，盈余质量也更高。范经华等（2013）、刘启亮等（2013，2014）的研究结果均表明，在一定程度上，审计师质量或诉讼风险的提高有助于改善公司治理水平。有效的外部监督机制可以弥补质权人竞争导致的监督弱化，进而遏制控股股东股权质押公司盈余质量恶化之势；相反地，若公司缺乏有效的外部监督机制，质权人监督下降的负面效应将更加明显。由此，本书提出假设 2. 2、假设 3. 2：

H2. 2：与外部监督较强的公司相比，《业务办法》实施后，控股股东股权质押公司会计稳健性下降的程度在外部监督较弱公司的样本中更为显著。

H3.2：与外部监督较强的公司相比，《业务办法》实施后，控股股东股权质押公司应计质量下降的程度在外部监督较弱公司的样本中更为显著。

政府干预方面，在一定程度上，政府干预增强了出质人（控股股东）的议价能力，加剧了质权人竞争所导致的负面效应。具体来说，财政分权体制下，为谋求地区经济发展，在“晋升锦标赛”中脱颖而出，地方政府有强烈动机扶持本地区上市公司，竭尽所能地为公司发展提供便利（Jin 等，2005；Xu，2011；Piotroski and Zhang，2014；周黎安，2004，2007；毕晓方等，2015）。作为地方政府的“宠儿”，在出现债务纠纷时，上市公司往往有更强的议价能力，而银行等债权人的利益可能难以得到有效保障。正如万良勇和魏明海（2009）指出，伴随银行系统改革的深入，银行渐渐摆脱政企不分的现状；为在晋升锦标赛中名列前茅，地方政府对于银行的态度从“直接争夺银行资源”，逐步转变为容忍或默许辖区内公司的“赖账行为”。由此可见，政府干预程度越高，质权人竞争对控股股东股权质押公司盈余质量的负面效应越显著。由此，本书提出假设2.3、假设3.3：

H2.3：与政府干预程度较低地区的公司相比，《业务办法》实施后，控股股东股权质押公司会计稳健性下降的程度在政府干预程度较高地区公司的样本中更为显著。

H3.3：与政府干预程度较低地区的公司相比，《业务办法》实施后，控股股东股权质押公司应计质量下降的程度在政府干预程度较高地区公司的样本中更为显著。

3.5 实证检验

3.5.1 样本选取

本书以2003—2015年A股非金融上市公司为研究对象，分析控股股东股权质押对公司盈余质量的影响。本研究使用的股权质押股数来自Wind数据库，并手工整理质押股东信息；借款利率数据来自中国人民银行网站；地区市场化水平数据来自《中国市场化指数（2011版）》（樊纲等，2011）；公司基本特征数据均来自国泰安数据库。参考Chan等（2016）、谢德仁等（2016），样本筛选过程如下：首先，删除总资产、所有者权益为负或零的样本；

其次，删除 ST 样本；最后，删除主要研究变量缺失样本。本书最终样本共 19568 个公司—年度观测数，其中控股股东进行股权质押的观测数、控股股东未进行股权质押的观测数分别为 4418 个、15150 个，样本筛选过程见表 3-1。

表 3-1　样本选择

项目	总公司—年度观测数（个）	控股股东进行股权质押的观测数（个）	控股股东未进行股权质押的观测数（个）
2003—2015 年 A 股上市公司	24886	5440	19446
减：金融业上市公司	524	71	453
减：总资产、所有者权益为负值或 0 的样本	1865	159	1706
减：ST 样本	1529	307	1222
减：数据缺失样本	1400	485	915
最终样本	19568	4418	15150

样本年度分布情况见表 3-2。表 3-2 显示，控股股东股权质押的观测占比平均为 20%，从 2003 年的 3%上升至 2015 年的 40%。

表 3-2　样本年度分布

会计年度	总观测数（个）	控股股东进行股权质押的观测数（个）	控股股东未进行股权质押的观测数（个）
2003	977	30	947
2004	1026	98	928
2005	1115	185	930
2006	1075	174	901
2007	1132	168	964
2008	1276	221	1055
2009	1350	274	1076
2010	1483	268	1215
2011	1832	390	1442
2012	2091	489	1602
2013	2205	644	1561
2014	2069	699	1370
2015	1937	778	1159
合计	19568	4418	15150

3.5.2 变量定义和模型设计

3.5.2.1 控股股东股权质押特征

本书参考谢德仁等（2016）、徐寿福等（2016），采用控股股东是否实施股权质押（*Pledge*）衡量公司控股股东股权质押倾向。若该年度公司控股股东质押其股权，*Pledge* 取值为 1，若该年度控股股东未质押其股权，*Pledge* 取值则为 0。

3.5.2.2 质权人竞争虚拟变量

考虑到《业务办法》允许证券公司开展股权质押业务，会加剧股权质押市场质权人竞争，本书以《业务办法》实施前后分组，检验其对质权人监督作用的影响。考虑到证交所于 2013 年 5 月 24 日出台《业务办法》，本书以 2013 年为分界点，在《业务办法》实施阶段（2013 年之后，包括 2013 年）质权人竞争虚拟变量（*Post*）变量取 1，否则取 0。

3.5.2.3 股权质押经济后果

（1）公司会计稳健性。

本书借鉴 Zhang（2008）、Beatty 等（2008）、Aier 等（2014），分别以非经营性应计的相反数（$CONSER1_{it}$）、[t-2，t] 年滚动三年非经营性应计的相反数衡量 t 年公司会计稳健性（$CONSER2_{it}$）。模型如下：

$$CONSER1_{it} = (-1) \times NOPACC_{it} \tag{3-1}$$

$$CONSER2_{it} = (-1) \times \frac{1}{3}\sum_{k=t-2}^{t} NOPACC_{ik} \tag{3-2}$$

其中，$NOPACC_{ik}$为公司 i 在 k 年的非经营性应计，采用上年总资产平滑，$NOPACC=TACC-OPACC$ 即总应计（*TACC*）与经营性应计（*OPACC*）的差值，其中，$TACC = NI + DEP - CFO$，$OPACC = \Delta CA - \Delta CASH - \Delta CL + \Delta STDEBT$，*NI* 为净利润，*DEP* 为累计折旧和待摊费用之和，*CFO* 为经营活动现金流量，ΔCA 为流动资产变动，$\Delta CASH$ 为现金变动，ΔCL 为流动负债变动，$\Delta STDEBT$ 为短期借款变动。为便于理解本书将计算所得 *NOPACC* 乘以-1，则 *CONSER* 越大，公司会计稳健性越强。

（2）公司应计质量。

本书借鉴 Aboody 等（2005）、Francis 等（2005），采用修正 Jones（1991）模型残差项绝对值衡量应计质量（AQ）：

$$\frac{ACC_t}{TA_{t-1}} = k_0 + k_1\left(\frac{1}{TA_{t-1}}\right) + k_2\left(\frac{\Delta S_t}{TA_{t-1}}\right) + k_3\left(\frac{PPE_t}{TA_{t-1}}\right) + \varepsilon \tag{3-3}$$

同时，本书借鉴 Gong 等（2016），采用 Kothari 等（2005）控制公司业绩的应计模型残差项绝对值衡量应计质量（$AQ\_Kothari$）：

$$\frac{ACC_t}{TA_{t-1}} = n_0 + n_1\left(\frac{1}{TA_{t-1}}\right) + n_2\left(\frac{\Delta S_t}{TA_{t-1}} - \frac{\Delta AR_t}{TA_{t-1}}\right) + n_3\left(\frac{PPE_t}{TA_{t-1}}\right) + \varepsilon \tag{3-4}$$

其中，应计 $ACC=\Delta CA-\Delta CASH-\Delta CL+\Delta STDEBT-DEP$，$\Delta S$ 为营业收入变动水平，ΔAR 为应收账款变动水平，PPE 为固定资产净额，TA 为公司总资产。

3.5.2.4　质权人监督作用影响因素

（1）公司融资约束。

考虑到公司融资约束较弱，其股权质押动机相对较弱，进而降低质权人的议价能力，降低其监督作用，本书采用公司业绩、融资约束指数、公司现金持有和信贷成本衡量融资约束。

1）公司业绩。

公司亏损虚拟变量（$LOSS$），若公司净利润为负值则取 1，否则取 0。公司亏损虚拟变量取 0 时，融资约束较弱。

2）融资约束指数。

本书借鉴 Hadlock 和 Pierce（2010）、Armstrong 和 Vashishtha（2012）、鞠晓生（2013），采用 SA 指数衡量融资约束（FC），即（$-0.737\times Size$）+（$0.043\times Size^2$）-（$0.040\times Age$），其中 $Size$ 为公司账面价值（百万元）的对数，Age 为公司上市年限。SA 指数越大，公司融资约束越强。每年按 SA 指数将样本分为两组，若 SA 指数大于中值则 D_FC 变量取 1，否则取 0。当融资约束指数虚拟变量（D_FC）取 0 时，融资约束较弱。

3）公司现金持有。

本书借鉴阳佳余（2012），采用现金持有占总资产比率（$Cash$）衡量公司融资约束，该值越大，说明公司内源资金越充裕，公司融资约束越弱。每年按现金持有占总资产比率将样本分为两组，若大于中值则 *D_Cash* 变量取1，否则取0。当现金持有虚拟变量（*D_Cash*）取1时，融资约束较弱。

4）信贷成本。

本书借鉴徐寿福等（2016），采用中国人民银行公布的贷款期限为6个月至1年（含）的贷款利率（*Interest*）衡量信贷市场融资成本，贷款利率越大，则信贷融资成本越高，公司融资约束越强。按贷款利率将样本分为两组，若贷款利率大于中值，则 *D_Interest* 变量取1，否则取0。当信贷成本虚拟变量（*D_Interest*）取0时，融资约束较弱。

（2）公司外部监督。

考虑到公司外部监督较弱，进一步弱化质权人监督作用，本书采用公司审计师事务排名和诉讼风险衡量外部监督。

1）审计师事务所排名。

本书借鉴 Cohen 等（2008）、Cohen 和 Zarowin（2010），采用审计师事务所排名衡量公司外部监督，根据 Hou 等（2015）、Gong 等（2016），采用审计师事务所是否为“十大”虚拟变量（*BigAuditor*），若公司审计事务所处于AICPA 审计师事务所综合排名①前十，则取1，否则取0。“十大”审计师事务所虚拟变量（*BigAuditor*）取0时，公司外部监督较弱。

2）诉讼风险。

本书借鉴 Burnett 等（2012）、Zang（2012），采用公司诉讼风险衡量外部监督。若公司处于高诉讼风险行业，则诉讼风险虚拟变量（*LRisk*）取1，否则取0。其中，高诉讼风险行业是指以行业内公司违规事件总和作为行业违规事件数量，按其分布将所有行业分为5组，处于样本最高20%的行业。公司违规事件数据来自 CSMAR 数据库。诉讼风险虚拟变量（*LRisk*）取0时，公司外部监督较弱。

（3）政府干预。

考虑到政府干预较强会阻碍债权人发挥监督作用，同时处于政府干预较强地区的公司信息不对称程度较强，进一步弱化质权人监督作用，本书采用

---

① http：//www.cicpa.org.cn/Registration/pingjia/201307/t20130717_41752.html.

产业政策支持和地区市场化水平衡量政府干预。

1）产业政策支持。

借鉴 Aghion 等（2015）、陈冬华等（2010）、陆正飞和韩非池（2013）、王克敏等（2017），采用产业政策支持变量衡量政府干预。本书依据五年计划中相关行业发展规划，确定公司是否属于产业政策鼓励的行业。若公司所在行业属于产业政策鼓励的行业，则产业政策支持虚拟变量（*IP*），取值为1，否则为0。产业政策支持虚拟变量（*IP*）取值为1时，政府干预较强。

2）地区市场化水平。

本书借鉴 Li 等（2011）、Wang 和 Qian（2011）、唐雪松等（2010）、王凤荣和高飞（2012），采用地区市场化水平衡量政府干预。本书以《中国市场化指数（2011版）》（樊纲等，2011）[①] 产品市场发育指数衡量地区市场化水平（*MarketIndex*），该值越小，政府干预越强。按地区市场化水平将样本分为两组，若地区市场化水平高于中值，则 *D_MarketIndex* 变量取1，否则取0。地区市场化水平虚拟变量（*D_MarketIndex*）取0时，政府干预较强。

3.5.2.5　控制变量

根据谢德仁等（2016）、徐寿福等（2016），本书设计了以下控制变量：公司规模（*Size*）、市值账面比（*MB*）、杠杆（*LEV*）、业绩（*ROA*）、股票换手率（*DTURN*）、股票特有收益率均值（*RET*）、股票特有收益率标准差（*SIGMA*）、行业（*Industry*）、年度（*Year*）。本书对所有连续变量进行1%缩尾处理。变量设计见表3-3。

---

① 该指数目前更新至2009年。考虑到地区市场化水平具有时间延续性，本书中2010—2015年地区市场化水平数据由2009年产品市场发育指数得分替代。

表 3-3 变量定义

Panel A：控股股东股权质押特征	
Pledge	控股股东股权质押虚拟变量，若该年度公司控股股东质押其股权，则取值为1，若公司控股股东未质押其股权，则为0
Panel B：质权人竞争虚拟变量	
Post	质权人竞争虚拟变量，在《业务办法》实施阶段（2013年之后，包括2013年）变量取1，否则取0
Panel C：质权人质押经济后果	
*CONSER*1	公司会计稳健性，即非经营性应计（*NOPACC*）的相反数，其中，$NOPACC_{ik}$为公司 i 在 k 年的非经营性应计，采用上年总资产平滑，$NOPACC=TACC-OPACC$ 即总应计（*TACC*）与经营性应计（*OPACC*）的差值，其中，$TACC = NI + DEP - CFO$，$OPACC = \Delta CA - \Delta CASH - \Delta CL + \Delta STDEBT$，*NI* 为净利润，*DEP* 为累积折旧和待摊费用之和，*CFO* 为经营活动现金流量，ΔCA 为流动资产变动，$\Delta CASH$ 为现金变动，ΔCL 为流动负债变动，$\Delta STDEBT$ 为短期借款变动，下同。为便于理解，本书将计算所得 *NOPACC* 乘以-1，则 *CONSER*1 越大，公司会计稳健性越强
*CONSER*2	公司会计稳健性，即［t-2，t］年滚动三年非经营性应计的相反数。为便于理解，本书将计算所得乘以-1，则 *CONSER*2 越大，公司会计稳健性越强
AQ	公司应计质量，采用修正 Jones（1991）模型残差项绝对值衡量
AQ_Kothari	公司应计质量，采用 Kothari 等（2005）控制公司业绩的应计模型残差项绝对值衡量
Panel D：质权人监督影响因素	
LOSS	公司亏损虚拟变量，若公司净利润为负值则取1，否则取0。公司亏损虚拟变量取0时，融资约束较弱
FC	Hadlock 和 Pierce（2010）SA 指数，即（$-0.737\times Size$）+（$0.043\times Size^2$）-（$0.040\times Age$），其中，*Size* 为公司账面价值（百万元）的对数，*Age* 为公司上市年限。*FC* 越大，公司融资约束越强
D_FC	融资约束指数虚拟变量，每年按 SA 指数将样本分为两组，若 SA 指数大于中值则 *D_FC* 变量取1，否则取0。当 *D_FC* 取0时，融资约束较弱
Cash	公司现金持有，即现金持有占总资产比率，该值越大，说明公司内源资金越充裕，公司融资约束越弱

续表

D_Cash	现金持有虚拟变量，每年按现金持有占总资产比率将样本分为两组，若大于中值则 *D_Cash* 变量取 1，否则取 0。当 *D_Cash* 取 1 时，融资约束较弱
Interest	信贷成本，即中国人民银行公布的贷款期限为 6 个月至 1 年（含）的贷款利率。贷款利率越大，则信贷融资成本越高，公司融资约束越强
D_Interest	信贷成本虚拟变量，按贷款利率将样本分为两组，若贷款利率大于中值，则 *D_Interest* 变量取 1，否则取 0。当 *D_Interest* 取 0 时，融资约束较弱
BigAuditor	审计师事务所是否为“十大”虚拟变量，若公司审计事务所处于 AICPA 审计师事务所综合排名前十，则取 1，否则取 0。*BigAuditor* 取 0 时，公司外部监督较弱
LRisk	诉讼风险虚拟变量，若公司处于高诉讼风险行业则 *LRisk* 取 1，否则取 0。其中，高诉讼风险行业是指，以行业内公司违规事件总和作为行业违规事件数量，按其分布将所有行业分为 5 组，处于样本最高 20% 的行业。公司违规事件数据来自 CSMAR 数据库。*LRisk* 取 0 时，公司外部监督较弱
IP	产业政策支持虚拟变量，本书依据五年计划中相关行业发展规划，确定公司是否属于产业政策鼓励的行业。若公司所在行业属于产业政策鼓励的行业，则 *IP* 取值为 1，否则为 0。*IP* 取值为 1 时，政府干预较强
MarketIndex	地区市场化水平，即《中国市场化指数（2011 版）》（樊纲等，2011）产品市场发育指数。该值越小，政府干预越强
D_MarketIndex	地区市场化水平虚拟变量，按地区市场化水平将样本分为两组，若地区市场化水平高于中值，则 *D_MarketIndex* 变量取 1，否则取 0。*D_MarketIndex* 取 0 时，政府干预较强
Panel E：控制变量	
Size	公司规模，即公司总市值的对数值
MB	公司市值账面比
LEV	公司杠杆，即总负债与总资产的比值
ROA	公司净利润
Industry	基于证监会行业分类定义的行业虚拟变量

3.5.2.6　模型设计

为了考察质权人竞争对控股股东股权质押公司盈余质量的影响，对假设 2、假设 3 进行验证，本书基于公司年度观测，建立如下双重差分

(Differences-in-Differences)模型：

$$CONSER1_t(CONSER2_t) = \theta_0 + \theta_1 Pledge_t + \theta_2 Post_t + \theta_3 Pledge_t \times Post_t + \theta_4 ControlVariable_t + Industry + \varepsilon \quad (3-5)$$

$$AQ_t(AQ\_Kothari_t) = \alpha_0 + \alpha_1 Pledge_t + \alpha_2 Post_t + \alpha_3 Pledge_t \times Post_t + \alpha_4 ControlVariable_t + Industry + \varepsilon \quad (3-6)$$

其中，$ControlVariable_t$表示控制变量。若假设2、假设3成立，则相比非控股股东股权质押公司，《业务办法》实施后控股股东股权质押公司会计稳健性较差、应计质量较差，即θ_3显著小于0，α_3显著大于0。

为检验基于质权人监督作用影响因素的质权人竞争、股权质押与公司盈余质量关系，验证假设2.1~假设2.3、假设3.1~假设3.3，本书基于质权人监督作用影响因素变量分组，采用上述模型进行分组检验。其中，质权人监督作用影响因素变量包括公司融资约束、外部监督和政府干预。

3.5.3 实证结果

3.5.3.1 描述性统计

为了对我国上市公司控股股东股权质押及其他研究变量有所了解，本书对各变量的分布进行了分析。并且，考虑到本书用以刻画股权质押经济后果的指标有多个，本书还将对它们间的相关关系进行分析，以考察研究所用指标的效力。

为了得到上市公司控股股东股权质押、质权人竞争、股权质押经济后果及质权人监督作用影响因素变量的总体特征，本书考察了各变量分布情况，结果见表3-4。

表3-4中Panel A列示控股股东股权质押特征分布。控股股东股权质押虚拟变量（$Pledge_t$）均值为0.226，说明约22.6%的样本发生了控股股东股权质押。

Panel B列示质权人竞争特征分布。质权人竞争虚拟变量（$Post_t$）均值为0.317，显示约31.7%的样本处于2013—2015年《业务办法》实施阶段。

Panel C列示股权质押经济后果特征。基于t年非经常性应计计算的会计稳健性指标（$CONSER1_t$）均值、中位数分别为0.012、0.011；基于[t-2，t]年滚动三年非经营性应计计算的会计稳健性指标（$CONSER2_t$）均值、中位数分别为 0.014、0.011，略高于 $CONSER1_t$。以修正 Jones 模型计算的应计质量（AQ_t）均值、中位数分别为 0.082、0.057；以 Kothari 等（2005）可操纵应计模型计算的应计质量（$AQ\_Kothari_t$）均值、中位数分别为 0.079、0.056，略低于 AQ_t。

Panel D 列示质权人监督作用影响因素。公司亏损虚拟变量（$LOSS_t$）均值为 0.094，说明约 9.4%的样本净利润为负值。公司融资约束指数（FC_t）均值、中位数分别为-3.379、-3.350。公司现金持有（$Cash_t$）均值、中位数分别为 0.233、0.168，说明样本期间公司持有现金占总资产比重约为 23.3%。信贷成本（$Interest_t$）均值、中位数分别为 5.751、5.810，说明样本期间贷款期限为 6 个月至 1 年（含）的贷款利率平均为 5.751%。信贷成本虚拟变量（$D\_Interest_t$）均值为 0.607，说明约 60.7%的样本处于高信贷成本时期。"十大"审计师虚拟变量（$BigAuditor_t$）均值为 0.358，说明约 35.8%样本聘请前"十大"审计师事务所。诉讼风险虚拟变量（$LRisk_t$）均值为 0.605，说明 60.5%的样本处于高诉讼风险行业。产业政策支持虚拟变量（IP_t）均值为 0.622，说明 62.2%的样本获得产业政策支持，上述结果与陆正飞和韩非池（2013）一致。地区市场化水平（$MarketIndex_t$）均值、中位数分别为 8.433、8.720；地区市场化水平虚拟变量（$D\_MarketIndex_t$）均值为 0.515，说明 51.5%的样本处于高市场化水平地区。

Panel E 列示公司基本特征分布。

表 3-4　样本总体分布

变量	观测值	均值	中位数	标准差	分位数			
					1%	25%	75%	99%
Panel A：控股股东股权质押特征								
$Pledge_t$	19568	0.226	0.000	0.418	0.000	0.000	0.000	1.000
Panel B：质权人竞争特征								
$Post_t$	19568	0.317	0.000	0.465	0.000	0.000	1.000	1.000
Panel C：股权质押经济后果特征								
$CONSER1_t$	19568	0.012	0.011	0.088	-0.276	-0.026	0.048	0.334
$CONSER2_t$	19568	0.014	0.011	0.059	-0.179	-0.012	0.037	0.272

续表

变量	观测值	均值	中位数	标准差	分位数			
					1%	25%	75%	99%
AQ_t	19568	0.082	0.057	0.082	0.001	0.026	0.110	0.434
$AQ\_Kothari_t$	19568	0.079	0.056	0.077	0.001	0.026	0.106	0.402
Panel D：质权人监督作用影响因素								
$LOSS_t$	19568	0.094	0.000	0.292	0.000	0.000	0.000	1.000
FC_t	19568	-3.379	-3.350	0.265	-3.970	-3.581	-3.174	-2.848
D_FC_t	19568	0.500	1.000	0.500	0.000	0.000	1.000	1.000
$Cash_t$	19568	0.233	0.168	0.415	0.012	0.098	0.287	0.983
D_Cash_t	19568	0.500	1.000	0.500	0.000	0.000	1.000	1.000
$Interest_t$	19568	5.751	5.810	0.700	4.350	5.310	6.000	7.470
$D\_Interest_t$	19568	0.607	1.000	0.488	0.000	0.000	1.000	1.000
$BigAuditor_t$	19568	0.358	0.000	0.479	0.000	0.000	1.000	1.000
$LRisk_t$	19568	0.605	1.000	0.489	0.000	0.000	1.000	1.000
IP_t	19568	0.622	1.000	0.485	0.000	0.000	1.000	1.000
$MarketIndex_t$	19568	8.433	8.720	1.249	4.880	7.670	9.010	10.550
$D\_MarketIndex_t$	19568	0.515	1.000	0.500	0.000	0.000	1.000	1.000
Panel E：公司控制变量								
$Size_t$	19568	15.200	15.110	1.057	13.150	14.450	15.850	18.200
MB_t	19568	3.367	2.547	2.630	0.687	1.669	4.128	15.660
LEV_t	19568	0.458	0.469	0.202	0.051	0.305	0.616	0.867
ROA_t	19568	0.048	0.040	0.063	-0.154	0.014	0.075	0.275

为了检验控股股东股权质押特征变量与经济后果变量之间、各经济后果变量间的相关性，本书对质权人竞争变量、控股股东股权质押变量和经济后果变量的相关关系进行了分析。表 3-5 为各变量间的相关系数矩阵，其中 Panel A 为 Pearson 相关系数，Panel B 为 Spearman 相关系数。

表 3-5 中 Panel A 显示，首先，从控股股东股权质押特征变量与质权人竞争虚拟变量间相关系数来看，控股股东股权质押虚拟变量（$Pledge_t$）与质权人竞争虚拟变量（$Post_t$）相关系数为 0.189，说明《业务办法》实施后，控

股股东股权质押的可能性更高，与假设 1 一致。其次，从控股股东股权质押特征变量与经济后果变量间相关系数来看，控股股东股权质押虚拟变量（$Pledge_t$）与应计质量（AQ_t、$AQ\_Kothari_t$）的相关系数分别为 0.076、0.072，在 1%水平上显著为正，说明相比非控股股东股权质押公司，控股股东股权质押公司应计质量较差，与谢德仁等（2016）结果一致。

表 3-5 中 Panel B 结果与 Panel A 一致，说明《业务办法》实施后控股股东质押股权融资的可能性提高，同时，相比非控股股东股权质押公司，控股股东股权质押公司的应计质量较差。

表 3-5　质权人竞争变量、控股股东股权质押变量及经济后果变量的相关系数矩阵

Panel A：质权人竞争变量、控股股东股权质押变量及经济后果变量的 Pearson 相关系数矩阵					
变量	$Pledge_t$	$Post_t$	$CONSER1_t$	$CONSER2_t$	AQ_t
$Pledge_t$	1.000				
$Post_t$	0.189***	1.000			
$CONSER1_t$	0.013*	0.031***	1.000		
$CONSER2_t$	0.041***	0.042***	0.575***	1.000	
AQ_t	0.076***	0.031***	0.077***	0.107***	1.000
$AQ\_Kothari_t$	0.072***	0.038***	0.042***	0.077***	0.905***
Panel B：质权人竞争、控股股东股权质押变量及经济后果变量的 Spearman 相关系数矩阵					
变量	$Pledge_t$	$Post_t$	$CONSER1_t$	$CONSER2_t$	AQ_t
$Pledge_t$	1.000				
$Post_t$	0.194***	1.000			
$CONSER1_t$	0.004	0.019**	1.000		
$CONSER2_t$	0.035***	0.039***	0.589***	1.000	
AQ_t	0.076***	0.010	0.055**	0.057***	1.000
$AQ\_Kothari_t$	0.069***	0.012	0.005	0.023***	0.819***

注：*、**、*** 分别表示 10%、5%、1%显著性水平，下同。

3.5.3.2　《业务办法》实施前后股权质押与公司决策的描述性统计

为了检验质权人竞争对控股股东股权质押公司决策的影响，本书分别检验《业务办法》对控股股东股权质押样本会计稳健性、应计质量的影响，比较《业务办法》实施前后实验组（控股股东股权质押样本）和配对组（非控股股东股权质押样本）公司会计稳健性（$CONSER1_t$、$CONSER2_t$）、应计质量（AQ_t、$AQ\_Kothari_t$）变化的差异，描述性统计见表3-6、表3-7。

表3-6为《业务办法》实施前后控股股东股权质押与公司会计稳健性的描述性统计。《业务办法》实施前（*Pre* 阶段），控股股东股权质押样本（$Pledge_t=1$）会计稳健性（$CONSER1_t$、$CONSER2_t$）均值分别为0.014、0.020；《业务办法》实施后（*Post* 阶段），$CONSER1_t$、$CONSER2_t$均值分别为0.014、0.017，则《业务办法》实施前后（*Post-Pre*）$CONSER1_t$、$CONSER2_t$差异分别为0、-0.003。《业务办法》实施前后，非控股股东股权质押样本（$Pledge_t=0$）会计稳健性（$CONSER1_t$、$CONSER2_t$）差异分别为0.008、0.007，均在1%水平上显著为正，因此《业务办法》实施前后，控股股东股权质押样本（$Pledge_t=1$）和非控股股东股权质押样本（$Pledge_t=0$）会计稳健性变化（$\Delta CONSER1_t$、$\Delta CONSER2_t$）差异分别为-0.008、-0.010，均在1%水平上显著为负，说明相比非控股股东股权质押公司，《业务办法》实施后，控股股东股权质押公司会计稳健性变弱。

表3-7为《业务办法》实施前后控股股东股权质押与公司应计质量的描述性统计。《业务办法》实施前（Pre 阶段），控股股东股权质押样本（$Pledge_t=1$）应计质量（AQ_t、$AQ\_Kothari_t$）均值分别为0.090、0.085；《业务办法》实施后（*Post* 阶段），AQ_t、$AQ_Kothari_t$均值分别为0.098、0.095；《业务办法》实施前后（*Post-Pre*）AQ_t、$AQ_Kothari_t$差异分别为0.008、0.010，均在1%水平上显著为正。《业务办法》实施前后，非控股股东股权质押样本（$Pledge_t=0$）应计质量（AQ_t、$AQ\_Kothari_t$）差异分别为0.001、0.002，均不显著，因此《业务办法》实施前后，控股股东股权质押样本（$Pledge_t=1$）和非控股股东股权质押样本（$Pledge_t=0$）应计质量变化（ΔAQ_t、$\Delta AQ\_Kothari_t$）差异分别为0.007、0.008，均在5%水平上显著为正，说明相比非控股股东股权质押公司，《业务办法》实施后，控股股东股权质押公司应计质量显著下降。

表 3-6　《业务办法》实施前后股权质押与公司会计稳健性的描述性统计

变量	控股股东进行股权质押样本（$Pledge_t$=1）			控股股东未进行股权质押样本（$Pledge_t$=0）			双重差分
	Post 均值	*Pre* 均值	(1) *Post-Pre*	*Post* 均值	*Pre* 均值	(2) *Post-Pre*	(1) - (2) *Diff-in-Diff*
$CONSER1_t$	0.014	0.014	0.000	0.017	0.010	0.008	-0.008
(t 检验)			-0.05			5.00***	-2.43**
$CONSER2_t$	0.017	0.020	-0.003	0.018	0.010	0.007	-0.010
(t 检验)			-1.27			7.00***	-4.71***
观测值	2121	2297		4090	11060		

注：*Post* 为《业务办法（试行）》实施期间（2013—2015 年），*Pre* 为其实施前（2003—2012 年）。

表 3-7　《业务办法》实施前后股权质押与公司应计质量的描述性统计

变量	控股股东进行股权质押样本（$Pledge_t$=1）			控股股东未进行股权质押样本（$Pledge_t$=0）			双重差分
	Post 均值	*Pre* 均值	(1) *Post-Pre*	*Post* 均值	*Pre* 均值	(2) *Post-Pre*	(1) - (2) *Diff-in-Diff*
AQ_t	0.098	0.090	0.008	0.080	0.079	0.001	0.007
(t 检验)			3.06***			0.83	2.49**
$AQ\_Kothari_t$	0.095	0.085	0.010	0.078	0.076	0.002	0.008
(t 检验)			3.95***			1.53	2.97***
观测值	2121	2297		4090	11060		

注：*Post* 为《业务办法（试行）》实施期间（2013—2015 年），*Pre* 为其实施前（2003—2012 年）。

3.5.3.3　《业务办法》实施前后股权质押与公司决策的回归分析

为了控制其他公司特征对公司决策的影响，本书利用双重差分（DID）模型分析《业务办法》对控股股东股权质押样本会计稳健性（$CONSER1_t$、$CONSER2_t$）、应计质量（AQ_t、$AQ\_Kothari_t$）的影响，回归结果见表 3-8、表 3-9。

表 3-8 显示《业务办法》实施前后股权质押与公司会计稳健性的回归结

果。列（1）~列（2）中，控股股东股权质押虚拟变量与《业务办法》实施虚拟变量的交乘项（$Pledge_t \times Post_t$）回归系数分别为-0.010、-0.012，均在1%水平上显著为负，该结果表明，相比非控股股东股权质押公司，《业务办法》实施后，控股股东股权质押公司会计稳健性变弱。表3-8结果与表3-6一致，验证了假设2。

表3-8 《业务办法》实施前后股权质押与公司会计稳健性的回归分析

变量	(1)	(2)
	$CONSER1_t$	$CONSER2_t$
截距项	0.073***	0.073***
	(6.35)	(9.02)
$Pledge_t$	0.004**	0.008***
	(2.00)	(5.34)
$Post_t$	0.009***	0.009***
	(5.12)	(7.83)
$Pledge_t \times Post_t$	-0.010***	-0.012***
	(-2.75)	(-5.03)
$Size_t$	-0.003***	-0.003***
	(-4.12)	(-6.58)
MB_t	0.001***	0.001***
	(3.08)	(5.15)
LEV_t	-0.023***	-0.013***
	(-5.78)	(-5.01)
ROA_t	0.066***	0.086***
	(4.06)	(8.30)
Industry	控制	控制
N	19568	19568
adj. R^2	0.013	0.035

表3-9显示《业务办法》实施前后股权质押与公司应计质量的回归结果。列（1）~列（2）中，控股股东股权质押虚拟变量与《业务办法》实施虚拟变量的交乘项（$Pledge_t \times Post_t$）回归系数分别为0.006、0.007，均在10%水平上显著，该结果表明，相比非控股股东股权质押公司，《业务办法》实施

后，控股股东股权质押公司应计质量显著下降。表 3-9 结果与表 3-7 一致，验证了假设 3。

表 3-9　《业务办法》实施前后股权质押与公司应计质量的回归分析

变量	(1)	(2)
	AQ_t	$AQ\_Kothari_t$
截距项	0.138***	0.117***
	(13.26)	(11.75)
$Pledge_t$	0.007***	0.006***
	(3.79)	(3.36)
$Post_t$	0.006***	0.007***
	(4.22)	(4.72)
$Pledge_t \times Post_t$	0.006*	0.007**
	(1.87)	(2.32)
$Size_t$	-0.006***	-0.005***
	(-9.71)	(-8.27)
MB_t	0.004***	0.003***
	(14.71)	(13.02)
LEV_t	0.046***	0.046***
	(12.82)	(13.66)
ROA_t	0.170***	0.189***
	(11.73)	(14.37)
Industry	控制	控制
N	19568	19568
adj. R^2	0.066	0.066

3.5.3.4　基于质权人监督作用影响因素的《业务办法》实施前后股权质押与公司决策的回归分析

（1）基于质权人监督作用影响因素的《业务办法》实施前后股权质押与公司会计稳健性的回归分析。

为了检验质权人监督作用影响因素对《业务办法》实施前后股权质押与公司会计稳健性关系的影响，以检验假设 2.1~假设 2.3，本书选取公司融资约束特征、公司外部监督特征、政府干预特征3类质权人监督作用影响因素，分别按照上述变量将样本分成两组，比较质权人监督作用较强组、质权人监督作用较弱组的《业务办法》实施前后股权质押与公司会计稳健性的关系。

本书检验公司融资约束对《业务办法》实施前后股权质押与公司会计稳健性关系的影响，分别按照公司亏损与否（*LOSS*）、公司融资约束指数（*FC*）、公司现金持有（*Cash*）、信贷成本变量（*Interest*）将样本分成两组，比较质权人监督作用较强组、质权人监督作用较弱组的《业务办法》实施前后股权质押与公司会计稳健性的关系，回归结果见表3-10。

表3-10中Panel A显示基于公司亏损与否的《业务办法》实施前后股权质押与公司会计稳健性的回归结果。列（1）、列（2）显示，当公司盈利（$LOSS_t=0$）时，控股股东股权质押虚拟变量与《业务办法》实施虚拟变量的交乘项（$Pledge_t \times Post_t$）回归系数分别为-0.010、-0.011，且均在1%水平上显著；与之相比，列（3）和列（4）显示，公司亏损（$LOSS_t=1$）时，$Pledge_t \times Post_t$回归系数较小，分别为-0.008、-0.010。上述结果显示，相比亏损公司，《业务办法》实施后股权质押公司会计稳健性下降的结果在盈利公司中更显著。

Panel B显示基于公司融资约束指数的《业务办法》实施前后股权质押与公司会计稳健性的回归结果。列（1）和列（2）显示，对于非融资约束公司（$D\_FC_t=0$），$Pledge_t \times Post_t$回归系数分别为-0.010、-0.012，且均在10%水平上显著；与之相比，列（3）和列（4）显示，对于融资约束公司（$D\_FC_t=1$），$Pledge_t \times Post_t$回归系数较小，分别为-0.008、-0.011。上述结果显示，相比融资约束公司，《业务办法》实施后股权质押公司会计稳健性下降的结果在非融资约束公司中更显著。

Panel C显示基于公司现金持有的《业务办法》实施前后股权质押与公司会计稳健性的回归结果。列（1）和列（2）显示，当公司持有较多现金（$D\_Cash_t=1$）时，$Pledge_t \times Post_t$回归系数分别为-0.012、-0.011，且均在5%水平上显著；与之相比，列（3）和列（4）显示，公司持有较少现金（$D\_Cash_t=0$）时，$Pledge_t \times Post_t$回归系数较小，分别为-0.007、-0.010。上述结果显示，相比低现金持有公司，《业务办法》实施后股权质押公司会计稳健性下降的结果在高现金持有公司中更显著。

Panel D 显示基于信贷成本的《业务办法》实施前后股权质押与公司会计稳健性的回归结果。列（1）和列（2）显示，当信贷成本较低（$D\_Interest_t=0$）时，$Pledge_t \times Post_t$ 回归系数分别为-0.015、-0.020，且均在5%水平上显著；与之相比，列（3）和列（4）显示，信贷成本较高（$D\_Interest_t=1$）时，$Pledge_t \times Post_t$ 回归系数较小，分别为-0.007、-0.008。上述结果显示，相比高信贷成本时期，《业务办法》实施后股权质押公司会计稳健性下降的结果在低信贷成本时期更显著。

表3-10结果表明，公司融资约束会影响《业务办法》实施前后股权质押与公司会计稳健性的关系，验证了假设2.1。

表3-10　基于公司融资约束的《业务办法》实施前后股权质押与公司会计稳健性的回归分析

Panle A：基于公司亏损与否的《业务办法》实施前后股权质押与公司会计稳健性的回归分析				
变量	盈利公司（$LOSS_t=0$）		亏损公司（$LOSS_t=1$）	
	(1)	(2)	(3)	(4)
	$CONSER1_t$	$CONSER2_t$	$CONSER1_t$	$CONSER2_t$
截距项	0.083***	0.076***	-0.019	0.001
	(6.86)	(8.89)	(-0.50)	(0.05)
$Pledge_t$	0.004	0.008***	0.008	0.002
	(1.63)	(4.96)	(1.18)	(0.47)
$Post_t$	0.011***	0.010***	-0.002	0.003
	(6.01)	(8.30)	(-0.32)	(1.06)
$Pledge_t \times Post_t$	-0.010***	-0.011***	-0.008	-0.010*
	(-2.64)	(-4.57)	(-0.75)	(-1.95)
$Size_t$	-0.004***	-0.004***	0.002	0.001
	(-4.92)	(-6.58)	(0.86)	(0.59)
MB_t	0.001*	0.001**	0.001	0.001***
	(1.82)	(2.31)	(0.77)	(3.61)
LEV_t	-0.018***	-0.012***	-0.044***	-0.052***
	(-4.31)	(-4.04)	(-3.83)	(-8.79)
ROA_t	0.110***	0.127***	-0.224***	-0.023
	(5.04)	(8.80)	(-4.12)	(-0.91)

续表

变量	盈利公司（$LOSS_t=0$）		亏损公司（$LOSS_t=1$）	
	(1)	(2)	(3)	(4)
	$CONSER1_t$	$CONSER2_t$	$CONSER1_t$	$CONSER2_t$
Industry	控制	控制	控制	控制
N	17722	17722	1846	1846
adj. R^2	0.015	0.038	0.023	0.034

Panle B：基于公司融资约束指数的《业务办法》实施前后股权质押与公司会计稳健性的回归分析

变量	非融资约束公司（$D\_FC_t=0$）		融资约束公司（$D\_FC_t=1$）	
	(1)	(2)	(3)	(4)
	$CONSER1_t$	$CONSER2_t$	$CONSER1_t$	$CONSER2_t$
截距项	0.099***	0.073***	0.055***	0.072***
	(5.20)	(5.64)	(3.62)	(6.76)
$Pledge_t$	0.006**	0.012***	0.002	0.004**
	(2.01)	(5.36)	(0.73)	(2.38)
$Post_t$	0.009***	0.010***	0.008***	0.009***
	(3.81)	(6.53)	(3.18)	(5.21)
$Pledge_t \times Post_t$	−0.010*	−0.012***	−0.008*	−0.011***
	(−1.83)	(−3.18)	(−1.83)	(−3.85)
$Size_t$	−0.005***	−0.003***	−0.002	−0.003***
	(−4.42)	(−4.16)	(−1.51)	(−4.45)
MB_t	0.001***	0.001***	0.001**	0.001***
	(2.63)	(2.80)	(2.26)	(4.26)
LEV_t	−0.012*	−0.024***	−0.033***	−0.023***
	(−1.94)	(−5.95)	(−6.12)	(−6.51)
ROA_t	0.069***	0.072***	0.064***	0.082***
	(2.68)	(4.66)	(3.04)	(6.29)
Industry	控制	控制	控制	控制
N	9780	9780	9788	9788
adj. R^2	0.007	0.029	0.019	0.045

续表

Panle C：基于公司现金持有的《业务办法》实施前后股权质押与公司会计稳健性的回归分析				
变量	高现金持有公司（$D\_Cash_t=1$）		低现金持有公司（$D\_Cash_t=0$）	
	(1)	(2)	(3)	(4)
	$CONSER1_t$	$CONSER2_t$	$CONSER1_t$	$CONSER2_t$
截距项	0.069***	0.074***	0.080***	0.074***
	(3.93)	(5.85)	(5.25)	(8.03)
$Pledge_t$	0.009***	0.008***	0.000	0.004***
	(2.99)	(3.78)	(0.10)	(2.62)
$Post_t$	0.010***	0.009***	0.009***	0.008***
	(3.74)	(5.29)	(3.78)	(5.71)
$Pledge_t \times Post_t$	−0.012**	−0.011***	−0.007	−0.010***
	(−2.37)	(−3.30)	(−1.56)	(−3.66)
$Size_t$	−0.002	−0.003***	−0.004***	−0.004***
	(−1.41)	(−3.27)	(−4.49)	(−7.32)
MB_t	−0.000	0.000	0.001***	0.001***
	(−0.23)	(1.15)	(3.37)	(4.97)
LEV_t	−0.029***	−0.022***	−0.021***	−0.012***
	(−5.10)	(−5.77)	(−3.68)	(−3.50)
ROA_t	0.131***	0.091***	0.011	0.028**
	(5.14)	(5.51)	(0.53)	(2.35)
Industry	控制	控制	控制	控制
N	9788	9788	9780	9780
adj. R^2	0.023	0.044	0.009	0.026
Panle D：基于信贷成本的《业务办法》实施前后股权质押与公司会计稳健性的回归分析				
变量	低信贷成本时期（$D\_Interest_t=0$）		高信贷成本时期（$D\_Interest_t=1$）	
	(1)	(2)	(3)	(4)
	$CONSER1_t$	$CONSER2_t$	$CONSER1_t$	$CONSER2_t$
截距项	0.047**	0.065***	0.084***	0.081***
	(2.32)	(4.64)	(5.67)	(7.66)
$Pledge_t$	0.007*	0.009***	0.004	0.007***
	(1.91)	(3.91)	(1.34)	(3.88)
$Post_t$	0.009**	0.012***	0.009***	0.007***
	(2.31)	(4.72)	(4.47)	(5.67)

续表

变量	低信贷成本时期（$D\_Interest_t=0$）		高信贷成本时期（$D\_Interest_t=1$）	
	(1)	(2)	(3)	(4)
	$CONSER1_t$	$CONSER2_t$	$CONSER1_t$	$CONSER2_t$
$Pledge_t \times Post_t$	-0.015**	-0.020***	-0.007*	-0.008***
	(-2.36)	(-5.02)	(-1.78)	(-2.74)
$Size_t$	-0.001	-0.002***	-0.004***	-0.004***
	(-0.56)	(-2.70)	(-4.30)	(-6.15)
MB_t	0.001	0.001***	0.001**	0.001***
	(1.42)	(4.05)	(2.49)	(2.68)
LEV_t	-0.014**	-0.013***	-0.026***	-0.012***
	(-2.01)	(-2.88)	(-5.32)	(-3.69)
ROA_t	0.053**	0.077***	0.080***	0.100***
	(2.08)	(4.77)	(3.71)	(7.16)
Industry	控制	控制	控制	控制
N	7681	7681	11887	11887
adj. R^2	0.012	0.038	0.016	0.034

本书检验公司外部监督对《业务办法》实施前后股权质押与公司会计稳健性关系的影响，分别按照公司审计师事务所是否为“十大”（*BigAuditor*）、公司诉讼风险（*LRisk*）将样本分成两组，比较质权人监督作用较强组、质权人监督作用较弱组的《业务办法》实施前后股权质押与公司会计稳健性的关系，回归结果见表3-11。

表3-11中Panel A显示基于公司审计师事务所是否为“十大”的《业务办法》实施前后股权质押与公司会计稳健性的回归结果。列（1）和列（2）显示，当审计师事务所非“十大”（$BigAuditor_t=0$）时，控股股东股权质押虚拟变量与《业务办法》实施虚拟变量的交乘项（$Pledge_t \times Post_t$）回归系数分别为-0.014、-0.018，且均在1%水平上显著；与之相比，列（3）和列（4）显示，审计师事务所为“十大”（$BigAuditor_t=1$）时，$Pledge_t \times Post_t$回归系数较小，分别为0、-0.001。上述结果显示，相比聘请“十大”审计师事务所的公司，《业务办法》实施后股权质押公司会计稳健性下降的结果在聘请非“十大”审计师事务所的公司中更显著。

Panel B 显示基于公司诉讼风险的《业务办法》实施前后股权质押与公司会计稳健性的回归结果。列（1）和列（2）显示，对于低诉讼风险公司（$LRisk_t=0$），$Pledge_t \times Post_t$ 回归系数分别为-0.010、-0.014，且均在 10%水平上显著；与之相比，列（3）和列（4）显示，对于高诉讼风险公司（$LRisk_t=1$），$Pledge_t \times Post_t$ 回归系数较小，分别为-0.009、-0.010。上述结果显示，相比高诉讼风险公司，《业务办法》实施后股权质押公司会计稳健性下降的结果在低诉讼风险公司中更显著。

表 3-11 结果表明，公司外部监督会影响《业务办法》实施前后股权质押与公司会计稳健性的关系，验证了假设 2.2。

表 3-11　基于公司外部监督的《业务办法》实施前后股权质押与公司会计稳健性的回归分析

Panel A：基于公司审计师事务所排名的《业务办法》实施前后股权质押与公司会计稳健性的回归分析				
变量	公司审计师事务所非“十大”（$BigAuditor_t=0$）		公司审计师事务所为“十大”（$BigAuditor_t=1$）	
	(1)	(2)	(3)	(4)
	$CONSER1_t$	$CONSER2_t$	$CONSER1_t$	$CONSER2_t$
截距项	0.078***	0.078***	0.061***	0.074***
	(4.94)	(6.95)	(3.36)	(5.67)
$Pledge_t$	0.007***	0.010***	-0.002	0.004*
	(2.65)	(5.39)	(-0.59)	(1.72)
$Post_t$	0.011***	0.012***	0.007***	0.005***
	(4.48)	(7.54)	(2.67)	(2.96)
$Pledge_t \times Post_t$	-0.014***	-0.018***	-0.000	-0.001
	(-3.11)	(-6.18)	(-0.08)	(-0.23)
$Size_t$	-0.004***	-0.004***	-0.002*	-0.003***
	(-3.42)	(-5.33)	(-1.75)	(-3.88)
MB_t	0.001**	0.001***	0.001**	0.000
	(2.31)	(5.26)	(2.06)	(1.02)
LEV_t	-0.022***	-0.013***	-0.026***	-0.012***
	(-4.27)	(-3.94)	(-3.96)	(-2.84)

续表

变量	公司审计师事务所非“十大”（$BigAuditor_t=0$）		公司审计师事务所为“十大”（$BigAuditor_t=1$）	
	(1)	(2)	(3)	(4)
	$CONSER1_t$	$CONSER2_t$	$CONSER1_t$	$CONSER2_t$
ROA_t	0.067***	0.089***	0.068***	0.091***
	(3.21)	(6.69)	(2.62)	(5.39)
Industry	控制	控制	控制	控制
N	12571	12571	6997	6997
adj. R^2	0.011	0.037	0.015	0.032

Panel B：基于诉讼风险的《业务办法》实施前后股权质押与公司会计稳健性的回归分析

变量	低诉讼风险公司（$LRisk_t=0$）		高诉讼风险公司（$LRisk_t=1$）	
	(1)	(2)	(3)	(4)
	$CONSER1_t$	$CONSER2_t$	$CONSER1_t$	$CONSER2_t$
截距项	0.097***	0.098***	0.048***	0.046***
	(6.20)	(9.23)	(3.29)	(4.40)
$Pledge_t$	0.002	0.007***	0.005**	0.008***
	(0.65)	(2.88)	(1.99)	(4.42)
$Post_t$	0.011***	0.011***	0.007***	0.007***
	(3.90)	(6.40)	(3.33)	(4.74)
$Pledge_t \times Post_t$	-0.010*	-0.014***	-0.009**	-0.010***
	(-1.73)	(-3.50)	(-2.10)	(-3.58)
$Size_t$	-0.004***	-0.005***	-0.002**	-0.002***
	(-3.74)	(-6.53)	(-2.14)	(-3.08)
MB_t	0.000	0.001	0.001***	0.001***
	(0.05)	(1.61)	(3.79)	(5.05)
LEV_t	-0.035***	-0.023***	-0.016***	-0.008**
	(-5.37)	(-5.43)	(-3.29)	(-2.31)
ROA_t	0.011	0.063***	0.101***	0.100***
	(0.41)	(3.90)	(4.86)	(7.34)
Industry	控制	控制	控制	控制
N	7720	7720	11848	11848
adj. R^2	0.016	0.046	0.012	0.027

本书检验政府干预对《业务办法》实施前后股权质押与公司会计稳健性关系的影响，分别按照公司受产业政策支持与否（*IP*）、公司所处地区市场化水平（*MarketIndex*）将样本分成两组，比较质权人监督作用较强组、质权人监督作用较弱组的《业务办法》实施前后股权质押与公司会计稳健性的关系，回归结果见表 3-12。

表 3-12 中 Panel A 显示基于产业政策支持的《业务办法》实施前后股权质押与公司会计稳健性的回归结果。列（1）和列（2）显示，当公司受产业政策支持（$IP_t=1$）时，控股股东股权质押虚拟变量与《业务办法》实施虚拟变量的交乘项（$Pledge_t \times Post_t$）回归系数分别为-0.010、-0.012，且均在5%水平上显著；与之相比，列（3）和列（4）显示，公司未受产业政策支持（$IP_t=0$）时，$Pledge_t \times Post_t$回归系数较小，分别为-0.009、-0.010。上述结果显示，相比未受产业政策支持公司，《业务办法》实施后股权质押公司会计稳健性下降的结果在受产业政策支持公司中更显著。

Panel B 显示基于地区市场化水平的《业务办法》实施前后股权质押与公司会计稳健性的回归结果。列（1）和列（2）显示，在低市场化水平地区（$D\_MarketIndex_t=0$），$Pledge_t \times Post_t$回归系数分别为-0.012、-0.013，且均在5%水平上显著；与之相比，列（3）和列（4）显示，在高市场化水平地区（$D\_MarketIndex_t=1$），$Pledge_t \times Post_t$回归系数较小，分别为-0.008、-0.011。上述结果显示，相比高市场化水平地区，《业务办法》实施后股权质押公司会计稳健性下降的结果在低市场化水平地区中更显著。

表 3-12 结果表明，政府干预会影响《业务办法》实施前后股权质押与公司会计稳健性的关系，验证了假设 2.3。

表 3-12　基于政府干预的《业务办法》实施前后股权质押与公司会计稳健性的回归分析

Panel A：基于产业政策支持的《业务办法》实施前后股权质押与公司会计稳健性的回归分析				
变量	受产业政策支持（$IP_t=1$）		未受产业政策支持（$IP_t=0$）	
	(1)	(2)	(3)	(4)
	$CONSER1_t$	$CONSER2_t$	$CONSER1_t$	$CONSER2_t$
截距项	0.061***	0.056***	0.055**	0.065***
	(4.29)	(5.53)	(2.30)	(4.02)

续表

变量	受产业政策支持（$IP_t=1$）		未受产业政策支持（$IP_t=0$）	
	(1)	(2)	(3)	(4)
	$CONSER1_t$	$CONSER2_t$	$CONSER1_t$	$CONSER2_t$
$Pledge_t$	0.004	0.008***	0.005	0.008***
	(1.32)	(4.09)	(1.58)	(3.40)
$Post_t$	0.009***	0.009***	0.008***	0.009***
	(4.16)	(5.99)	(3.07)	(5.20)
$Pledge_t \times Post_t$	−0.010**	−0.012***	−0.009*	−0.010***
	(−2.11)	(−4.18)	(−1.73)	(−2.87)
$Size_t$	−0.002**	−0.002***	−0.005***	−0.006***
	(−2.40)	(−3.30)	(−3.86)	(−6.85)
MB_t	0.001***	0.001***	0.001	0.001***
	(2.80)	(3.96)	(1.44)	(3.40)
LEV_t	−0.024***	−0.015***	−0.022***	−0.013***
	(−4.88)	(−4.40)	(−3.41)	(−2.99)
ROA_t	0.081***	0.094***	0.041	0.075***
	(4.07)	(7.35)	(1.45)	(4.16)
Industry	控制	控制	控制	控制
N	12167	12167	7401	7401
adj. R^2	0.014	0.034	0.014	0.045

Panel B：基于地区市场化水平的《业务办法》实施前后股权质押与公司会计稳健性的回归分析

变量	低市场化水平地区（$D\_MarketIndex_t=0$）		高市场化水平地区（$D\_MarketIndex_t=1$）	
	(1)	(2)	(3)	(4)
	$CONSER1_t$	$CONSER2_t$	$CONSER1_t$	$CONSER2_t$
截距项	0.068***	0.075***	0.078***	0.071***
	(4.44)	(6.94)	(4.44)	(5.74)
$Pledge_t$	0.006*	0.008***	0.003	0.008***
	(1.87)	(3.83)	(1.03)	(3.84)
$Post_t$	0.006**	0.008***	0.012***	0.010***
	(2.53)	(5.08)	(4.65)	(5.99)
$Pledge_t \times Post_t$	−0.012**	−0.013***	−0.008*	−0.011***
	(−2.36)	(−3.66)	(−1.65)	(−3.63)

续表

变量	低市场化水平地区 ($D\_MarketIndex_t=0$)		高市场化水平地区 ($D\_MarketIndex_t=1$)	
	(1)	(2)	(3)	(4)
	$CONSER1_t$	$CONSER2_t$	$CONSER1_t$	$CONSER2_t$
$Size_t$	-0.002**	-0.003***	-0.004***	-0.003***
	(-2.41)	(-4.90)	(-3.37)	(-4.31)
MB_t	0.001*	0.001***	0.001***	0.001***
	(1.72)	(4.18)	(2.67)	(2.96)
LEV_t	-0.032***	-0.020***	-0.014**	-0.007*
	(-5.59)	(-5.19)	(-2.48)	(-1.80)
ROA_t	0.044*	0.086***	0.085***	0.086***
	(1.83)	(5.70)	(3.77)	(5.92)
Industry	控制	控制	控制	控制
N	9487	9487	10081	10081
adj. R^2	0.012	0.039	0.013	0.031

（2）基于质权人监督作用影响因素的《业务办法》实施前后股权质押与公司应计质量的回归分析。

为了检验质权人监督作用影响因素对《业务办法》实施前后股权质押与公司应计质量关系的影响，以验证假设 3.1～假设 3.3，本书选取公司融资约束特征、公司外部监督特征、政府干预特征 3 类质权人监督作用影响因素，分别按照上述变量将样本分成两组，比较质权人监督作用较强组、质权人监督作用较弱组的《业务办法》实施前后股权质押与公司应计质量的关系。

本书检验公司融资约束对《业务办法》实施前后股权质押与公司应计质量关系的影响，分别按照公司亏损与否（*LOSS*）、公司融资约束指数（*FC*）、公司现金持有（*Cash*）、信贷成本变量（*Interest*）将样本分成两组，比较质权人监督作用较强组、质权人监督作用较弱组的《业务办法》实施前后股权质押与公司应计质量的关系，回归结果见表 3-13。

表 3-13 中 Panel A 显示基于公司亏损与否的《业务办法》实施前后股权质押与公司应计质量的回归结果。列（1）和列（2）显示，当公司盈利（$LOSS_t=0$）

时，控股股东股权质押虚拟变量与《业务办法》实施虚拟变量的交乘项（$Pledge_t \times Post_t$）回归系数分别为0.007、0.008，且均在5%水平上显著；与之相比，列（3）和（4）显示，公司亏损（$LOSS_t=1$）时，$Pledge_t \times Post_t$回归系数较小，分别为0.002、-0.001。上述结果显示，相比亏损公司，《业务办法》实施后股权质押公司应计质量下降的结果在盈利公司中更显著。

Panel B显示基于公司融资约束指数的《业务办法》实施前后股权质押与公司应计质量的回归结果。列（1）和列（2）显示，对于非融资约束公司（$D\_FC_t=0$），$Pledge_t \times Post_t$回归系数分别为0.008、0.009，且均在10%水平上显著；与之相比，列（3）和列（4）显示，对于融资约束公司（$D\_FC_t=1$），$Pledge_t \times Post_t$回归系数较小，分别为0.003、0.005。上述结果显示，相比融资约束公司，《业务办法》实施后股权质押公司应计质量下降的结果在非融资约束公司中更显著。

Panel C显示基于公司现金持有的《业务办法》实施前后股权质押与公司应计质量的回归结果。列（1）和列（2）显示，当公司持有较多现金（$D\_Cash_t=1$）时，$Pledge_t \times Post_t$回归系数分别为0.007、0.008，且均在10%水平上显著；与之相比，列（3）和列（4）显示，公司持有较少现金（$D\_Cash_t=0$）时，$Pledge_t \times Post_t$回归系数较小，分别为0.003、0.004。上述结果显示，相比低现金持有公司，《业务办法》实施后股权质押公司应计质量下降的结果在高现金持有公司中更显著。

Panel D显示基于信贷成本的《业务办法》实施前后股权质押与公司应计质量的回归结果。列（1）和列（2）显示，当信贷成本较低（$D\_Interest_t=0$）时，$Pledge_t \times Post_t$回归系数分别为0.013、0.010，且均在10%水平上显著；与之相比，列（3）和列（4）显示，信贷成本较高（$D\_Interest_t=1$）时，$Pledge_t \times Post_t$回归系数较小，分别为0.005、0.004。上述结果显示，相比高信贷成本时期，《业务办法》实施后股权质押公司应计质量下降的结果在低信贷成本时期更显著。

表3-13结果表明，公司融资约束会影响《业务办法》实施前后股权质押与公司应计质量的关系，验证了假设3.1。

表 3-13　基于公司融资约束的《业务办法》实施前后股权质押与公司应计质量的回归分析

Panel A：基于公司亏损与否的《业务办法》实施前后股权质押与公司应计质量的回归分析				
变量	盈利公司（$LOSS_t=0$）		亏损公司（$LOSS_t=1$）	
	(1)	(2)	(3)	(4)
	AQ_t	$AQ\_Kothari_t$	AQ_t	$AQ\_Kothari_t$
截距项	0.146***	0.131***	0.120***	0.021
	(13.42)	(12.57)	(3.47)	(0.66)
$Pledge_t$	0.007***	0.005***	0.010	0.016***
	(3.88)	(2.82)	(1.64)	(2.88)
$Post_t$	0.009***	0.008***	0.005	0.013***
	(5.52)	(5.04)	(1.09)	(2.75)
$Pledge_t \times Post_t$	0.007**	0.008***	0.002	-0.001
	(2.08)	(2.66)	(0.22)	(-0.07)
$Size_t$	-0.008***	-0.007***	-0.005**	0.000
	(-11.02)	(-9.91)	(-2.45)	(0.17)
MB_t	0.003***	0.003***	0.002***	0.002***
	(10.16)	(9.69)	(3.00)	(2.59)
LEV_t	0.052***	0.052***	0.030***	0.025***
	(13.61)	(14.33)	(3.15)	(2.70)
ROA_t	0.323***	0.296***	-0.301***	-0.116***
	(17.67)	(17.32)	(-6.68)	(-2.88)
Industry	控制	控制	控制	控制
N	17722	17722	1846	1846
adj. R^2	0.084	0.078	0.085	0.070
Panel B：基于公司融资约束指数的《业务办法》实施前后股权质押与公司应计质量的回归分析				
变量	非融资约束公司（$D\_FC_t=0$）		融资约束公司（$D\_FC_t=1$）	
	(1)	(2)	(3)	(4)
	AQ_t	$AQ\_Kothari_t$	AQ_t	$AQ\_Kothari_t$
截距项	0.133***	0.117***	0.127***	0.108***
	(7.84)	(7.44)	(8.89)	(7.87)
$Pledge_t$	0.005**	0.005**	0.009***	0.007***
	(2.02)	(2.00)	(3.29)	(2.74)

续表

变量	非融资约束公司（$D\_FC_t=0$）		融资约束公司（$D\_FC_t=1$）	
	(1)	(2)	(3)	(4)
	AQ_t	$AQ\_Kothari_t$	AQ_t	$AQ\_Kothari_t$
$Post_t$	0.007***	0.007***	0.007***	0.007***
	(3.15)	(3.56)	(3.06)	(3.26)
$Pledge_t \times Post_t$	0.008*	0.009**	0.003	0.005
	(1.80)	(2.01)	(0.67)	(1.20)
$Size_t$	-0.007***	-0.006***	-0.005***	-0.004***
	(-6.39)	(-5.83)	(-5.67)	(-4.90)
MB_t	0.004***	0.004***	0.004***	0.003***
	(8.41)	(8.14)	(10.96)	(9.39)
LEV_t	0.051***	0.046***	0.043***	0.047***
	(9.37)	(8.86)	(8.67)	(9.98)
ROA_t	0.216***	0.205***	0.130***	0.175***
	(9.79)	(10.07)	(6.78)	(10.14)
Industry	控制	控制	控制	控制
N	9780	9780	9788	9788
adj. R^2	0.080	0.076	0.055	0.057
Panel C：基于公司现金持有的《业务办法》实施前后股权质押与公司应计质量的回归分析				
变量	高现金持有公司（$D\_Cash_t=1$）		低现金持有公司（$D\_Cash_t=0$）	
	(1)	(2)	(3)	(4)
	AQ_t	$AQ\_Kothari_t$	AQ_t	$AQ\_Kothari_t$
截距项	0.138***	0.125***	0.141***	0.112***
	(8.55)	(8.15)	(10.34)	(8.68)
$Pledge_t$	0.008***	0.006**	0.007***	0.007***
	(2.74)	(2.16)	(3.03)	(3.09)
$Post_t$	0.010***	0.009***	0.005**	0.006***
	(4.11)	(4.19)	(2.53)	(3.13)
$Pledge_t \times Post_t$	0.007*	0.008*	0.003	0.004
	(1.67)	(1.88)	(0.66)	(1.06)
$Size_t$	-0.007***	-0.006***	-0.006***	-0.005***
	(-6.47)	(-6.02)	(-7.02)	(-5.53)

续表

变量	高现金持有公司（$D\_Cash_t=1$）		低现金持有公司（$D\_Cash_t=0$）	
	(1)	(2)	(3)	(4)
	AQ_t	$AQ\_Kothari_t$	AQ_t	$AQ\_Kothari_t$
MB_t	0.003***	0.003***	0.004***	0.003***
	(8.07)	(7.60)	(10.60)	(9.08)
LEV_t	0.070***	0.070***	0.020***	0.022***
	(13.75)	(14.61)	(3.84)	(4.55)
ROA_t	0.257***	0.256***	0.036*	0.071***
	(11.59)	(12.72)	(1.88)	(4.11)
Industry	控制	控制	控制	控制
N	9788	9788	9780	9780
adj. R^2	0.089	0.090	0.054	0.050
Panel D：基于信贷成本的《业务办法》实施前后股权质押与公司应计质量的回归分析				
变量	低信贷成本时期（$D\_Interest_t=0$）		高信贷成本时期（$D\_Interest_t=1$）	
	(1)	(2)	(3)	(4)
	AQ_t	$AQ\_Kothari_t$	AQ_t	$AQ\_Kothari_t$
截距项	0.198***	0.127***	0.160***	0.146***
	(8.31)	(7.13)	(11.80)	(11.48)
$Pledge_t$	0.003	0.008***	0.006**	0.005**
	(0.74)	(2.78)	(2.48)	(2.12)
$Post_t$	0.036***	0.022***	0.003	0.002
	(7.68)	(6.32)	(1.52)	(1.51)
$Pledge_t \times Post_t$	0.013*	0.010*	0.005	0.004
	(1.76)	(1.84)	(1.35)	(1.19)
$Size_t$	−0.008***	−0.006***	−0.008***	−0.007***
	(−5.14)	(−5.18)	(−9.14)	(−8.88)
MB_t	0.004***	0.004***	0.003***	0.003***
	(6.45)	(8.60)	(9.87)	(8.15)
LEV_t	0.049***	0.054***	0.049***	0.048***
	(6.14)	(8.89)	(10.99)	(11.54)
ROA_t	0.318***	0.181***	0.214***	0.223***
	(11.86)	(8.73)	(11.22)	(13.04)

续表

变量	低信贷成本时期 ($D\_Interest_t=0$)		高信贷成本时期 ($D\_Interest_t=1$)	
	(1)	(2)	(3)	(4)
	AQ_t	$AQ\_Kothari_t$	AQ_t	$AQ\_Kothari_t$
Industry	控制	控制	控制	控制
N	7681	7681	11887	11887
adj. R^2	0.113	0.100	0.065	0.061

本书检验公司外部监督对《业务办法》实施前后股权质押与公司应计质量关系的影响，分别按照公司审计师事务所是否为“十大”（*BigAuditor*）、公司诉讼风险（*LRisk*）将样本分成两组，比较质权人监督作用较强组、质权人监督作用较弱组的《业务办法》实施前后股权质押与公司应计质量的关系，回归结果见表3-14。

表3-14中Panel A显示基于公司审计师事务所是否为“十大”的《业务办法》实施前后股权质押与公司应计质量的回归结果。列（1）和列（2）显示，当审计师事务所非“十大”（$BigAuditor_t=0$）时，控股股东股权质押虚拟变量与《业务办法》实施虚拟变量的交乘项（$Pledge_t \times Post_t$）回归系数分别为0.007、0.007，且均在10%水平上显著；与之相比，列（3）和（4）显示，审计师事务所为“十大”（$BigAuditor_t=1$）时，$Pledge_t \times Post_t$回归系数较小，分别为0.007、0.006。上述结果显示，相比聘请“十大”审计师事务所的公司，《业务办法》实施后股权质押公司应计质量下降的结果在聘请非“十大”审计师事务所的公司中更显著。

Panel B显示基于公司诉讼风险的《业务办法》实施前后股权质押与公司应计质量的回归结果。列（1）和列（2）显示，对于低诉讼风险公司（$LRisk_t=0$），$Pledge_t \times Post_t$回归系数分别为0.011、0.008；与之相比，列（3）和列（4）显示，对于高诉讼风险公司（$LRisk_t=1$），$Pledge_t \times Post_t$回归系数较小，分别为0.005、0.006。上述结果显示，相比高诉讼风险公司，《业务办法》实施后股权质押公司应计质量下降的结果在低诉讼风险公司中更显著。

表3-14结果表明，公司外部监督会影响《业务办法》实施前后股权质押

与公司应计质量的关系，验证了假设 3. 2。

表 3-14　基于公司外部监督的《业务办法》实施前后股权质押与公司应计质量的回归分析

Panel A：基于公司审计师事务所排名的《业务办法》实施前后股权质押与公司应计质量的回归分析				
变量	公司审计师事务所非“十大”（$BigAuditor_t=0$）		公司审计师事务所为“十大”（$BigAuditor_t=1$）	
	(1)	(2)	(3)	(4)
	AQ_t	$AQ\_Kothari_t$	AQ_t	$AQ\_Kothari_t$
截距项	0. 140***	0. 100***	0. 157***	0. 142***
	(9. 57)	(7. 24)	(9. 89)	(9. 54)
$Pledge_t$	0. 011***	0. 007***	0. 005	0. 004
	(4. 66)	(3. 25)	(1. 54)	(1. 31)
$Post_t$	0. 012***	0. 011***	0. 004*	0. 003*
	(5. 49)	(5. 11)	(1. 82)	(1. 67)
$Pledge_t \times Post_t$	0. 007*	0. 007*	0. 007	0. 006
	(1. 80)	(1. 71)	(1. 44)	(1. 52)
$Size_t$	-0. 007***	-0. 004***	-0. 007***	-0. 007***
	(-7. 57)	(-4. 83)	(-7. 07)	(-6. 88)
MB_t	0. 007***	0. 004***	0. 003***	0. 002***
	(18. 95)	(12. 19)	(6. 59)	(5. 19)
LEV_t	0. 063***	0. 051***	0. 057***	0. 052***
	(13. 55)	(11. 59)	(9. 37)	(9. 11)
ROA_t	0. 230***	0. 198***	0. 166***	0. 203***
	(12. 30)	(11. 71)	(7. 27)	(9. 91)
Industry	控制	控制	控制	控制
N	12571	12571	6997	6997
adj. R^2	0. 071	0. 072	0. 060	0. 059

续表

Panel B：基于公司诉讼风险的《业务办法》实施前后股权质押与公司应计质量的回归分析				
变量	低诉讼风险公司 ($LRisk_t=0$)		高诉讼风险公司 ($LRisk_t=1$)	
	(1)	(2)	(3)	(4)
	AQ_t	$AQ\_Kothari_t$	AQ_t	$AQ\_Kothari_t$
截距项	0.202***	0.147***	0.101***	0.083***
	(10.88)	(11.15)	(7.49)	(6.44)
$Pledge_t$	-0.004	0.003	0.008***	0.007***
	(-0.99)	(1.15)	(3.46)	(3.20)
$Post_t$	0.007**	0.008***	0.006***	0.006***
	(2.15)	(3.73)	(2.82)	(3.06)
$Pledge_t \times Post_t$	0.011*	0.008*	0.005	0.006
	(1.74)	(1.71)	(1.36)	(1.58)
$Size_t$	-0.008***	-0.007***	-0.005***	-0.004***
	(-6.30)	(-8.46)	(-5.17)	(-4.06)
MB_t	0.003***	0.004***	0.004***	0.003***
	(5.92)	(8.20)	(11.59)	(10.02)
LEV_t	0.037***	0.049***	0.045***	0.044***
	(5.05)	(9.20)	(9.74)	(10.02)
ROA_t	0.255***	0.211***	0.163***	0.175***
	(9.24)	(10.14)	(8.63)	(10.20)
Industry	控制	控制	控制	控制
N	7720	7720	11848	11848
adj. R^2	0.041	0.062	0.073	0.070

本书检验政府干预对《业务办法》实施前后股权质押与公司应计质量关系的影响，分别按照公司受产业政策支持与否（*IP*）、公司所处地区市场化水平（*MarketIndex*）将样本分成两组，比较质权人监督作用较强组、质权人监督作用较弱组的《业务办法》实施前后股权质押与公司应计质量的关系，回归结果见表 3-15。

表 3-15 中 Panel A 显示基于产业政策支持的《业务办法》实施前后股权质押与公司应计质量的回归结果。列（1）和列（2）显示，当公司受产业政

策支持（$IP_t=1$）时，控股股东股权质押虚拟变量与《业务办法》实施虚拟变量的交乘项（$Pledge_t \times Post_t$）回归系数分别为 0.007、0.008，且均在 10%水平上显著；与之相比，列（3）和（4）显示，公司未受产业政策支持（$IP_t=0$）时，$Pledge_t \times Post_t$ 回归系数较小，分别为 0.004、0.005。上述结果显示，相比未受产业政策支持公司，《业务办法》实施后股权质押公司应计质量下降的结果在受产业政策支持公司中更显著。

Panel B 显示基于地区市场化水平的《业务办法》实施前后股权质押与公司应计质量的回归结果。列（1）和列（2）显示，在低市场化水平地区（$D\_MarketIndex_t=0$），$Pledge_t \times Post_t$ 回归系数分别为 0.009、0.010，且均在 5%水平上显著；与之相比，列（3）和列（4）显示，在高市场化水平地区（$D\_MarketIndex_t=1$），$Pledge_t \times Post_t$ 回归系数较小，分别为 0.004、0.004。上述结果显示，相比高市场化水平地区，《业务办法》实施后股权质押公司应计质量下降的结果在低市场化水平地区中更显著。

表 3-15 结果表明，政府干预会影响《业务办法》实施前后股权质押与公司应计质量的关系，验证了假设 3.3。

表 3-15　基于政府干预的《业务办法》实施前后股权质押与公司应计质量的回归分析

Panel A：基于产业政策支持的《业务办法》实施前后股权质押与公司应计质量的回归分析				
变量	受产业政策支持（$IP_t=1$）		未受产业政策支持（$IP_t=0$）	
	(1)	(2)	(3)	(4)
	AQ_t	$AQ\_Kothari_t$	AQ_t	$AQ\_Kothari_t$
截距项	0.131***	0.106***	0.204***	0.183***
	(10.37)	(8.70)	(7.62)	(7.41)
$Pledge_t$	0.006**	0.005**	0.008***	0.006**
	(2.51)	(2.29)	(2.76)	(2.38)
$Post_t$	0.005**	0.006***	0.008***	0.008***
	(2.39)	(2.98)	(3.19)	(3.31)
$Pledge_t \times Post_t$	0.007*	0.008**	0.004	0.005
	(1.76)	(2.15)	(0.84)	(1.09)
$Size_t$	-0.006***	-0.005***	-0.007***	-0.006***
	(-7.20)	(-5.69)	(-6.42)	(-6.14)

续表

变量	受产业政策支持（IP_t=1）		未受产业政策支持（IP_t=0）	
	(1)	(2)	(3)	(4)
	AQ_t	$AQ\_Kothari_t$	AQ_t	$AQ\_Kothari_t$
MB_t	0.004***	0.004***	0.004***	0.003***
	(11.49)	(10.54)	(9.01)	(7.31)
LEV_t	0.051***	0.049***	0.037***	0.041***
	(11.17)	(11.47)	(6.26)	(7.30)
ROA_t	0.179***	0.184***	0.155***	0.198***
	(10.19)	(11.46)	(6.03)	(8.60)
Industry	控制	控制	控制	控制
N	12167	12167	7401	7401
adj. R^2	0.079	0.077	0.048	0.050

PanelB：基于地区市场化水平的《业务办法》实施前后股权质押与公司应计质量的回归分析

变量	低市场化水平地区（$D\_MarketIndex_t$=0）		高市场化水平地区（$D\_MarketIndex_t$=1）	
	(1)	(2)	(3)	(4)
	AQ_t	$AQ\_Kothari_t$	AQ_t	$AQ\_Kothari_t$
截距项	0.163***	0.136***	0.114***	0.098***
	(11.47)	(10.05)	(7.31)	(6.60)
$Pledge_t$	0.005*	0.004	0.009***	0.007***
	(1.88)	(1.62)	(3.29)	(2.90)
$Post_t$	0.006***	0.006***	0.007***	0.007***
	(2.69)	(3.00)	(3.11)	(3.50)
$Pledge_t \times Post_t$	0.009**	0.010**	0.004	0.004
	(1.98)	(2.55)	(0.84)	(0.89)
$Size_t$	-0.008***	-0.007***	-0.005***	-0.004***
	(-8.66)	(-7.34)	(-5.09)	(-4.36)
MB_t	0.004***	0.003***	0.004***	0.004***
	(10.90)	(8.78)	(9.64)	(9.50)
LEV_t	0.044***	0.045***	0.048***	0.047***
	(8.65)	(9.37)	(9.41)	(9.86)
ROA_t	0.168***	0.193***	0.176***	0.187***
	(8.21)	(10.32)	(8.48)	(9.95)

续表

变量	低市场化水平地区 ($D\_MarketIndex_t=0$)		高市场化水平地区 ($D\_MarketIndex_t=1$)	
	(1)	(2)	(3)	(4)
	AQ_t	$AQ\_Kothari_t$	AQ_t	$AQ\_Kothari_t$
Industry	控制	控制	控制	控制
N	9487	9487	10081	10081
adj. R^2	0. 063	0. 060	0. 070	0. 073

3. 5. 4　稳健性检验

3. 5. 4. 1　控制质权人竞争变量度量的稳健性检验

考虑到采用《业务办法》虚拟变量衡量质权人竞争可能存在误差，本书采用质权人数量（*NUM*）和质权人竞争指数（*PMC*）衡量质权人竞争，进一步检验《业务办法》实施前后股权质押与公司决策的关系。

考虑到采用《业务办法》虚拟变量衡量质权人竞争可能存在误差，本书采用质权人数量（*NUM*）和质权人竞争指数（*PMC*）衡量质权人竞争，进一步检验《业务办法》实施前后股权质押与公司会计稳健性的关系，回归结果见表 3-16。

表 3-16 中 Panel A 显示采用质权人数量（*NUM*）衡量质权人竞争的《业务办法》实施前后股权质押与公司会计稳健性的回归结果。控股股东股权质押虚拟变量与质权人数量的交乘项（$Pledge_t \times NUM_t$）回归系数分别为-0. 006、-0. 004，均在 5%水平上显著。*Panel B* 显示采用质权人竞争指数（*PMC*）衡量质权人竞争的《业务办法》实施前后股权质押与公司会计稳健性的回归结果。控股股东股权质押虚拟变量与质权人竞争指数的交乘项（$Pledge_t \times PMC_t$）回归系数分别为-0. 011、-0. 010，均在 1%水平上显著。结果显示，质权人竞争加剧会降低控股股东股权质押公司会计稳健性。上述结果表明，质权人竞争计量方式不影响《业务办法》实施前后股权质押与公司会计稳健性的研究结果。

表 3-16 控制质权人竞争变量度量的《业务办法》实施前后股权质押与公司会计稳健性的回归分析

Panel A：采用质权人数量衡量质权人竞争的《业务办法》实施前后股权质押与公司会计稳健性的回归分析		
变量	(1)	(2)
	$CONSER1_t$	$CONSER2_t$
截距项	0.053***	0.057***
	(4.85)	(7.38)
$Pledge_t$	0.033**	0.026***
	(2.21)	(2.94)
NUM_t	0.002*	0.004***
	(1.88)	(6.30)
$Pledge_t \times NUM_t$	-0.006**	-0.004***
	(-2.14)	(-2.58)
$Size_t$	-0.002***	-0.003***
	(-2.78)	(-6.54)
MB_t	0.001***	0.001***
	(3.20)	(4.93)
LEV_t	-0.025***	-0.014***
	(-6.28)	(-5.08)
ROA_t	0.057***	0.082***
	(3.51)	(7.96)
Industry	控制	控制
N	19568	19568
adj. R^2	0.012	0.033
Panel B：采用质权人竞争指数衡量质权人竞争的《业务办法》实施前后股权质押与公司会计稳健性的回归分析		
变量	(1)	(2)
	$CONSER1_t$	$CONSER2_t$
截距项	0.069***	0.079***
	(5.87)	(9.54)
$Pledge_t$	0.010***	0.011***
	(2.67)	(5.11)

续表

变量	(1)	(2)
	$CONSER1_t$	$CONSER2_t$
PMC_t	0.007***	0.009***
	(3.96)	(8.60)
$Pledge_t \times PMC_t$	-0.011***	-0.010***
	(-2.79)	(-4.35)
$Size_t$	-0.003***	-0.004***
	(-3.72)	(-7.44)
MB_t	0.001***	0.001***
	(3.13)	(4.94)
LEV_t	-0.023***	-0.012***
	(-5.82)	(-4.51)
ROA_t	0.062***	0.088***
	(3.82)	(8.39)
Industry	控制	控制
N	19568	19568
adj. R^2	0.012	0.035

考虑到采用《业务办法》虚拟变量衡量质权人竞争可能存在误差，本书采用质权人数量（*NUM*）和质权人竞争指数（*PMC*）衡量质权人竞争，进一步检验《业务办法》实施前后股权质押与公司应计质量的关系，回归结果见表3-17。

表 3-17 中 Panel A 显示采用质权人数量（*NUM*）衡量质权人竞争的《业务办法》实施前后股权质押与公司应计质量的回归结果。控股股东股权质押虚拟变量与质权人数量的交乘项（$Pledge_t \times NUM_t$）回归系数分别为 0.006、0.008，均在 1%水平上显著。*Panel B* 显示采用质权人竞争指数（*PMC*）衡量质权人竞争的《业务办法》实施前后股权质押与公司应计质量的回归结果。控股股东股权质押虚拟变量与质权人竞争指数的交乘项（$Pledge_t \times PMC_t$）回归系数分别为 0.009、0.011。结果显示，质权人竞争加剧会降低控股股东股权质押公司应计质量。上述结果表明，质权人竞争计量方式不影响《业务办法》实施前后股权质押与公司应计质量的研究结果。

表 3-17 控制质权人竞争变量度量的《业务办法》实施前后股权质押与公司应计质量的回归分析

Panel A：采用质权人数量衡量质权人竞争的《业务办法》实施前后股权质押与公司应计质量的回归分析		
变量	(1)	(2)
	AQ_t	$AQ\_Kothari_t$
截距项	0.126***	0.104***
	(12.52)	(10.82)
$Pledge_t$	-0.023*	-0.031***
	(-1.88)	(-2.60)
NUM_t	0.002**	0.002**
	(2.44)	(2.24)
$Pledge_t \times NUM_t$	0.006***	0.008***
	(2.66)	(3.36)
$Size_t$	-0.006***	-0.005***
	(-8.93)	(-7.35)
MB_t	0.004***	0.003***
	(14.67)	(13.00)
LEV_t	0.045***	0.045***
	(12.48)	(13.22)
ROA_t	0.164***	0.182***
	(11.39)	(13.88)
N	19568	19568
adj. R^2	0.065	0.065
Panel B：采用质权人竞争指数衡量质权人竞争的《业务办法》实施前后股权质押与公司应计质量的回归分析		
变量	(1)	(2)
	AQ_t	$AQ\_Kothari_t$
截距项	0.145***	0.124***
	(13.43)	(12.06)
$Pledge_t$	0.002	-0.001
	(0.57)	(-0.31)

续表

变量	(1)	(2)
	AQ_t	$AQ\_Kothari_t$
PMC_t	0.007***	0.007***
	(4.24)	(4.53)
$Pledge_t \times PMC_t$	0.009**	0.011***
	(2.57)	(3.38)
$Size_t$	-0.007***	-0.006***
	(-9.87)	(-8.64)
MB_t	0.004***	0.003***
	(14.48)	(12.76)
LEV_t	0.047***	0.047***
	(12.94)	(13.80)
ROA_t	0.170***	0.189***
	(11.74)	(14.37)
N	19568	19568
adj. R^2	0.067	0.067

3.5.4.2　控制股权质押变量度量的稳健性检验

考虑到采用控股股东股权质押虚拟变量衡量其股权质押可能存在误差，本书采用控股股东股权质押次数（*NPledge*）和质押比例（*RPledge*），进一步检验《业务办法》实施前后股权质押与公司决策的关系。

考虑到采用控股股东股权质押虚拟变量衡量其股权质押可能存在误差，本书采用控股股东股权质押次数（*NPledge*）和质押比例（*RPledge*），进一步检验《业务办法》实施前后股权质押与公司会计稳健性的关系，回归结果见表3-18。

表 3-18 中 Panel A 显示采用控股股东股权质押次数（*NPledge*）衡量股权质押的《业务办法》实施前后股权质押与公司会计稳健性的回归结果。控股股东股权质押次数与《业务办法》虚拟变量的交乘项（$NPledge_t \times Post_t$）、与质权人数量的交乘项（$NPledge_t \times NUM_t$）、与质权人竞争指数的交乘项（$NPledge_t \times PMC_t$）回归系数分别为 -0.009、-0.012、-0.006、-0.007、

-0.010、-0.012，均在5%水平上显著。*Panel B* 显示采用控股股东股权质押比例（*RPledge*）衡量股权质押的《业务办法》实施前后股权质押与公司会计稳健性的回归结果。控股股东股权质押比例与《业务办法》虚拟变量的交乘项（$RPledge_t \times Post_t$）、与质权人数量的交乘项（$RPledge_t \times NUM_t$）、与质权人竞争指数的交乘项（$RPledge_t \times PMC_t$）回归系数分别为-0.003、-0.005、-0.002、-0.001、-0.004、-0.004，均在10%水平上显著。上述结果表明，控股股东股权质押计量方式不影响《业务办法》实施前后股权质押与公司会计稳健性的研究结果。

考虑到采用控股股东股权质押虚拟变量衡量其股权质押可能存在误差，本书采用控股股东股权质押次数（*NPledge*）和质押比例（*RPledge*），进一步检验《业务办法》实施前后股权质押与公司应计质量的关系，回归结果见表3-19。

表3-19中Panel A显示采用控股股东股权质押次数（*NPledge*）衡量股权质押的《业务办法》实施前后股权质押与公司应计质量的回归结果。控股股东股权质押次数与《业务办法》虚拟变量的交乘项（$NPledge_t \times Post_t$）、与质权人数量的交乘项（$NPledge_t \times NUM_t$）、与质权人竞争指数的交乘项（$NPledge_t \times PMC_t$）回归系数分别为0.005、0.004、0.005、0.007、0.006、0.009，均在10%水平上显著。

Panel B显示采用控股股东股权质押比例（*RPledge*）衡量股权质押的《业务办法》实施前后股权质押与公司应计质量的回归结果。控股股东股权质押比例与《业务办法》虚拟变量的交乘项（$RPledge_t \times Post_t$）、与质权人数量的交乘项（$RPledge_t \times NUM_t$）、与质权人竞争指数的交乘项（$RPledge_t \times PMC_t$）回归系数分别为0.003、0.004、0.003、0.003、0.004、0.005，均在5%水平上显著。上述结果表明，控股股东股权质押计量方式不影响《业务办法》实施前后股权质押与公司应计质量的研究结果。

表 3-18　控制股权质押变量度量的《业务办法》实施前后股权质押与公司会计稳健性的回归分析

Panel A：采用控股股东股权质押次数衡量股权质押的《业务办法》实施前后股权质押与公司会计稳健性的回归分析						
变量	(1)	(2)	(3)	(4)	(5)	(6)
	$CONSER1_t$	$CONSER2_t$	$CONSER1_t$	$CONSER2_t$	$CONSER1_t$	$CONSER2_t$
截距项	0.073***	0.074***	0.052***	0.055***	0.069***	0.078***
	(6.36)	(9.11)	(4.72)	(7.09)	(5.86)	(9.44)
$NPledge_t$	0.003**	0.009***	0.034**	0.039***	0.008**	0.013***
	(1.98)	(6.31)	(2.43)	(4.64)	(2.52)	(6.24)
$Post_t$	0.010***	0.010***				
	(5.66)	(8.67)				
$NPledge_t \times Post_t$	-0.009***	-0.012***				
	(-3.58)	(-6.67)				
NUM_t			0.002**	0.004***		
			(2.09)	(6.72)		
$NPledge_t \times NUM_t$			-0.006**	-0.007***		
			(-2.47)	(-4.36)		
PMC_t					0.007***	0.010***
					(4.18)	(9.06)
$NPledge_t \times PMC_t$					-0.010***	-0.012***
					(-3.01)	(-5.79)
$Size_t$	-0.003***	-0.003***	-0.002***	-0.003***	-0.003***	-0.004***
	(-4.13)	(-6.71)	(-2.72)	(-6.39)	(-3.71)	(-7.39)
MB_t	0.001***	0.001***	0.001***	0.001***	0.001***	0.001***
	(3.20)	(5.25)	(3.31)	(5.07)	(3.22)	(5.07)
LEV_t	-0.023***	-0.013***	-0.025***	-0.014***	-0.023***	-0.013***
	(-5.71)	(-5.03)	(-6.25)	(-5.24)	(-5.76)	(-4.61)
ROA_t	0.066***	0.086***	0.056***	0.081***	0.062***	0.087***
	(4.07)	(8.32)	(3.48)	(7.88)	(3.80)	(8.33)
Industry	控制	控制	控制	控制	控制	控制
N	19568	19568	19568	19568	19568	19568
adj. R^2	0.013	0.037	0.012	0.034	0.013	0.036

续表

Panel B：采用控股股东股权质押比例衡量股权质押的《业务办法》实施前后股权质押与公司会计稳健性的回归分析						
变量	(1)	(2)	(3)	(4)	(5)	(6)
	$CONSER1_t$	$CONSER2_t$	$CONSER1_t$	$CONSER2_t$	$CONSER1_t$	$CONSER2_t$
截距项	0.072***	0.073***	0.054***	0.057***	0.070***	0.079***
	(6.31)	(8.92)	(4.95)	(7.44)	(5.89)	(9.55)
$RPledge_t$	0.002**	0.003***	0.012*	0.009**	0.004**	0.004***
	(1.96)	(5.21)	(1.87)	(2.38)	(2.48)	(4.80)
$Post_t$	0.008***	0.008***				
	(4.68)	(7.42)				
$RPledge_t \times Post_t$	-0.003**	-0.005***				
	(-2.06)	(-4.28)				
NUM_t			0.002*	0.004***		
			(1.70)	(6.13)		
$RPledge_t \times NUM_t$			-0.002*	-0.001*		
			(-1.73)	(-1.92)		
PMC_t					0.006***	0.009***
					(3.66)	(8.26)
$RPledge_t \times PMC_t$					-0.004**	-0.004***
					(-2.28)	(-3.54)
$Size_t$	-0.003***	-0.003***	-0.002***	-0.003***	-0.003***	-0.004***
	(-4.07)	(-6.44)	(-2.80)	(-6.51)	(-3.71)	(-7.40)
MB_t	0.001***	0.001***	0.001***	0.001***	0.001***	0.001***
	(2.99)	(5.06)	(3.12)	(4.87)	(3.02)	(4.82)
LEV_t	-0.023***	-0.013***	-0.025***	-0.014***	-0.023***	-0.012***
	(-5.78)	(-4.99)	(-6.26)	(-5.04)	(-5.80)	(-4.46)
ROA_t	0.066***	0.086***	0.057***	0.082***	0.063***	0.088***
	(4.05)	(8.30)	(3.54)	(8.00)	(3.83)	(8.41)
Industry	控制	控制	控制	控制	控制	控制
N	19568	19568	19568	19568	19568	19568
adj. R^2	0.013	0.035	0.012	0.033	0.012	0.035

表 3-19　控制股权质押变量度量的《业务办法》实施前后股权质押与公司应计质量的回归分析

Panel A：采用控股股东股权质押次数衡量股权质押的《业务办法》实施前后股权质押与公司应计质量的回归分析						
变量	(1)	(2)	(3)	(4)	(5)	(6)
	AQ_t	$AQ\_Kothari_t$	AQ_t	$AQ\_Kothari_t$	AQ_t	$AQ\_Kothari_t$
截距项	0.158***	0.119***	0.129***	0.107***	0.148***	0.127***
	(11.44)	(12.02)	(12.76)	(11.14)	(13.68)	(12.38)
$NPledge_t$	0.001	0.004***	-0.018	-0.031***	0.002	-0.003
	(0.40)	(2.90)	(-1.55)	(-2.78)	(0.62)	(-0.96)
$Post_t$	0.006***	0.007***				
	(3.07)	(5.19)				
$NPledge_t \times Post_t$	0.005*	0.004*				
	(1.70)	(1.79)				
NUM_t			0.002***	0.002**		
			(2.71)	(2.54)		
$NPledge_t \times NUM_t$			0.005**	0.007***		
			(2.22)	(3.36)		
PMC_t					0.007***	0.007***
					(4.56)	(4.85)
$NPledge_t \times PMC_t$					0.006**	0.009***
					(2.09)	(3.37)
$Size_t$	-0.005***	-0.005***	-0.006***	-0.005***	-0.007***	-0.006***
	(-5.55)	(-8.56)	(-9.26)	(-7.77)	(-10.16)	(-8.99)
MB_t	0.004***	0.003***	0.004***	0.003***	0.004***	0.003***
	(10.40)	(13.08)	(14.67)	(13.01)	(14.50)	(12.79)
LEV_t	0.034***	0.046***	0.045***	0.045***	0.047***	0.047***
	(7.36)	(13.57)	(12.38)	(13.18)	(12.84)	(13.75)
ROA_t	0.246***	0.189***	0.163***	0.182***	0.170***	0.189***
	(14.16)	(14.35)	(11.39)	(13.89)	(11.74)	(14.38)
Industry	控制	控制	控制	控制	控制	控制
N	19568	19568	19568	19568	19568	19568
adj. R^2	0.054	0.066	0.066	0.065	0.067	0.067

续表

Panel B：采用控股股东股权质押比例衡量股权质押的《业务办法》实施前后股权质押与公司应计质量的回归分析						
变量	(1)	(2)	(3)	(4)	(5)	(6)
	AQ_t	$AQ\_Kothari_t$	AQ_t	$AQ\_Kothari_t$	AQ_t	$AQ\_Kothari_t$
截距项	0.136***	0.114***	0.122***	0.100***	0.143***	0.121***
	(13.03)	(11.50)	(12.18)	(10.41)	(13.20)	(11.78)
$RPledge_t$	0.003***	0.003***	-0.009*	-0.012**	0.001	0.000
	(3.67)	(3.44)	(-1.77)	(-2.35)	(0.77)	(0.17)
$Post_t$	0.007***	0.007***				
	(4.27)	(4.80)				
$RPledge_t \times Post_t$	0.003**	0.004***				
	(2.37)	(2.75)				
NUM_t			0.002***	0.002**		
			(2.68)	(2.47)		
$RPledge_t \times NUM_t$			0.003***	0.003***		
			(2.59)	(3.18)		
PMC_t					0.007***	0.007***
					(4.49)	(4.81)
$RPledge_t \times PMC_t$					0.004***	0.005***
					(2.61)	(3.27)
$Size_t$	-0.006***	-0.005***	-0.006***	-0.005***	-0.007***	-0.006***
	(-9.43)	(-7.98)	(-8.60)	(-6.98)	(-9.63)	(-8.37)
MB_t	0.004***	0.003***	0.004***	0.003***	0.004***	0.003***
	(14.79)	(13.09)	(14.79)	(13.12)	(14.59)	(12.87)
LEV_t	0.046***	0.046***	0.045***	0.045***	0.047***	0.047***
	(12.84)	(13.67)	(12.46)	(13.18)	(12.95)	(13.79)
ROA_t	0.170***	0.189***	0.164***	0.182***	0.171***	0.190***
	(11.74)	(14.39)	(11.38)	(13.87)	(11.75)	(14.38)
Industry	控制	控制	控制	控制	控制	控制
N	19568	19568	19568	19568	19568	19568
adj. R^2	0.066	0.066	0.065	0.065	0.066	0.067

3.5.4.3　控制内生性问题的稳健性检验

考虑到公司特征或者行业特征可能同时影响公司控股股东股权质押可能性和公司决策，本书采用两阶段法（2SLS）克服上述内生性问题，第一阶段模型如下：

$$Pledge_t = \alpha_0 + \alpha_1 Size_{t-1} + \alpha_2 SOE_{t-1} + \alpha_3 MB_{t-1} + \alpha_4 LEV_{t-1} + \alpha_5 ROA_{t-1} + Year + Industry + \varepsilon \tag{3-7}$$

其中，*Year* 表示年度虚拟变量。本书用上述模型拟合值 $Pledge\_hat_t$ 替代 $Pledge_t$，回归结果如下。

表 3-20 显示控制内生性问题的《业务办法》实施前后股权质押与公司会计稳健性的回归结果，交乘项 $Pledge\_hat_t \times Post_t$ 回归系数均在 1%水平上显著。

表 3-20　控制内生性问题的《业务办法》实施前后股权质押与公司会计稳健性的回归分析

变量	(1)	(2)
	$CONSER1_t$	$CONSER2_t$
截距项	0.058***	0.056***
	(4.94)	(6.85)
$Pledge\_hat_t$	0.025***	0.036***
	(4.56)	(9.70)
$Post_t$	0.012***	0.013***
	(4.38)	(7.56)
$Pledge\_hat_t \times Post_t$	-0.029***	-0.040***
	(-3.54)	(-7.22)
$Size_t$	-0.002***	-0.003***
	(-3.01)	(-4.89)
MB_t	0.001**	0.001***
	(2.21)	(3.76)
LEV_t	-0.022***	-0.014***
	(-5.61)	(-5.11)
ROA_t	0.049***	0.069***
	(2.94)	(6.75)
Industry	控制	控制
N	19273	19273
adj. R^2	0.011	0.035

表 3-21 显示控制内生性问题的《业务办法》实施前后股权质押与公司应计质量的回归结果，交乘项 $Pledge\_hat_t \times Post_t$ 回归系数均在 1%水平上显著。

表 3-21　控制内生性问题的《业务办法》实施前后股权质押与公司应计质量的回归分析

变量	(1)	(2)
	AQ_t	$AQ\_Kothari_t$
截距项	0.121***	0.103***
	(11.42)	(10.21)
$Pledge\_hat_t$	0.017***	0.010**
	(3.40)	(2.19)
$Post_t$	−0.000	−0.001
	(−0.09)	(−0.57)
$Pledge\_hat_t \times Post_t$	0.021***	0.029***
	(2.75)	(4.06)
$Size_t$	−0.005***	−0.004***
	(−8.10)	(−6.83)
MB_t	0.004***	0.003***
	(13.46)	(11.79)
LEV_t	0.047***	0.048***
	(13.16)	(14.00)
ROA_t	0.147***	0.168***
	(10.03)	(12.68)
Industry	控制	控制
N	19273	19273
adj. R^2	0.067	0.066

3.6　小结

基于质权人监督理论、控制权理论，考虑到质权人竞争会影响其对控股股东的监督激励，进而改变公司盈余质量，本书分别研究质权人竞争与控股股东股权质押公司盈余质量的关系，即会计稳健性和应计质量。研究发现，相比非控股股东股权质押公司，《业务办法》实施后，控股股东股权质押公司的会计稳健性和应计质量均较差；在融资约束较弱、外部监督较弱或政府干预程度较高地区公司的样本中，上述结果更为显著。研究表明，质权人竞争会削弱质权人对于出质人（控股股东）的监督作用，降低公司盈余质量；出质人相对质权人的议价能力越强，质权人监督出质人的激励越弱，质权人竞争对控股股东股权质押公司盈余质量的负面效应越明显。

本书丰富了股权质押与应计质量的相关研究。已有文献认为，质权人监督可以产生合约激励效应，促进控股股东股权质押公司降低盈余管理水平或采用更为隐蔽的盈余管理方式。质权人能否发挥合约激励效应受制于质权人与出质人的议价能力，质权人市场竞争会降低质权人议价能力，削弱质权人监督作用，损害控股股东股权质押公司应计质量。

通过研究质权人竞争对控股股东股权质押公司会计稳健性的影响，本书同时拓展了股权质押后果和会计稳健性影响因素的研究。一方面，针对股权质押后果的文献一般从盈余管理或盈余平滑角度考察质权人监督作用，较少关注控股股东股权质押对公司会计稳健性的影响。另一方面，针对会计稳健性形成原因的文献更多考虑债权人治理作用，较少关注质权人治理作用。本书认为股权质押中的质权人会影响公司会计政策的选择。

第4章 控股股东股权质押、公司文字信息披露策略及崩盘风险研究

4.1 股权质押后果研究

已有文献主要基于代理理论和控制权理论，从公司治理、公司风险、公司价值等角度，分析股权质押经济后果。一方面，部分研究认为，股权质押在不改变控股股东控制权的情况下降低了控股股东的现金流权，加剧了公司控制权和现金流权的分离程度，形成“弱化激励效应”和“强化侵占效应”（郝项超和梁琪，2009），从而产生负面经济后果。另一方面，部分研究认为，基于质权人“合约激励假说”（谭燕和吴静，2013），控股股东为避免控制权转移风险（王斌等，2013），会努力采取积极性策略改善公司经营管理，从而产生正面经济后果。

Lee 和 Yeh（2004）以中国台湾地区样本为研究对象，认为股权质押反映了控股股东财务状况不佳的情况，以及控股股东违规使用公司资金操纵股价的倾向；他们发现，股权质押与公司次年陷入财务困境的风险显著正相关。Anderson 和 Puleo（2015）指出，股东股权质押导致公司风险较高，一旦股价触碰警戒线或平仓线，被质权方抛售，股票将面临极大的股价崩盘风险，鉴于此，股权质押公司股价崩盘风险较高。Dou 等（2019）认为，鉴于股权质押后的股价下跌风险会加剧管理层个人的风险承担，其更偏好为公司选择相对风险厌恶的投资决策，以对冲其个人风险水平的提升。谢德仁等（2016）发现，控股股东股权质押公司崩盘风险较低，该结果在非国有公司中更为显著；此外，公司崩盘风险降低并非控股股东努力经营的结果，股权质押解除后，公司崩盘风险也相应增加。

梳理股权质押与公司风险的研究，本书研究发现相对已有相关研究贡献

如下：本书为股权质押提高公司风险的研究提供了依据。已有研究指出，为维持质押物价值，公司有动机操纵股价，进而提升公司未来所面临的风险（Lee and Yeh，2004；谢德仁等，2016）。具体来说，质权人竞争削弱了其对出质股东的监督激励，在一定程度上，质权人对控股股东机会主义行为的“放任”加剧了公司未来股价的崩盘风险。

4.2　质权人治理与公司崩盘风险研究

有关股价崩盘风险产生机制的研究指出，为避免坏消息对股价的负面冲击，管理层会选择暂时隐藏公司坏消息（Kothari 等，2009），随着坏消息累积达到峰值而无法隐藏，瞬间大量释放，造成对资本市场的巨大冲击，导致股价崩盘（Jin and Myers，2006；Hutton 等，2009）。

已有研究多基于公司信息披露和治理因素分析崩盘风险的影响因素，从质权人治理角度研究公司崩盘风险的文献较少。

一方面，公司信息披露会影响公司崩盘风险。Jin 和 Myers（2006）、Hutton 等（2009）、Kim 和 Zhang（2014）发现，信息透明度较低的公司更容易崩盘。DeFond 等（2015）指出，国际财务报告准则（International Financial Reporting Standards，IFRS）会提高公司信息透明度，降低股价崩盘风险，研究发现，IFRS 强制执行后，公司未来崩盘风险降低，上述结果在信息透明度较低公司、信息环境改善程度较大国家更为显著。Kim 和 Zhang（2016）指出，公司会计稳健性越强，越会抑制管理层隐藏坏消息的行为，降低股价崩盘风险，研究发现，公司会计稳健性和崩盘风险呈负相关关系，且上述结果在信息不对称程度较大样本中更为显著。Kim 等（2016）指出，公司财报可比性越强，越能帮助投资者识别公司价值，即信息质量越高，越会抑制管理层隐藏坏消息的行为，降低股价崩盘风险。叶康涛等（2015）研究中国上市公司内部控制信息披露与股价崩盘风险的关系发现，公司内控信息披露水平提高能够降低未来崩盘风险，且上述效应在信息不对称程度高、盈利能力差公司中更为显著。

另一方面，公司治理因素会影响公司崩盘风险。部分研究关注内部公司治理的影响，比如，高管自利行为、高管个人特质（Callen and Fang，2015；

Kim 等，2016；李小荣和刘行，2012）等。Kim 等（2011a）指出，管理层薪酬与股价敏感度越高，其越关注公司短期市场表现，操纵信息披露以抬高股价的动机越强，研究发现，CFO 期权业绩敏感度与公司未来崩盘风险显著正相关，但在 CEO 样本中相关程度较弱。Kim 等（2011b）指出，公司避税程度越大，管理层自利动机越强，越可能隐藏坏消息，研究发现，公司避税程度与未来崩盘风险显著正相关。Kim 等（2016）指出，过度自信的管理层会高估投资项目收益，忽略负面信息反馈，导致长期持有低收益投资项目，最终经营业绩不善、股价崩盘，研究发现，过度自信管理层所在公司崩盘风险更高，且上述效应在管理层话语权较大、投资者异质信念较强公司中更为显著。许年行等（2013）以中国上市公司为研究对象，发现机构投资者羊群行为会增加公司股价未来崩盘风险，且上述关系主要见诸“卖方”羊群行为；合格境外机构投资者（QFII）持股并不能削弱机构投资者羊群行为与股价崩盘风险的正相关关系。梁权熙和曾海舰（2016）发现，独立董事制度正式引入后，公司股价发生崩盘风险显著降低，相比于不存在异议独立董事公司，存在异议独立董事公司的股价崩盘风险较低。权小锋等（2015）指出，企业社会责任是管理层提升自身职业声誉和个人利益的工具，体现其自利行为，研究发现，企业社会责任与股价崩盘风险呈正相关，且上述效应仅体现在强制披露和无第三方鉴证样本。另外，部分研究关注公司外部治理对股价崩盘风险的影响，比如，分析师乐观偏差（许年行等，2012）、媒体报道（罗进辉和杜兴强，2014）、融资融券机制（褚剑和方军雄，2016）。

已有针对质权人治理问题的研究主要集中于抵押贷款中银行发挥的监督作用。本书从以下角度丰富了已有研究。

首先，本书应用抵押资产与银行监督相互补充的理论，基于质权人竞争视角，强调质权人竞争会削弱质权人监督作用，增加控股股东股权质押公司崩盘风险，进而拓展了银行作为质权人的公司治理作用研究。

其次，通过对质权人治理与公司决策文献的梳理，不难发现，针对公司崩盘风险的文献，均较少关注质权人所发挥的治理作用。基于质权人竞争视角，本书强调，质权人监督作用的弱化会提高公司未来崩盘风险。

4.3　公司文字信息披露研究

4.3.1　信息披露理论基础

4.3.1.1　信息披露动机研究

已有针对公司信息披露的经典理论模型认为，作为其自身经营发展信息的拥有者，公司相对投资者而言具有信息优势，两者之间存在信息不对称，在满足一定条件的情况下，为使投资者正确识别公司质量，避免或缓解“柠檬市场”问题（Akerlof，1970），公司会自愿向投资者披露全部信息，将信息披露作为自身质量证明的“信号”。Grossman 和 Hart（1980）指出，当卖方拥有其所出售商品质量的私有信息，且不存在交易成本时，自愿向买方披露所售商品的质量信息对于卖方而言总是最优决策；若卖方试图掩盖或谎报其商品质量信息，则难以形成均衡。Grossman（1981）论证，为使卖方存在披露全部信息的激励，其事后需获得一定程度的补偿，以作为其“诚实”的奖励。他认为，若卖方做出的产品质量承诺是事后可验证的，换而言之，若卖方为其产品质量的信息披露提供了完备的承诺保障，卖方即有动机进行完全信息披露。基于信息经济学理论，Milgrom（1981）认为，不同的信息主体具有不同的信息优势；考虑到买方会将卖方私藏的任何有关商品质量的信息理解为难以令人接受的“坏消息”，为便于买方合理解读商品质量，在沟通无摩擦的情况下，卖方的最优策略是披露全部商品信息。Milgrom 和 Roberts（1986）指出，作为法律纠纷事件调解的决策方，决策者并不需要为调解人可能说谎而担忧，其原因在于，有关调节双方的任何信息，要么对一方有利，要么对另一方有利，双方的竞争关系决定了信息的完全披露。可见，在完美市场条件下，根据上述经典理论模型推论，公司会自愿披露全部私有信息。

现实中，完美市场只是“空中楼阁”，公司实现完全信息披露的理论基础较难形成。Beyer 等（2010）详细梳理了信息披露的理论文献，总结了公司实现完全信息披露的 6 个要件，分别为：①信息披露是无成本的；②投资者知道公司拥有私有信息；③投资者之间具有同质性，换而言之，所有投资者对公司信息披露的理解方式相同，且公司知道投资者会如何理解其披露的信息；

④管理者的目标是公司股价最大化；⑤公司披露的私有信息具有可信度；⑥公司事先不能承诺某种特定的信息披露政策。Beyer 等（2010）认为，只有在以上 6 个要件全部满足的时候，公司才可能自愿披露全部私有信息。这也在一定程度上解释了，为何在资本市场实践中，公司不完全信息披露的现象普遍存在。仅以第一个要件“信息披露是无成本的”为例，公司信息披露并非无成本：报表或报告的准备成本、因外部性产生的专有性成本、公司的利益相关者了解到公司经营坏消息时产生的负面效应成本等（Benston，1973；Foster，1980），均会影响公司信息披露决策。

Healy 和 Palepu（2001）基于信息不对称和代理理论，分析了影响公司信息披露决策的因素。他们指出，信息披露是保障资本市场资源合理配置的有效手段。一方面，公司的管理者参与公司日常生产经营，其对公司现状及前景的了解均远超外部投资者，考虑到资本市场的“僧多粥少”及“柠檬市场”问题，为融得更多资金，获取投资者信赖，管理层偏好自愿披露公司信息；另一方面，投资者将公司的经营管理权赋予了公司管理层，出现了“所有权与经营权的分离”，管理层可能利用公司资金为自身谋取利益，产生较为严重的代理问题（Jensen and Meckling，1976），在此情况下，信息披露成为投资者监督管理者，并获取公司信息的重要途径。他们也指出，信息披露的有效性受法规监管、契约有效性、公司治理、信息中介和控制权市场等多个因素影响。参照 Healy 和 Palepu（2001）、Beyer 等（2010），本书分别从资本市场交易、公司控制权竞争、管理者股票薪酬、诉讼成本、管理者才能信号和专有性成本等 6 个角度，回顾国内外相关研究。

（1）资本市场交易。

部分研究认为，资本市场交易会强化管理者自愿且真实的信息披露动机，其原因主要有两方面。一方面，相对外部投资者，管理层对公司发展前景更具信息优势，若此种信息不对称不能得到有效解决，公开发行股票或债券会损害现有股东利益，换而言之，当管理者和股东之间的信息不对称较为严重时，股东可能不会同意管理者作出的发行股票或债券的决策（Myers and Majluf，1984）；另一方面，为避免错失投资机会，从资本市场获得更多融资，管理者偏好主动披露公司信息，且披露信息的可信度也会提高，以弱化其与投资者之间的信息不对称程度，增加投资者向公司投入资金的可能，降低公司融资的资本成本（Barry and Brown，1985；Merton，1987；Healy and Palepu，2001）。此外，也有学者指出，考虑到资本市场中可能存在的种种摩擦，管理者也可能隐藏坏消息甚至发布虚假信息，误导投资者决策。

1）国外相关研究。

Ruland等（1990）发现，发布好消息、修正分析师预期、新股发行及股权结构，是影响管理者自愿披露盈余预告的重要因素。Korajczyk等（1991）认为，考虑到新股发行时存在的信息不对称问题，公司更偏好在资本市场最了解公司质量的时候发行股票，换而言之，新股发行往往在可信度较高的信息披露之后。他们指出，公司更偏好在包含好消息的盈余公告之后发行新股。Lang和Lundholm（1993）的实证结果表明，针对当期或未来即将发行股票的公司，分析师给予其信息披露质量的评级较高。Marquardt和Wiedman（1998）发现，当管理者通过二级市场增发出售股票时，其自愿披露盈余预告的频率显著增加，公司与投资者之间的信息不对称程度显著下降。Healy等（1999）指出，在公司公开发行债券之前，分析师调高了针对公司的信息披露质量评级。Lang和Lundholm（2000）发现，早在公开增发的6个月前，公司即会提高信息披露水平，特别是那些公司自主权利较大的信息披露种类。针对公开增发公司，Jo和Kim（2007）研究信息披露与盈余管理的关系，以及上述关系对公开增发后业绩的影响。他们认为，信息披露程度越高，公司与投资者之间的信息不对称程度越低，盈余管理越少，公开增发后业绩表现越好。Lo（2014）研究了银行财务状况下降与借款人信息披露的关系。他指出，银行财务健康状况不佳会在一定程度上威胁银企关系。若公司希望继续获得银行贷款，必须提高自身信息披露质量。研究发现，在银行经历新兴市场金融危机后，相对未受冲击的银行，与该类银行存在借贷关系公司的管理者盈余预告的数量和准确程度均显著提升。不难推断，上述文献的研究结论表明，资本市场交易可以有效激励管理者自愿披露，并提高公司信息披露质量。

同时，也有学者关注了资本市场交易与管理者信息操纵的关系。Brockman等（2008）发现，在进行股票回购之前的1个月内，管理层会提升坏消息公告的发布频率及坏消息程度；与之对应，在进行股票回购之后的1个月内，管理层会提升好消息公告的发布频率及好消息程度。但是，股票回购前后的披露策略变化并不完全对称，股票回购后的好消息披露增加的程度低于股票回购前的坏消息披露增加的程度。Ge 和 Lennox（2011）认为，若公司在并购交易中采用股权支付方式，其存在强烈动机提升二级市场股价。他们研究了公司是否会发布过于乐观的盈利预测或隐藏有关未来盈余的坏消息。研究发现，公司虽不会在并购前发布更多过于乐观的好消息，但却偏好在并购前隐藏坏消息。Huang 等（2014）的研究表明，在公开增发或并购进行之前，公司信息披露的语气会异常乐观。Li 和 Zhang（2015）以 Reg SHO 的实施作为外生冲击，检验市场卖空压力增大后，公司的信息披露策略变化。研究发现，SHO 实施后，为应对骤然增加的卖空压力及投资者对坏消息的敏感反应，管理层对公司坏消息盈余预测的准确程度会明显下降。Kim（2016）发现，若公司的会计弹性足够其日后操纵盈余以实现或超过其曾经作出的盈利预测，公司偏好在公开增发前发布好消息以提振股价。由此可见，增发、回购、贷款、卖空等事项，可能引发管理者机会主义地披露公司信息。

2）国内相关研究。

沈洪涛（2007）发现，公司规模及盈利能力与其企业社会责任（Corporate Social Responsibility，CSR）信息披露显著正相关，但公司财务杠杆和再融资需求并不影响其 CSR 披露动机。林斌和饶静（2009）发现，与其他公司相比，计划进行再融资的公司更偏好披露内控鉴证报告。邱冬阳等（2010）发现，内控信息披露与公司上市首日的开盘价正相关。李志军和王善平（2011）发现，公司信息披露质量越好，其越有能力在货币政策紧缩时获得更多银行贷款，且其贷款成本也相对较低。夏芸和徐欣（2011）也发现，公司内控信息披露质量会提高其获取贷款的能力。何贤杰等（2012）的研究结果显示，公司 CSR 信息披露是其股权再融资的重要支持。陈超和甘露润（2013）发现，若公司在并购交易前披露其银行贷款信息，其并购宣告收益也会更高。胡丹和冯巧根（2013）的实证结果表明，公司的上市前审计可以作为资本市场评估公司质量的一个“信号”。王雄元和张春强（2013）认为，公司信用评级会降低其中期票据融资成本。武恒光和王守海（2016）发现，公司环境信息披露水平虽能提高其信用评级，但该结论仅对环境绩效较好的上市公司成立。通过对国内资本市场交易与信息披露关系的研究，可以看到，在一定程度上，国内研究更为支持“资本市场交易可以提高公司自愿信息披露水平及质量”的论断。

（2）公司控制权竞争。

公司控制权竞争之所以会影响管理层信息披露动机，是因为董事会或股东的监督使得管理者必须对公司业绩负责。换而言之，若公司业绩表现较差，一方面，管理者很有可能被董事会直接辞退；另一方面，公司可能面临被兼并或收购的风险，在兼并或收购发生之后，管理者的现有职位也可能难以保全（Palepu，1986；Morck 等，1990）。鉴于此，为降低因公司二级市场股价表现较差或盈余表现较差而导致的失业风险，当公司价值被低估或因不可抗因素导致公司业绩下降时，管理者偏好主动披露公司经营及前景的相关信息，并予以详尽解释（Healy and Palepu，2001）。

1）国外相关研究。

DeAngelo（1988）的研究结果表明，为推动董事会席位的代理权争夺（Proxy Contest），相比对公司二级市场股价表现较差表达不满，持不同意见的股东往往更偏好强调公司盈余业绩较差，以此迫使董事会通过管理层变更决议。Warner 等（1988）研究了公司股价与高管变更的关系。研究发现，公司前期股价表现越差，管理者后期发生变更的可能性越高。他们认为，上述负相关关系可能来自公司董事会、其他高管或大股东的监督。Weisbach（1988）以公司前期股价及盈余变动衡量公司业绩，他们发现，公司前期业绩越差，高管随后越可能辞职，且相对内部董事占主导地位的公司，上述结果在外部董事占主导地位的公司中更为显著。

2）国内相关研究。

陈健等（2006）发现，公司控制权变更后，若高管也随之变更，公司业绩会显著提高；且相对公司控制权变更后高管未变动的公司，发生高管变更公司的绩效更好。杜晓宇（2009）发现，与高管未发生变更的时期相比，在高管变更期间，公司更偏好披露好消息，且与强制披露业绩预告的公司相比，该结果在自愿披露业绩预告的公司中更为显著。吴超鹏等（2011）发现，在并购发生后三年内，近三成高管发生了非自愿变更，且并购公告前后的短期市场反应与非自愿变更之间显著负相关。

（3）管理者股票薪酬。

管理者信息披露策略也会受股票期权、限售股等与公司业绩联系紧密的薪酬契约影响。Healy 和 Palepu（2001）给出了存在上述影响的 2 个可能原因。一是为交易自身持有的公司股票，管理者有动机披露私有信息，以满足相关内部人交易法规的限制要求，提高公司股票流动性，调整市场对公司价值的预期，使管理者个人收益最大化；二是管理者站在现有股东角度考虑，当招募新员工并授予其股票期权时，更为充分的信息披露有助于新员工合理评估其薪酬契约价值，降低薪酬契约成本。

1）国外相关研究。

Noe（1999）发现，与其他时期相比，管理层盈利预测发布后，内部人交易的股票数量及交易收益均显著增加。管理层会在好消息发布后卖出更多股票，在坏消息发布后买入更多股票。Aboody 和 Kasznik（2000）研究了股票期权授权日前后，CEO 自愿信息披露政策的择时性，他们发现，CEO 会利用延迟好消息披露、提前坏消息披露来操纵资本市场投资者预期。类似地，Nagar 等（2003）研究发现，当 CEO 的薪酬与股价波动更为敏感时，管理者盈余预测的披露频率和披露质量均会显著提升。据此，他们认为，CEO 薪酬与二级市场股价的相关度及 CEO 自身持股数量可以在一定程度上降低代理问题。Cheng 和 Lo（2006）的研究结果表明，当管理者计划买入股票时，他们会增加坏消息盈利预测的披露数量以降低股价，节约购买成本，且相对其他高管，上述结果在 CEO 的股票买卖行为中更为显著。Rogers 等（2011）发现，管理者卖出公司股票时，公司财务报告的语气往往过于乐观。Cassell 等（2013）指出，考虑到即将退休的 CEO 较少担忧失业风险，其可能更加偏好机会主义披露行为。他们发现，即将退休的 CEO 更倾向发布有关未来盈余的预测，且相对其他任职年度，在任职最后一年，上述结果更为显著；同时，即将退休的 CEO 发布的盈余预测往往过于乐观，相对其他任职年度，其预告精确程度也会随之下降。Cheng 等（2013）研究了管理者盈利预测精确程度与内部人交易之间的关系。他们的研究结果表明，针对内部人卖出交易前发布的盈利预测，好消息程度越强，管理者预测精确程度越高；相反地，坏消息程度越强，管理者预测精确程度越低。Huang 等（2014）指出，公司财务报表语气的积极程度与管理者被授予股票期权显著负相关。

2）国内相关研究。

部分研究基于薪酬业绩敏感性的角度，研究管理者股票薪酬与其信息披露策略的关系。田志刚（2011）的研究结果表明，高管薪酬强制性披露可以提升薪酬业绩敏感性。黄再胜（2013）指出，货币性私有收益与货币性薪酬信息披露的可能性显著正相关，但信息披露的有用性较差。黎文靖和杨丹（2013）发现，业绩较差的民营公司管理层更偏好主动披露劳动力成本上涨风险信息，以“解释”公司业绩较差的原因。程新生等（2015）发现，公司战略信息披露与高管超额薪酬正相关，而超额薪酬较高且战略信息披露较高的公司未来业绩更差；换而言之，战略信息披露在一定程度上充当了高管获得超额薪酬的“保护伞”。江伟等（2016）发现，高管薪酬信息披露的增强使得薪酬业绩敏感性提高的现象仅见诸竞争行业民营公司。

也有学者基于内部人交易视角，研究内部人交易前后公司信息披露择时行为。曾庆生（2011）发现内部人交易存在披露延迟，且交易披露延迟时间的长短与交易方向、交易是否处于信息敏感期、公司流通股比例、交易规模等因素有关。蔡宁（2012）的研究结果表明，大股东偏好在业绩预告披露“坏消息”之前、“好消息”之后出售股份，且在业绩预告之前（后）出售股份时，业绩预告的利空（利好）程度越高，交易规模越大。曾庆生（2014）指出，公司信息透明度的提高虽可降低内部人交易超额收益，但并不影响内部人亲属获得超额交易收益。

通过梳理管理者股票薪酬与公司信息披露决策关系的文献，不难发现，已有研究更多支持了管理者自利动机，而非“在新员工招募时，管理者为现有股东考虑”的动机。

（4）诉讼成本。

诉讼成本对公司信息披露策略可能存在两种影响：一是为降低不充分披露或延迟披露产生的诉讼成本，公司会增加信息披露并提高信息披露质量；二是考虑到某些信息的披露，如有关公司生产经营的“坏消息”或预测性信息，可能引起资本市场投资者恐慌，或产生“承诺成本”，进而提高公司遭受诉讼的可能，在诉讼成本较高的情况下，公司的信息披露会减少，且披露质量会相应降低。换而言之，从理论上来说，诉讼成本与公司信息披露的关系并不存在明确的方向（Healy and Palepu，2001）。

1）国外相关研究。

部分学者的研究结论支持了诉讼成本会促进公司信息披露的论证。

Skinner（1994）指出，为减少盈余公告日的坏消息市场反应，管理者有动机利用盈余预测提前发布坏消息；该策略会降低预期诉讼成本，其原因在于，一方面，鉴于坏消息已通过盈余预测的方式提前发布，投资者较难质疑管理者存在故意隐瞒坏消息的动机；另一方面，提早发布坏消息可以在一定程度上降低投资者要求补偿的损失金额。Kasznik 和 Lev（1995）的研究结果表明，盈余大幅下降的公司更偏好提前披露预测性信息，且盈余预测信息更多地以"硬信息"，即与盈余紧密相关的数字性信息形式体现。类似地，Skinner（1997）发现，相比未遭诉讼时期，公司在遭受诉讼时期自愿信息披露显著增加，且相应降低了公司的诉讼成本。Baginski 等（2002）指出，相对美国资本市场的法制环境，加拿大资本市场的法制环境更加宽松，鉴于此，不同于美国公司在业绩大幅下降时增加信息披露的行为，加拿大公司业绩大幅下降时的信息披露策略并未发生显著改变。Field 等（2005）的研究结果表明，信息披露可以降低公司面临的某些诉讼风险。Rogers 等（2011）发现，相对未遭受诉讼的公司，遭受诉讼公司的财务报告语气更加乐观。Marinovic 和 Varas（2016）认为，诉讼风险会降低公司采用无效信息披露政策的可能性。他们指出，更为严格的法制环境是促进资本市场信息传递的有效手段。

同时，也有学者认为，提前披露坏消息难以降低公司诉讼成本。Francis 等（1994）发现，针对遭受诉讼的公司样本，有 62%的公司提前披露了盈余预测；相反地，针对未遭受诉讼的公司样本，有 87%的公司业绩大幅下降却并未披露盈余预测。据此，他们认为，提前披露坏消息并不能降低公司面临的诉讼风险。Kothari 等（2009）的实证结果表明，平均来看，管理层偏好延迟披露坏消息，提前披露好消息。Rogers 和 VanBuskirk（2009）发现，在遭受集体诉讼之后，公司信息披露水平显著下降。他们认为，出现上述现象的原因在于，若公司日后不能兑现其提前披露的盈余信息，公司可能面临更高的诉讼风险。不过，Lowry（2009）指出，Rogers 和 VanBuskirk（2009）的研究可能存在样本选择偏误，难以推论到未遭受诉讼的公司。Kim（2016）认为，再融资公司虽有强烈动机利用信息披露操纵股价，但也会充分考虑自身会计弹性，基于提前披露信息产生的承诺成本调整自身披露决策。

2）国内相关研究。

秦玉熙（2004）指出，在 IPO 盈利预测由强制披露制度转为自愿披露制度之后，出于对预测不准的担忧，上市公司自愿披露意愿会相应降低。王克敏和廉鹏（2012）的研究也得到了类似结论。李明辉和曲晓辉（2005）以问卷调研的方式研究了我国虚假财务报告及其法律责任的相关问题。他们发现，证券监管部门监管不严、法律惩罚较弱等，是导致上市公司发布虚假财务报告的重要原因。钱淑芬（2007）认为，考虑到信息披露的诉讼成本，在一定程度上可以借鉴美国证监会出台的“安全港规则”。罗炜和朱春艳（2010）认为，鉴于我国管理者面临的诉讼风险较低，当代理成本较高时，管理者更偏好牟取私利，减少公司信息披露。王霞等（2013）发现，来自环保部门、政府的公共压力或政治成本，以及公司品牌声誉的内在激励，均会提高公司披露环境信息的可能性。罗进辉等（2015）以发生危机事件的公司为研究样本，发现涉事公司越早向投资者披露危机事件信息，投资者的负向市场反应越弱，并且这种减轻效果随着危机事件的严重程度增加而增强。

可见，无论是国外研究，抑或国内研究，均未就诉讼成本与公司信息披露的关系达成一致结论。Beyer 等（2010）认为，内生性可能是造成上述问题的一个原因。

（5）管理者才能信号。

Trueman（1986）认为，在公司的实际盈余公告发布前，管理层偏好向投资者提供盈余预测。其原因在于，投资者可以从管理层提前发布的盈余预测中推论管理层的才能，具体表现为管理层预测未来经济环境变化并适时调整公司生产经营策略的能力。换而言之，盈余预测是管理层向投资者展示其个人能力的一个“信号”。

1）国外相关研究。

Baik 等（2011）的实证研究验证了 Trueman（1986）的结论。他们发现，管理者发布盈余预测的可能性会随着 CEO 能力的增强而提升。盈余预测的频率、准确度和信息含量均与 CEO 个人能力显著正相关。Brochet 等（2011）发现，新任外聘 CEO 更偏好提供盈余预测。Beyer 和 Dye（2012）指出，基于公司股价变化及其声誉，管理层会策略性地披露盈余预测。Demerjian 等（2013）研究了 CEO 能力与公司盈余质量的关系，其研究结果表明，CEO 能力越强，公司盈余质量越高。Li（2016）的实证结果表明，公司管理层的能力越强，则同行业公司的错误陈述对其自身财务决策的扭曲程度越低。

2）国内相关研究。

王雄元（2005）指出，建立基于声誉的经理人市场和法律事后惩罚机制，有助于保障自愿性信息披露的信息质量。王璇（2014）发现，经理人能力越强，越偏好自愿披露盈余预测信息，且盈余预测信息的误差也越小。高凤莲和王志强（2015）指出，董事会秘书的社会资本与公司信息披露质量之间呈显著正相关。黄海杰等（2016）的结果表明，会计专业独立董事的声誉可以提高公司盈余质量。

国内外相关研究均表明，管理者能力（或声誉）与公司信息披露程度及质量呈正相关关系。

（6）专有性成本。

经典理论文献认为，专有性成本会影响公司信息披露决策。专有性成本往往来源于信息披露的外部性（Foster，1980）。已有研究并未就专有性成本与信息披露的关系达成一致。一方面，Verrecchia（1983）指出，专有性成本不仅体现在公司披露的坏消息方面（如银行会因此要求公司支付更高的利率），也会体现在公司披露的好消息方面，公司销售额、净利润、经营成本等专有性信息可能有利于公司竞争对手判断公司经营现状及前景，从而对公司的行业竞争地位产生不利影响。鉴于此，专有性成本的存在可能会弱化公司信息披露激励。另一方面，为在产品市场竞争中保持优势地位，使资本市场更为准确地评估公司价值，公司偏好披露更多信息。换而言之，产品市场竞争强化了公司信息披露的激励（Darrough and Stoughton，1990）。

1）国外相关研究。

Hayes 和 Lundholm（1996）的研究结果表明，只有当公司各部门的业务比较类似时，专有性成本才会激励公司提供分部财务数据。若公司各部门之间的业务差异相去甚远，公司往往偏好隐藏与其竞争对手不同的业绩差异信息，而仅提供各部门整合后的业绩报告。Botosan 和 Stanford（2005）发现，在竞争性较低的行业中，公司更偏好隐藏盈利能力强的部门业绩。其原因在于，在垄断性较强的行业中，公司倾向隐藏高收益部门利润以显示自身“弱势”，降低其他公司因谋求垄断利润而进入该行业的兴趣。Verrecchia 和 Weber（2006）指出，为避免专有性信息的泄露，公司的契约文件中会删除有关信息，进而加剧逆向选择，造成市场深度及换手率的下降。Berger 和 Hann（2007）利用部门信息披露数据检验了专有性成本假设及代理成本假设。他们的实证结果支持了代理成本假设，但与专有成本假设的结论并不一致。Ali 等（2014）研究了行业集中度与公司信息披露策略的关系。研究发现，行业集中度越高，公司盈余预测信息披露越少，公司自身的信息环境透明度越低，且上述结果在财务杠杆较低的行业中更为显著。针对 Ali 等（2014）的文章，Lang 和 Sul（2014）指出，考虑到竞争性质的不同，理论文献就产品市场竞争与信息披露程度及质量的关系并未形成完全一致的结论。鉴于此，Ali 等（2014）的研究结果虽然支持两者之间存在负相关关系的论断，未来研究仍可利用大样本分析其他相关关系是否存在。Bernard（2016）发现，融资约束公司会避免披露财务信息，以缓解产品市场中的竞争对手采用“价格战”等方式打压公司。

2）国内相关研究。

宋献中（2006）指出，公司核心能力具有价值创造性和独特性，即便竞争对手得到这些信息，也难以直接模仿。换而言之，自愿披露核心竞争能力的专有性成本较低。张学勇和廖理（2010）发现，鉴于相对非财务信息，公司财务信息的专有性成本较高，股权分置改革提高公司信息披露水平的结果见于非财务信息披露中。程新生等（2011）认为，考虑到“关系”对公司获取资源和竞争优势至关重要，为避免因披露产生的专有性成本，公司“关系”网络较多时，其并不偏好披露资本市场交易。刘慧芬和王华（2015）则发现，行业竞争程度与管理层业绩预告精度及准确性显著正相关，且经济政策的不确定性削弱了二者之间的相关度。

4.3.1.2　信息披露后果研究

公司的信息披露决策往往是管理层权衡成本收益的结果（Beyer 等，2010）。那么，当公司披露信息之后，投资者是否会依公司意愿改变预期，并将其预期的变化表现于资本市场呢？参照 Healy 和 Palepu（2001），本书分别基于股票流动性、资本成本、信息中介预期 3 个角度，回顾有关公司信息披露后果的国内外研究。

（1）股票流动性。

鉴于公司披露信息的一个主要原因是解决公司与投资者之间的信息不对称问题，当公司信息披露程度或质量提高后，公司与投资者之间的信息不对称，以及知情投资者与不知情投资者之间的信息不对称程度均随之下降（Diamond and Verrecchia，1991；Kim and Verrecchia，1994；Easley and O'Hara，2004），使得投资者股票交易的价格更多地位于公平区间，增强投资者交易意愿，进而提升公司股票流动性（Healy and Palepu，2001）。

1）国外相关研究。

Amihud 和 Mendelson（1989）发现，公司信息披露程度的提高可以降低股票买卖价差中的逆向选择成本。Welker（1995）指出，公司信息披露质量越高，股票买卖价差越低。Healy 等（1999）的研究结果表明，信息披露质量较高的公司，其股票流动性也较高。Bloomfield 和 Wilks（2000）检验了实验环境中的信息披露质量和股票流动性，发现二者显著正相关。他们据此认为，以往的实证检验可能低估了信息披露质量对股票流动性的影响。Botosan 和 Harris（2000）发现，在披露季度分部门报告后，公司股票流动性随之上升。以德国公司为研究样本，Leuz 和 Verrecchia（2000）认为，公司信息披露质量的提高缓解了信息不对称问题，降低了股票买卖价差，提高了股票交易量。Heflin 等（2005）采用经市场深度调整的有效价差来衡量流动性，发现信息披露质量与有效交易成本显著负相关。Balakrishnan 等（2014）指出，管理层会采取策略性自愿信息披露调整市场预期，这些信息披露增强了股票流动性。以科技公司为研究样本，Blankespoor 等（2014）发现，与其他公司相比，使用推特（Twitter）向资本市场传递信息的公司，其买卖价差较低，市场深度较高。

2）国内相关研究。

董锋和韩立岩（2006）发现，交易透明度的提高不仅使市场流动性显著上升，也降低了交易成本和市场波动性，强化了市场信息传递效率。蔡传里和许家林（2010）的研究结果表明，上市公司信息透明度的提高可以增强股票流动性。

由此可见，国内外相关研究均在一定程度上支持了“信息披露可以提高股票流动性”的结论。

（2）资本成本。

“柠檬市场”问题是公司向投资者披露信息的一个主要动因。当投资者面临未来收益难以预测的风险，且该风险较难通过多元化方式分散时，投资者就会要求更高的资本成本作为投资回报（Healy and Palepu，2001）。换而言之，信息披露质量的提高可以降低公司资本成本。然而，上述论断能否成立往往取决于信息风险多元化分散程度、信息披露成本等多种因素，这也在一定程度上解释了资本市场实践中“公司采用完全信息披露策略以尽可能降低资本成本”的现象并非普遍存在（Beyer 等，2010）。

1）国外相关研究。

Botosan（1997）发现，针对分析师跟踪数量较少的公司，信息披露程度与公司权益资本成本显著负相关。Sengupta（1998）指出，公司信息披露质量越高，其债务融资成本越低。Botosan 和 Plumlee（2002）认为，年度报告的信息披露水平会降低公司权益资本成本，即时性信息披露的增加反而会提高公司权益资本成本。其原因在于，过多披露即时性信息会加剧股价波动性。Lambert 等（2007）构建的模型表明，会计信息质量会直接或间接地影响公司资本成本，但影响方向并不确定。Leone 等（2007）发现，披露募集资金使用说明的公司，其 IPO 抑价率较低。Francis 等（2008）的研究结果表明，信息披露与盈余质量呈互补关系。在控制盈余质量的情况下，信息披露与资本成本之间的相关性会大幅下降甚至消失。Gao（2010）也利用理论模型证明，当新增投资的弹性足够大时，资本成本反而会随信息披露质量的提升而增加。

2）国内相关研究。

孟晓俊等（2010）认为，理论上，社会责任信息披露虽能降低公司资本成本，但上述关系会受到信息披露真实性、适度性等因素影响。李姝等（2013）的实证结果验证了孟晓俊等（2010）的结论。以重污染行业上市公司为研究对象，沈洪涛等（2010）发现，公司权益资本成本与其环境信息披露水平显著负相关。方红星和施继坤（2011）发现，自愿披露内控鉴证信息的公司，其权益资本成本也相对较低。以标普 500 公司为研究样本，何玉等（2014）指出，碳信息披露可以降低公司资本成本。袁蓉丽等（2014）发现，上市公司自愿披露内控审计报告与其权益资本成本之间呈显著负相关关系。李慧云和刘镝（2016）发现，地区市场化水平越高，公司信息披露质量对于降低公司资本成本的作用越明显。

由此可见，在一定程度上，国内外相关研究虽为“信息披露质量与公司资本成本负相关”的结论提供了证据，但同时也表明，两者之间的关系方向及相关程度受到市场特征、公司特征等多因素影响，给出了资本市场实践中“完全信息披露”难以实现的可能原因。

(3) 信息中介预期。

已有研究认为，公司信息披露与分析师追踪及评级质量之间的关系并不存在明确预期。一方面，公司信息披露水平及准确程度的提高可以缓解公司与资本市场投资者之间的信息不对称，进而降低分析师获取公司信息、评估公司价值的成本，使得分析师跟踪此类公司的意愿增强，其评价质量也相应提高（Bhushan，1989；Lang and Lundholm，1996）；另一方面，鉴于公司信息披露与分析师信息有用性之间存在一定程度的互补，公司信息披露水平或质量的提高可能降低分析师追踪意愿（Healy and Palepu，2001）。

1）国外相关研究。

Lang 和 Lundholm（1996）发现，公司披露政策的信息含量越高，跟踪分析师越多，分析师预测准确程度越高，分析师预测修正的波动性越小。Healy 等（1999）的研究结果表明，公司信息披露质量提高时，跟踪分析师数量会显著下降。Arya 和 Mittendorf（2007）构建了理论模型，并推论公司偏好披露信息以吸引分析师追踪。Lehavy 等（2011）发现，公司财务报表的可读性越差，跟踪分析师越多，分析师报告的有用性也越强。Byard 等（2011）、Tan 等（2011）的研究结果均表明，公司采用 IFRS 准则可以显著改善分析师信息环境。Dhaliwal 等（2012）认为，公司披露 CSR 信息可以降低分析师预测误差。

2）国内相关研究。

方军雄（2007）发现，公司信息披露透明度与分析师预测准确程度显著正相关。白晓宇（2009）发现，公司信息透明度与跟踪分析师数量及预测质量显著正相关。王艳艳等（2014）指出，公司 CSR 信息披露可以增加跟踪分析师数量，但上述结果仅见于自愿披露样本。董小红等（2015）发现，公司或有事项信息的披露虽可提高其跟踪分析师数量，却也加剧了分析师预测的分歧程度。胡军和王甄（2015）认为，公司利用微博披露信息可以提高分析师预测的准确程度。丘心颖等（2016）的研究结果表明，公司年报复杂性与跟踪分析师数量显著负相关，但年报复杂性与分析师预测的有用性之间并不存在显著的相关关系。

由此可见，已有研究并未就公司信息披露与分析师跟踪数量及预测质量之间的相关关系达成一致结论。

4.3.1.3　信息披露研究小结

作为一种日趋普遍的资本市场交易，股权质押已成为上市公司融资决策的重要构成之一。然而，梳理公司信息披露动机及信息披露后果的研究，不难发现，已有针对公司信息披露动机及后果的研究多关注 IPO、再融资、银行贷款、债券、并购、回购等传统资本市场交易形式（Ruland 等，1990；Marquardt and Wiedman，1998；Healy 等，1999；Lang and Lundholm，2000；Jo and Kim，2007；Lo，2014；林斌和饶静，2009；邱冬阳等，2010；李志军和王善平，2011；胡丹和冯巧根，2013），以及针对上述交易形式公司可能存在的机会主义披露行为（Huang 等，2014；Kim，2016），较少基于股权质押视角，研究公司信息披露的策略及后果。鉴于此，在全面分析股权质押动机的基础上，本书将基于股权质押动机，考察公司信息披露策略，解读策略之中的机会主义行为，并利用质押后的崩盘风险等变量，论证股权质押的信息披露策略后果。

4.3.2　文字信息披露理论基础

4.3.2.1　管理者文字信息披露的自利动机研究

现代公司治理中的所有权与经营权分离，管理者与外部股东相比存在信息优势，他们拥有更多的关于公司财务状况、经营业绩、发展机会的信息。Healy 和 Palepu（2001）指出这种信息不对称的存在会导致信息与激励问题，阻碍市场发挥优化资源配置的作用。作者描绘了这样一个市场，市场上存在一些新成立或已有的需要吸引投资者的资金的公司，同时家庭的储蓄也希望通过投资市场上的公司而增值。首先，由于公司管理者因为拥有比外界更完善的信息，从而有动机夸大公司的价值而吸引更多投资，导致投资者在进行投资决策时面临信息问题。其次，投资者在变成公司股东后，又面临公司管理者侵占其利益的代理问题。在这种情况下，公司的信息披露被用来降低管理者与利益相关者间的信息不对称程度。在缺乏对管理者的有效监管的情况下，信息披露可能会成为管理者获取自身利益的工具，产生机会主义披露行为。

已有研究发现，在上市公司信息披露事件中，管理者通过影响信息披露的数量、时机及盈余数字来获利的机会主义行为广泛存在。首先，管理者可能通过改变信息披露的数量获利。公司业绩较差时，为了隐藏坏消息，会少披露或者不披露自愿性信息。正如 Raffournier（1995）发现瑞士的上市公司自愿性信息披露的程度与业绩正相关；封思贤（2005）基于中国上市公司的研究也发现了同样的结论。其次，管理者可能通过改变信息披露的时机获利。公司信息披露行为可能被管理者用来配合交易（Penman，1982；Brown and Warner，1985）或定价（Yermack，1997；Aboody and Kasznik，2000；Dai 等，2013）策略。最后，管理者可能通过操控盈余数字获利。已有大量的研究发现管理者为了获得更多的报酬或职业机会，会进行盈余管理（Moore，1973；Healy，1985；DeAngelo，1988；DeFond and Park，1997；Latif 等，2011）。

除了操控文字信息披露的数量、时机和盈余数字，财报的文字信息也可能成为管理者达到自利目的的工具（Schipper，1989）。Jones（1996）指出管理者在对财报的语言进行组织时，并未保持中立的态度。究其原因，主要是作为拥有信息优势的一方，管理者在文字表述上稍微做一些包装，就可能获得经济或心理上的好处。

（1）文字信息披露策略能为管理者带来经济上的好处。

通过文字信息披露策略，上市公司获得更好的估值，管理者能力更加被市场认可，能给管理者从多方面带来经济上的好处，主要包括更好的报酬、职业机会、财富升值，以及更多的在职消费。

首先，通过文字信息披露策略，管理者能够获得更好的报酬和晋升机会。现代公司治理理论通常强调对管理者的激励约束，通过将管理者的报酬或晋升与其经营业绩挂钩激励管理者付出更多的努力，为股东创造财富（Healy and Palepu，2001）。Patton（1951）通过问卷调查结果总结得到高管薪酬与企业利润敏感性。Murphy（1985）、Jensen 和 Murphy（1990）发现管理者薪酬与股票市场表现正相关。Coughlan 和 Schmidt（1985）也发现高管薪酬、更替均与公司的市场表现正相关。Gao 等（2012）的研究结果则表明当企业业绩较差时，管理者会面临减薪甚至被解雇的困境。管理者与股东的契约也可能会带来负面效应，即管理者并未付出真正的努力，而是为了拿到更多的薪酬或不被辞退，借助自身的信息优势，在传递信息过程中做出机会主义行为。现实中，管理者为了呈现出对自己有利的公司业绩，进行会计政策选择、盈余管理甚至是违规、虚假披露的现象屡见不鲜。已有研究也发现了管理者通过会计政策选择（Hagerman and Zmijewski，1979；Watts and Zimmerman，1990）、盈余平滑（Healy，1985；DeFond and Park，1997）、“洗大澡”（Moore，1973；DeAngelo，1988；Pourciau，1993）等盈余管理策略增加报告盈余的证据。鉴于此，管理者可能通过文字信息披露策略影响外界对公司业绩成因的理解，从而证明自己的能力，提高市值，获得更高的报酬与晋升机会。

其次，通过文字信息披露策略，管理者的财富能够升值。管理者通常持有部分公司股票或股票期权，这些证券的价值会随着公司估值的升高而升高。特别是在我国，家族企业比例较高，大股东或其家人担任管理者的现象非常普遍，这部分内部管理者为了自身的财富升值，会希望公司股票能有高估值。在需要将股票变现时，高估值能为管理者带来更丰厚的收益。已有研究也发现了内部人的交易会与信息披露相配合（Penman，1982，1985）。鉴于此，在管理者有交易需求时，也会有动机通过文字信息披露策略抬高股价，增加自己的财富水平。

最后，通过文字信息披露策略，管理者能够享受更多的在职消费或建立“帝国大厦”。管理者热衷于为自己配备高标准的消费待遇，如配备私人飞机，而这种行为会对公司的价值造成损害（Yermack，2006）。在企业效益更好或股票市值更高时，管理者更有理由追求高的在职消费。管理者也希望公司能够扩张，建立起自己的“帝国大厦”（Morck 等，1990；Lang 等，1991）。并且，扩大企业规模也能增加管理者的薪酬（Kostiuk，1990；李增泉，2000）。鉴于此，管理者通过文字信息包装公司的发展经营状况，可以引导利益相关者对公司情况的感知，获得对自己扩张计划的支持，壮大公司规模，以获取更多的在职消费及进行“帝国”构建。

由此可见，管理者基于财报文字信息的披露策略能够为自己带来经济收益，在信息不对称及缺乏有效监督的情况下，这种机会主义行为很可能发生。

（2）文字信息披露策略能为管理者带来心理上的好处。

通过文字信息披露策略，管理者能够对自己留给外界的印象进行“管理”，带来心理上的好处。印象管理（Impression Management）指的是人们下意识地或者潜意识地通过管理、控制生活中的信息交流，试图影响他人对于某个人、某个物件或者某件事的看法。例如，在日常交往中，人们通常展现出一种与当前人际交往情景相符合的个人形象，以获得其他人对自己的良好评价。人们在解释自己获得的成绩时，普遍存在印象管理的现象。Weiner（1979）将人们对于行为成败的原因解释归纳为3个维度：原因来源、稳定性和可控制性。其中，原因的来源指的是个人认为影响其行为成败的原因是来源于自身还是来自外在环境；稳定性指的是个人认为影响其行为成败的原因在性质上是否稳定；可控制性则是指个人认为影响其行为成败的原因在性质上能否由个人的意愿来决定。Wong和Weiner（1981）通过心理学实验，发现在日常生活中，尤其是当个人行为产生负面效果或者不期望发生的效果时，个人会自发地对行为结果进行归因。

通过在财报的语言描述中对公司业绩进行“有利”归因，管理者可以向利益相关者证明自己的经营管理能力，维护自身形象。基于上市公司信息披露的研究也发现了管理者在解释公司经营业绩时自利性归因行为的证据。管理者通常在取得良好业绩时，强调自己的功劳，而业绩不理想时，强调外界环境的影响（Salancik and Meindl，1984；Tsang，2002；李晓慧和孙蔓莉，2012；Libby和Rennekamp，2012；孙蔓莉等，2013）。

由此可见，无论是从经济上，还是心理上，管理者都可能采取策略性的财报文字信息披露，为自己赢得好处。

4.3.2.2 文字信息披露信息含量及其影响因素研究

（1）文字信息披露的信息含量研究。

财务会计数据信息主要反映的是公司历史的财务状况与经营业绩，无法满足利益相关者分析公司未来发展情况的需求，因此解释性的文字信息越来越受到市场的重视（胡元木和谭有超，2013）。以我国A股上市公司年报为例，现阶段年报中的文字信息部分已经超越数字性信息，成为利益相关者进行投资、决策的主要参考依据。相比会计数字信息的简洁明了，财报里的文字信息往往更加复杂难懂。投资者在注意力有限的情况下（Hirshleifer and Teoh，2003；饶育蕾等，2012），是否会参考财报中的文字信息制定投资决策，就成为大家关注的问题。

文字信息一般指公司财务报告中除会计数字之外的信息。文字信息具有信息含量，可以影响资本市场对公司价值的评估和预期，是公司进行文字信息操纵的前提。换而言之，只有当文字信息可以改变市场预期时，公司对文字信息的操纵才是有意义的。针对文字信息是否具有信息含量这一问题，相关理论及资本市场实践给出的答案并不一致。Li（2010）指出，一方面，考虑到证券监管部门对公司财务报告的格式有着相对严格的规定，报告中的文字信息往往由通用模板加工而成，形式主义较为严重，难以表现公司特有信息（Bloomfield，2008）。同时，专有性成本等因素也可能降低文字信息含量（Verrecchia，1983）。另一方面，作为公司财务报告的重要构成，管理层讨论与分析（MD&A）的内容被投资者广泛阅读，是投资者进行投资决策的重要参考（Rogers and Grant，1997；周勤业等，2003）；此外，“安全港规则”也鼓励公司披露更多前瞻性信息，从而提高公司财务报告的信息含量。鉴于此，“公司财务报告文字信息是否具有信息含量”成为一个有待实证检验的问题。

上市公司的文字信息种类繁多，不同种类的文字信息的信息含量可能存在差异，基于此，学者们针对上市公司不同的文字信息披露的信息含量进行了研究，包括董事长致股东的信、盈余新闻稿、MD&A、年报全文等。董事长致股东的信包含了公司高管对公司业绩的解读以及对公司未来发展的预期，对投资者制定投资策略的作用不容忽视。McConnell 等（1986）通过分析 100 封上市公司董事长致股东的信，发现未来业绩好的公司会更多地提到对利润的预期，而业绩差的公司则对利润或亏损缄口不提，并且，两种模式伴随着公司不同的股价走势：前者伴随着股价上升，而后者伴随着股价下降。该研究结果表明了投资者会根据董事长致股东的信中的文字信息进行投资决策。盈余新闻稿对公司、利益相关者来讲是重大的新闻事件，其信息长度变得越来越长，信息含量也与日俱增（Francis 等，2002；Landsman and Maydew，

2002)。Davis 等（2012）发现自 1998 年至 2003 年，美国上市公司新闻稿的长度增长了 90%。信息量如此大幅度增长，不禁让人关注盈余新闻稿中的文字信息是否具有信量，投资者是否参考其作出投资决策。Henry（2008）利用盈余新闻稿中出现的积极词汇的数目与消极词汇的数目构造了文字信息语气变量，并发现在业绩相同的情况下，盈余新闻稿的语气越积极，投资者的反应越好，表明盈余新闻稿的语气影响了投资者对公司经营业绩与发展前景的评估。上市公司财报中的 MD&A 部分被誉为财报的核心，是财报最具有价值的部分，其信息含量受到了很多学者的关注。Kaplan 和 Pourciau（1990）调查发现，投资者认为管理层评论为他们提供了关于公司估值的有用信息，管理层评论中的文字信息能够影响他们对公司股票价值的判断。Feldman 等（2010）对上市公司年报与季报中的 MD&A 部分是否能够提供增量信息进行了分析。作者分析了 MD&A 部分文字信息语气较上一期的变化，发现即使在控制了应计及盈余意外后，语气变化的市场反应也是非常显著的。也有学者针对整个年报文字信息的信息含量进行分析。正如 Loughran 和 McDonald（2011）采用改进的语气词库，发现文字信息的积极程度与市场反应的积极程度存在显著的正相关程度，表明年报文字信息披露具有一定的信息含量。

已有研究主要从以下两个方面来验证公司财务报告中的文字信息含量。

首先，公司财务报告中的文字信息是否与当期及未来业绩存在相关关系。Li（2008）发现，公司年报文字信息的可读性越强，其盈利持续性越好。Li（2010）采用贝叶斯统计学习方法，研究 MD&A 中的前瞻性信息与公司未来业绩的关系。他发现，当 MD&A 中的前瞻性信息语气更加乐观时，公司未来的业绩更好。Loughran 和 Mcdonald（2011）构建了新词库以更好地反映财务背景下的文字信息语气，他们发现，在一定程度上，年报语气可以预测公司的未预期盈余。Davis 等（2012）发现，公司财务报告的语气积极程度与未来 ROA 显著正相关。Mayew 和 Venkatachalam（2012）发现，当有分析师参与公司盈余电话会议时，管理者表现出的积极情绪或消极情绪可以预测公司未来业绩。薛爽等（2010）的研究结果表明，管理层讨论与分析中的信息有助于投资者判断公司未来价值创造能力。谢德仁和林乐（2015）发现，公司年度业绩说明会的文字信息正（负）向语气越强，公司未来业绩也越好（差）。

其次，公司财务报告中的文字信息是否会引起较为强烈的市场反应。Baginski 等（2004）发现，管理者盈余预测中的“归因解读”会产生强烈市场反应。Demers 和 Vega（2008）发现，文字信息语气越积极，公司季报发布时的市场反应越大，且盈余公告后漂移（PEAD）程度也越大。Henry（2008）发现，财务报告的语气会显著影响投资者的反应。Feldman 等（2010）发现，公司年报和季报 MD&A 部分的语气变化可以引起报告发布时强烈的市场反应。Brown 和 Tucker（2011）以 MD&A 的变动，即当期 MD&A 与上期 MD&A 的不同，衡量公司经营状况的变动，发现 MD&A 的变动幅度与年报发布时的市场反应显著正相关。Loughran 和 Mcdonald（2011）发现，年报中的负向词汇占比越高，未预期的负向市场反应越严重。Davis 等（2012）的研究结果表明，在财务报告发布时，未预期的积极性语气能够产生显著的正向市场反应。Rennekamp（2012）发现，文字信息可读性越强，小投资者的市场反应越强烈，对好（坏）消息的估值变动越积极（消极）。Jegadeesh 和 Wu（2013）发现，年报中的正向词汇和负向词汇均会引起显著的市场反应。Kimbrough 和 Wang（2014）发现，当行业同群公司发布坏消息或公司自身盈余与行业及市场盈余共同性较高时，将不佳业绩归因为外部因素的行为可以削弱市场负向反应；当行业同群公司发布坏消息或公司自身盈余与行业及市场盈余共同性较低时，将优秀业绩归因为内部因素的行为可以强化市场正向反应。Merkley（2014）发现，研发信息披露数量的提升会降低财务报告发布时的信息不对称。Hope 等（2016）以独特性（Specificity）来衡量年报风险因子部分的内容有用性。他们发现，公司年报风险因子部分的内容独特性与年报披露时的市场反应显著正相关。贺建刚等（2013）以会计重述公司为研究样本，发现公司两权分离度越高、审计质量越差，重述公告中的 MD&A 信息市场反应越强烈。赵子夜（2014）发现，相对“无过”型独立董事意见，“有功”型独立董事意见的市场反应更为强烈。

梳理相关文献后不难发现，在一定程度上，国内外相关研究结论均表明，公司财务报告中的文字信息具有信息含量，可以影响资本市场投资者对公司当期及未来价值的判断。

（2）文字信息披露信息含量的影响因素研究。

上市公司的信息披露行为实际上是一个与利益相关者进行沟通的过程，公司向外界提供的信息只有被解读后才能为各利益相关者所使用

（Bedford and Baladouni，1962；Indjejikian，1991）。Libby（1979）分析了审计师报告中的信息对使用者决策制定的影响途径，审计师的原始信息需要使用者对信息进行感知（环节1），并根据感知到的信息进行反应（环节2），最终才会影响使用者的决策结果（环节3）。这一作用途径也适用于上市公司文字信息披露对投资者决策的影响过程。由此可见，信息的理解难度对该链条中的信息传递效率起着重要作用。已有研究也认为信息的解析成本（Extraction Cost）是资产价格中反映信息程度的决定性因素（Bloomfield，2002）。基于此，本书将围绕解析成本与文字信息披露信息含量间的关系进行文献回顾。

1）信息解析成本模型。

促进信息在资产价格中的反映，使资本随着信息流动，实现经济资源的有效配置，是资本市场的重要目标。有效市场假说（Efficient Markets Hypothesis）认为信息会完全反映于资产价格中，没有人能够在交易中获得超额收益（Fama，1970）。虽然有大量的证据表明拥有内幕信息的知情交易者能够在股市中获得丰厚的超额收益（Jaffe，1974；Finnerty，1976；张新和祝红梅，2003），但理论界还是普遍接受半强有效市场的存在，即资产价格完全反映了公共信息，仅基于公共信息的交易无法获得超额收益。然而，在实务中，却存在很多有悖于半强有效市场的现象。投资者们仍然对从公共信息中发掘定价错误的股票趋之若鹜，公司管理者也企图用晦涩的信息披露来掩盖不利于公司估值的信息。基于此，Bloomfield（2002）认为，有效市场理论难以解释某些公司财务报告的策略性披露行为，譬如，为何将坏消息“隐藏”于脚注中可以削弱资本市场的负向反应？据此，他提出了“不完全反映假说”（Incomplete Revelation Hypothesis，IRH）。具体来说，不完全反映假说指出，信息的解析成本越高，越难反映于股价。原因在于，解析成本较高的信息难以引起资本市场交易兴趣，投资者基于该信息交易可获得的利润也较少。权衡成本收益之后，投资者往往选择既不分析该信息，也不利用该信息进行交易，导致该信息较难正确反映于资本市场。由此可见，文字信息的解析成本会影响文字信息含量，进而影响资本市场对公司价值的判断。

“不完全反映假说”建立在Grossman和Stiglitz（1980）构建的噪音理性预期模型（Noisy Rational Expectations Model，NREM）均衡结果的基础之上。在NREM中，交易者可以选择收集关于资产价格的信息而成为知情交易者

（Informed Traders）。知情交易者将在同时存在噪音交易者（Noise Traders）的市场上进行交易。因为噪音交易者的交易具有随机性，其交易决策可能是出于流动性危机、优化投资组合等原因，其他不知情交易者（Uninformed Traders）在观测到资产价格发生变化时，就无法判断价格的改变是基于信息，还是因为噪音交易者在大量买卖股票。这种不确定性使得知情交易者可以从他们的信息优势中获利，以弥补收集信息的成本。在这种情况下，市场上知情交易者的比例内生于解析信息所花费的成本。当知情交易者拥有的信息带来的收益超过信息解析成本时，会有更多的投资者加入信息收集的行列，此时信息会更多地反映到股价中去，信息能带来的收益下降。达到均衡时，知情交易者的信息优势产生的收益等于信息解析所花费的成本，此时市场价格只反映了部分的信息。

在市场上，存在一些机制能够降低信息解析的成本。首先，提高公司信息披露质量能够降低信息解析成本。面对财报中五花八门的专业术语，专业分析师都难以看清隐藏在信息后的真相，对专业知识有限的大部分投资者而言，要厘清这些信息的关系，更是难上加难。减少财报信息披露对投资者专业知识的要求程度，让财报语言更加平实，财报结构更为简单清晰，能够大大降低投资者从其中解析出统计量信息的难度，降低信息解析成本。其次，信息中介的存在能够降低信息解析成本。当市场上存在媒体或分析师的跟踪与分析时，他们的报道与分析能够帮助投资者鉴别与公司发展前景相关的信息，使得投资者解析统计量所需要付出的成本降低。

由此可见，信息的解析成本是影响股价反映信息程度的关键因素，较高的信息解析成本会阻碍信息在资产价格中的反映，造成市场有效性低下，而发挥信息中介对信息的解读作用能够增加资产价格中的信息含量。

2）解析成本对文字信息披露信息含量的影响。

已有研究均从不同角度发现文字信息披露具备一定的信息含量，但进一步的研究发现，文字信息披露的信息含量在横截面与时间序列上存在着较大差异。正如 Li 和 Ramesh（2009）发现上市公司季报的明显市场反应仅存在于那些第一次披露盈余信息的披露事件中，并指出上市公司文字信息披露的信息含量会受到其他因素的影响。

根据“不完全反映假说”（Bloomfield，2002），文字信息的信息含量最主要的影响因素是文字信息的解析成本，即投资者将信息中的数据解析成统计量的花费。因此，文字信息越难以理解，其信息含量就会越低。Brown 和 Tucker（2011）分析了 MD&A 时间序列上的变化，发现从时间序列上来看，MD&A 的变化程度随着时间推移变得越来越小，MD&A 变化的市场反应也越来越弱，表明 MD&A 信息的有用性越来越弱。这个结果与已有研究发现的上市公司文字信息披露的可读性随时间变化而变差了相一致（Soper and Dolphin，1964；Jones，1988），反映出文字信息可读性与信息含量间的正相关性。

也有研究从横截面上证实了信息解析成本与文字信息披露信息含量的关系。有学者通过分析公告后的股价漂移现象来分析解析成本对公告信息含量的影响。盈余公告后的股价漂移描述的是在盈余公告发布后，与盈余意外同向的累积异常收益会持续几周甚至是几个月，这种现象的存在表明投资者对上市公司的信息披露存在反应不足（Ball and Brown，1968；Bernard and Thomas，1989，1990）。因此，可以通过检验解析成本不同的公告披露后股价漂移差异来研究解析成本对信息含量的影响。You 和 Zhang（2009）通过比较复杂性不同的年报发布后的股价漂移程度，发现年报更复杂时，年报发布后的股价漂移现象更严重，即投资者对复杂年报的反应不足更严重。Lee（2012）研究了季报可读性与公告后的价格漂移关系，以上一期季报可读性作为预期可读性构造未预期可读性，发现未预期可读性更低的季报公告三天的股价中蕴含的盈余相关信息更少，表明更难读的信息披露延长了价格发现过程，从而拉长了盈余公告后的价格漂移，降低了市场有效性。

基于以上分析，考虑到公司财务报告文字信息具有信息含量，且其信息含量会受信息解析成本的影响，公司可能利用策略性披露改变财务报告中文字信息的解析成本，进而达到影响资本市场投资者预期的目的。正如 Einhorn 和 Hogarth（1981）指出，仅仅是任务形式的小小改变都会极大地影响个体处理信息的能力，因此，文字信息的策略性披露将直接影响投资者对公司生产经营现状及前景信息的解读。

4.3.3 文字信息披露策略研究

（1）国外相关研究。

“管理者混淆假说”（Management Obfuscation Hypothesis）认为管理者与财

报使用者之间的信息不对称为管理者文字信息披露策略创造了空间，管理者会混淆（强调）失败（成功）信息（Adelberg，1979；Courtis，1998；Bloomfield，2002；Li，2008）。已有关于文字信息可读性的研究发现，上市公司文字信息披露的可理解性很差，超出了普通人的理解范围（Pashalian and Crissy，1950，1952；Barnett and Leoffler，1979），给管理者从自身利益出发，隐藏不利于公司估值或对自身能力评价的信息提供了良好的条件。

Pashalian 和 Crissy（1950，1952）将 Flesch（1948）构造的可读性公式应用至公司年报可读性的分析当中，并发现年报的可读性为“困难”级别，年报语言超过了美国75%成人可流畅理解的程度，且其语言组织对读者而言为“乏味”级别。Soper 和 Dolphin（1964）通过对比相隔 13 年的年报发现，年报的可读性并没有变得越来越好。Smith 和 Smith（1971）发现财务报表附注的可读性较差，只有很小一部分读者能够理解其中的信息。同样地，Barnett 和 Leoffler（1979）也发现财务报表附注的可读性非常差，并且 1975 年的上市公司财务报表附注的可读性比 1969 年还差。Heath 和 Phelps（1984）分析了 20 份上市公司年报中的董事长致辞、财务信息披露与财务报表附注的可读性，发现至少有 50%以上的股东对年报中的这些信息难以理解。Jones（1988）发现随着企业的不断发展，商业环境会变得更加复杂，公司信息披露的可读性也会降低。

由此可见，上市公司财报的可理解性从总体上来说不太理想，给投资者带来了很大的挑战，也给管理者玩“文字游戏”创造了条件。已有研究大多基于财报文字信息的长度、可理解性和语气入手，检验管理者是否有机会主义的披露行为存在。

1）基于文字信息长度的机会主义披露行为。

部分学者试图对上市公司业绩与信息披露长度的关系进行分析，但结论并不一致。有学者认为文字信息越长，代表文字信息的可读性越差，并发现公司业绩对上市公司年报的长度有正向影响，作者认为该结果表明业绩差的管理者想用更复杂的财报隐藏坏消息（Li，2008）。然而，也有学者发现财报文字信息长度与业绩呈正向关系。Baker 和 Kare（1992）、Kohut 和 Segars（1992）均发现公司利润越高，董事长致股东的信越长。Miller（2002）发现当上市公司盈余增长的时候，信息披露增加。

2）基于文字信息可读性的机会主义披露行为。

通过分析年报可理解性与公司业绩的关系，对管理者是否有基于文字信息的机会主义披露策略进行检验的大部分研究都发现，财报可理解性与公司业绩存在显著的相关性。Smith 和 Taffler（1992）发现，财务表现好的公司的董事长致辞更加清晰可读，而财务表现较差公司的董事长致辞往往较为模糊，且包含误导性信息。Subramanian 等（1993）认为，鉴于业绩较差的公司有强烈动机解释其“业绩较差”原因，该类公司财务报告的可读性相对较差。Li（2008）发现，与业绩好的公司相比，公司业绩较差时，其年报的可读性也较差，且年报长度也较长。Merkley（2014）发现，在经过研发费用调整后，公司业绩越差（好），其研发信息披露的内容越长（短）。Li 和 Zhang（2015）的研究结果表明，SHO 实施后，为应对骤然增加的卖空压力及投资者对坏消息的敏感反应，管理层会降低年报中坏消息的可读性。

同时，也有研究通过分析可读性在财报结构中的分布来检验管理者是否存在机会主义行为。Courtis（1998）发现管理者为了减轻坏消息对投资者的影响，会把消息放在董事长致辞的中间一段，以削减投资者对坏消息的注意力。Clatworthy 和 Jones（2001）则发现财报中可读性的分布在业绩好、差的公司间不存在显著差异，认为年报开头与中间部分的可读性差异仅是一种书写习惯，与业绩无关。

3）基于语气的机会主义披露策略。

已有研究发现管理者还存在基于财报情绪积极性的策略性披露行为。Rogers 等（2011）发现，与未遭受诉讼的公司相比，遭受诉讼的公司财务报告语气显著更加乐观。Davis 和 Tama-Sweet（2012）认为，鉴于相对财务报告中的 MD&A，投资者对公司盈余新闻稿的反应更为强烈，管理者有动机最大化公司盈余的正向市场反应，最小化公司盈余的负向市场反应。他们发现，与 MD&A 相比，针对好（坏）消息，管理者在盈余新闻稿中使用了更为积极（消极）的语气。Larcker 和 Zakolyukina（2012）发现，当公司召开季度盈余的电话会议时，“误导型”CEO 更偏好解释非专有性或与公司价值无关的内容，同时使用更多的极端正面词汇和更少的焦急性词汇。Merkley（2014）发现，公司盈余表现越好，其研发信息披露的语气越积极。Allee 和 Deangelis（2015）发现，公司业绩较好时，其财务报告的积极（消极）语气分散程度越高（低）；当公司业绩较差时，其财务报告的积极（消极）语气越集中（分散）。

4）其他机会主义文字信息披露行为。

管理者还可能使用其他的手段对公司财报进行设计与包装。首先，研究发现管理者在解释公司业绩时，归因行为普遍存在。为降低资本市场对公司披露坏消息的负面影响，或维持管理者自身声誉，在披露坏消息时，财务报告中往往会增加有关“外部归因”的信息。正如 Baginski 等（2004）发现，规模较大的公司或发布坏消息的公司更偏好解释其盈余预测报告。公司财务表现不佳时，管理层偏好披露更多对自身有利的信息，将业绩表现较差归因于临时性外部因素（Barton and Mercer，2005）；相反地，若公司业绩较好，则会更多将原因归于管理层自身的努力（Libby and Rennekamp，2012）。其次，管理者还可能对信息在财报中的呈现形式、位置进行选择。Nelson 和 Pritchard（2007）发现，公司面临的诉讼风险较高时，其财务报告的文字信息中会包含更多“小心翼翼”的语言。Wolfe 等（2009）认为，针对信息科技导致的内控偏离，管理者可以采用“让步”策略（即承认偏离的存在）而非“否认”策略（即否认偏离的存在）来说服审计师，以提高审计师对公司内控质量的评价。Campbell 等（2014）发现，高风险公司更偏好在年报中披露更多有关风险的信息，且公司所面临的风险类型决定了公司是否会为某种特定风险着墨更多。Muslu 等（2014）发现，当公司股价的信息效率较低，即股价难以反映未来盈余信息时，公司偏好在年报的 MD&A 中披露更多前瞻性信息时。Hoberg 和 Phillips（2016）重新定义了公司所处行业及其行业竞争同群；他们发现，公司面临的竞争越激烈，其越偏好在年报的 MD&A 部分提及公司的竞争环境。Hope 等（2016）发现，公司的专有性成本越高，其有关风险因子披露内容的独特性越差。

（2）国内相关研究。

对 B 股、H 股上市公司年报可读性的研究表明，我国上市公司年报理解难度较大（Courtis，1995；阎达五和孙蔓莉，2002）。阎达五和孙蔓莉（2002）发现我国 B 股上市公司年报的可读性介于较难读与非常难读之间。Courtis（1995）发现香港上市公司年报的可读性属于非常难读的范围，在具有同等学历的成人中，能够顺利解读年报内容的比例仅为 10%。受制于中文文本分析技术的发展相对滞后，虽然也有学者对可读性公式进行探索（荆溪昱，1995；陈阿林和张素，1999），但还未形成公认、统一的可读性公式，导致针对中文财报的文字信息披露策略研究发展缓慢。

我国学者也尝试从可读性及业绩归因的角度对文字信息披露策略进行了分析。阎达五和孙蔓莉（2002）对2000年59家B股上市公司MD&A文字信息可读性与经营业绩的关系进行了分析，但并未发现两者间存在显著的关系。并且，针对管理者归因行为的分析也未发现业绩好的上市公司对经营状况有更多的分析。类似地，王德发（2010）对我国A股上市公司年报MD&A部分的可读性和归因行为进行了分析，同样没有得到比较显著的结果。此外，也有部分针对中文年报业绩归因行为的研究得出了较为显著的结果。孙蔓莉等（2012）对2005年至2009年间102家美国公司、39家中国国有企业、50家日本公司财报中的归因程度进行了比较，发现美国公司、中国国有企业、日本公司的归因程度依次递减，中国国有企业的归因程度只略低于美国公司，但远超日本，表明中国国有企业管理者的自立性归因行为较为严重。运用同样的方法，李晓慧和孙蔓莉（2012）通过案例分析发现公司MD&A的归因程度能够帮助审计师识别上市公司财务错报行为。孙蔓莉等（2013）发现我国纺织企业在财报披露中有严重的自利性归因行为：企业业绩越差时，越会在财报中强调人民币升值对出口产生的不利影响。并且，在业绩相同的情况下，市场归因程度越强的公司的估值更高，表明归因行为成功引导了投资者对公司业绩成因的理解。程新生等（2015）认为，在盈余重述期间，公司有动机披露更多文字信息，以“隐藏”其盈余管理行为。他们发现，盈余重述期间，公司MD&A中文字信息披露数量显著增加。同时，相比未发生盈余重述的公司，发生盈余重述公司MD&A中的文字信息披露显著增加。

总结国内外相关文献，可以看到，一方面，针对英文财报文字信息披露的研究从长度、可理解性、语气等方面对管理者的机会主义披露策略进行了分析，但结论存在较严重的不一致现象。正如Li（2008）发现公司业绩与文字信息长度负相关，而Baker和Kare（1992）、Kohut和Segars（1992）发现公司业绩与文字信息长度正相关。并且，已有研究主要是从绝对信息长度（如文字信息长度、句子长度、单词长度）和文字情绪特征来分析文字信息披露行为，对文字信息特征的考察较为单一，未能深入挖掘管理者的信息披露策略。管理者还可能利用文字信息中不同类型信息的组织、文字信息间逻辑衔接、词汇对受众知识水平的要求程度和语气强度等特征，构造文字信息披露策略。另一方面，针对中文财报文字信息披露策略的研究起步较晚，尚未将文本分析技术运用至相应的分析中，导致样本量受到限制，研究结论的效力较差。已有的针对中文财报文字信息披露的研究还处于定性、手工收集小量样本、主观打分判断文字信息披露质量的阶段，研究方法亟须改进。

4.3.4　文字信息披露预测效力研究

（1）国外相关研究。

McConnell 等（1986）认为人们常常用年报中的数字信息预测公司的未来业绩，而忽略了年报中的文字信息部分。近些年，随着财报文字信息披露研究的不断深入，该现象已渐渐得到改观。已有关于财报文字信息特征与未来业绩的关系的研究表明，财报的文字信息蕴含了与公司价值相关的信息。

首先，已有对财报文字信息、对未来业绩预测性的研究，大多关注的是财报语气与公司未来发展的关系。Li（2008）发现对于盈利公司，年报文字情绪越好时，业绩持续性越好；对于亏损公司，年报文字情绪越好时，业绩持续性越差。Li（2010）发现财报中前瞻性信息的情绪与公司未来业绩正相关，并且当财报情绪积极性与应计水平不存在矛盾时，应计对未来业绩的影响被削弱。Davis 等（2012）发现盈余新闻稿情绪的积极程度与公司未来会计业绩正相关，表明管理者用文字情绪传递了他们对未来业绩的预期。Davis 和 Tsm a-Sweet（2012）发现 MD&A 中的消极语言越多，公司未来的业绩越差。Allee 和 Deangelis（2015）发现财报积极情绪的分散度与未来业绩正相关，而消极情绪的分散度与未来业绩负相关。Mayew 等（2015）发现 MD&A 的文字情绪能帮助预测上市公司的破产风险。

其次，有研究从信息长度和可理解性的角度分析了文字信息对公司未来业绩的预测作用。Li（2008）发现年报文字信息越长或可读性越差时，盈利公司的业绩越不可持续。Biddle 等（2009）将财报的可读性作为信息披露质量指标，认为可读性越高表示披露质量越高，并发现高质量的信息披露与公司的投资效率正相关。信息披露质量较低时，公司投资过度、投资不足的问题会更严重。

最后，有研究分析了某些特定信息对公司未来业绩的预测作用。McConnell 等（1986）通过内容分析的方法对 100 封董事长致股东的信进行了分析，发现未来业绩好的公司董事长更愿意在信中对利润进行预期，而业绩差的公司董事长既不会谈到利润也不会谈到亏损，了解到这种模式，能够很好地帮助投资者对公司投资价值进行分析。该结果表明，年报中包含的董事长致股东的信包含了公司未来业绩的信息，应该在投资时予以参考。Deumes（2008）、Campbell 等（2014）分别分析了招股说明书、年报披露的风险因素的预测作用，发现风险因素的披露情况真实反映了公司面临的风险状况。Campbell 等（2014）发现上年报风险因素披露。Hobson 等（2012）对电话会议的声音数据进行分析，发现可以通过分析管理者声音中认知失调的程度预测公司财务错报事件。

（2）国内相关研究。

随着财报文字信息的重要性越来越受到重视，近些年，我国学者也对文字信息、对未来业绩预测性进行了研究。这些研究主要集中在对 MD&A 文字信息有用性的分析上。现阶段，我国 MD&A 信息披露的质量普遍不高，在完整性、规范性和真实性上存在很多问题（胡静波等，2011）。因此，MD&A 是否蕴含了公司未来发展的信息，是大家关心的问题。

有学者发现 MD&A 信息有用性低下。例如，李常青等（2005）并未发现我国上市公司披露的 MD&A 信息存在对未来业绩的预测作用。另有一批学者发现 MD&A 中的信息对公司未来发展情况有预测作用。李锋森和李常青（2008）发现我国上市公司披露的 MD&A 信息对公司未来的销售收入、每股盈余和现金流情况有很强的预测作用。薛爽等（2010）发现 MD&A 中的信息对公司是否能够扭亏有很强的预测作用。作者随机抽取了 2004 年至 2005 年的 30 家亏损公司，对其 MD&A 部分披露的亏损原因和扭亏措施进行分类，发现 MD&A 中更多提及内、外部原因时，公司扭亏的可能性更低；MD&A 中更多提及战略改进时，扭亏的可能性更高。刘涵月（2012）采用 2008 年至 2010 年共 103 家上市公司的 MD&A 数据，发现 MD&A 信息披露质量与公司下一年会计业绩存在显著的正相关性。赵红梅（2012）对 2008 年至 2010 年共 114 份上市公司年报信息进行分析，发现 MD&A 中的信息对公司未来发展有较强的预测作用，这些信息包括管理层对业绩情况、投资进度、行业格局、发展战略等公司经营发展信息的讨论。

4.3.5　文字信息披露后果研究

本书将基于公司盈余质量、市场有效性、公司信息环境、公司诉讼风险和公司财务决策 5 个角度回顾国内外相关文献。

（1）公司盈余质量。

Li（2011）认为，“财务报告中的文字信息与公司盈余质量的关系”这一研究领域可以衍生出较多议题，其原因在于，一方面，管理者相对其他利益相关者具有信息优势，鉴于此，由文字信息推论得到的盈余质量可以作为数字信息盈余质量的“增量信息”，其信息质量甚至优于数字信息；另一方面，考虑到盈余质量是管理者动机的反映，管理者提供的文字信息有助于研究人员更好地解读管理者动机。基于“管理者混淆假设”（Management Obfuscation Hypothesis），Li（2008）指出，当公司业绩较好时，管理者更偏好提供清晰易读的年报；当公司业绩较差时，管理者则偏好提供较为复杂或可读性较差的年报，提高投资者的信息解析成本。他发现，公司年报的可读性越强，公司盈余持续性越好。Li 等（2013）认为，若公司面临的竞争较为激烈，其异常收益会更为迅速地回归于均值，导致此类公司盈余质量较低。他们发现，当公司年报中更多提及了“竞争”的时候，公司净经营资产收益率的均值回归现象更为严重。程新生等（2013）发现，公司自愿披露的前瞻性信息水平与公司盈余质量显著负相关。同时，市场化进程及公司所处的生命周期会影响上述负相关程度。

（2）市场有效性。

在投资者有限关注（Hirshleifer and Teoh，2003）且文字信息存在解析成本的情况下，相对于数字信息，文字信息的披露更容易引发资本市场的非效率性定价（Li，2010b）。

You 和 Zhang（2009）以公司年报的长度衡量年报文字信息复杂性。他们发现，公司年报越复杂（即越长），资本市场的反应不足越显著。Feldman 等（2010）发现，公司当期年报或季报的 MD&A 中的文字信息语气相对上期文字信息语气的变化与公告发布期间的短期市场反应显著相关。采用内容分析的方法，Hanley 和 Hoberg（2010）发现，公司招股说明书中的有用性内容越多，其首发价格越准确，首发抑价程度越低。Li（2010）指出，在一定程度上，MD&A 的文字信息语气可以缓解应计的错误定价。他发现，当管理者对未来应计业绩的表现暗含“警告”意味，即对正（负）应计的语气为负（正）时，应计与未来收益率不再相关。Lee（2012）认为，较为复杂的文字信息会延长价格发现过程，降低市场有效性。她发现，年报较长或文字信息复杂性较高的公司，其盈余相关信息在公告发布的短窗口内更不易反映于股价，其盈余公告后漂移现象更为强烈。Li 等（2013）发现，若有关“竞争”的相关词汇在公司年报中频繁出现，市场对公司净经营资产（即应计）变化的错误定价程度会更加严重。

（3）公司信息环境。

针对公司信息环境的研究主要关注文字信息披露与投资者交易、分析师追踪及其他公司信息环境特征的关系（Li，2010b）。

Kothari 等（2009）发现，当管理层披露信息的语气更为积极时，公司的资本成本、股票收益率波动性及分析师预测的离散程度均会显著下降；相反地，信息披露的消极语气则会提高公司风险。Miller（2010）研究了文字信息复杂性与投资者交易行为的关系，发现他公司财务报表越复杂，公司股票的总体交易量越低。其原因在于，复杂的财务报告会增加小投资者的解析成本，小投资者的交易动机和交易数量也随之下降。Brown 和 Tucker（2011）发现，MD&A 的变动幅度与分析师预测修正并不存在显著的相关关系。Lehavy 等（2011）发现，公司财务报表的可读性越差，跟踪分析师越多，分析师预测报告的有用性也越强。Kravet 和 Muslu（2013）发现，公司风险信息披露的增加与年报发布期间及发布后的股价波动率、交易量显著正相关；同时，风险披露增加后，分析师预测修正的离散程度也相应增加。Loughran 和 McDonald（2014）发现，公司年报可读性的增强可以提升小投资者的交易量。Muslu 等（2014）的研究结果表明，在 MD&A 中披露更多前瞻性信息虽能在一定程度上缓解公司股价信息效率较低的问题，但并不能完全解决该问题。Tan 等（2015）发现，在以不同标准评价公司业绩出现不一致的情况下（如公司当期盈余超过上期盈余，却没有达到管理层盈余预测中的数额；或公司当期盈余达到了管理层盈余预测中的数额，却没有超过上期盈余），若当期盈余超过上期盈余，则财务报告可读性越强，投资者给予公司估值越高；若当期盈余未超过上期盈余，则财务报告可读性越强，投资者给予公司估值越低。丘心颖等（2016）的研究结果表明，公司年报复杂性与跟踪分析师数量显著负相关，但年报复杂性与分析师预测的有用性之间并不存在显著的相关关系。

（4）公司诉讼风险。

公司财务报告文字信息可能改变其诉讼风险的原因在于，在诉讼过程中，原告方往往将公司定期财务报告或其他重大事项公告中的文字信息作为公司提供“误导性”信息的证据；同时，法院也会认可上述信息的有效性（Rogers等，2011）。Rogers等（2011）发现，当公司盈余公告的文字信息语气异常乐观且发生内部人卖出交易时，公司所面临的诉讼风险也相应提升；据此，他们认为，若公司可以使内部人卖出交易与盈余公告的异常乐观语气不发生冲突，公司遭受诉讼风险的可能性会随之下降。

（5）公司财务决策。

程新生等（2012）认为，非财务信息是公司外部融资与投资效率关系的中介变量；在市场化程度不同的情况下，非财务信息所发挥的影响也不相同。

4.3.6 文字信息披露研究小结

作为一种日趋普遍的资本市场交易，股权质押已成为上市公司融资决策的重要构成之一。梳理公司文字信息披露动机及信息披露后果的研究，不难发现，已有针对公司文字信息披露动机及后果的研究较少基于股权质押视角研究公司策略性信息披露的策略及后果。鉴于此，在全面分析股权质押动机的基础上，本书将基于股权质押动机，考察公司文字信息披露策略，解读策略之中的机会主义行为，并利用质押后的崩盘风险等变量，论证股权质押的文字信息披露策略后果。

4.4 理论分析与研究假设

质权人的竞争加剧会弱化其监督作用，导致公司操纵文字信息披露的动机增强。当质权人竞争增强时，如何获得更多客户，维持自身的市场竞争优势以避免“淘汰出局”，是质权人需要考虑的首要问题。一方面，质权人可能放松事前筛选标准，“广撒网，多敛鱼”，争抢新客户。正如 Marquez

(2002)、Dell'Ariccia 和 Marquez（2006）指出，银行会放松贷款标准以争夺市场份额。另一方面，为维持良好的客户关系，质权人也可能降低事后监督标准，避免出质人触发违约条款。如刘星等（2015）发现，银行业竞争的增强会促使银行主动减少债务契约中的限制性条款，弱化债权人监管效力。

同时，较积极的年报语气有利于维持甚至抬高二级市场股价，有效避免出质人违约，减少质权人面临违约纠纷的可能，使得质权人在激烈的竞争中“站稳脚跟”。鉴于此，本书认为质权人竞争的增强容易导致其放松对股权质押公司文字信息披露的监督标准。由此，本书提出假设4。

H4：相比非控股股东股权质押公司，《业务办法》实施后，控股股东股权质押公司的文字信息语气较为积极，且可操纵性文字信息语气较为积极。

如第3章所述，考虑到融资约束、外部监督和政府干预会影响质权人竞争产生的负面效应，本书基于以上3个角度，考察质权人竞争与控股股东股权质押公司文字信息语气的关系。本书分别参照假设2.1、假设3.1、假设2.2、假设3.2、假设2.3、假设3.3的相关论证，提出假设4.1、假设4.2和假设4.3。

H4.1：与融资约束较强的公司相比，《业务办法》实施后，控股股东股权质押公司文字信息操纵的程度在融资约束较弱公司的样本中更为显著。

H4.2：与外部监督较强的公司相比，《业务办法》实施后，控股股东股权质押公司文字信息操纵的程度在外部监督较弱公司的样本中更为显著。

H4.3：与政府干预程度较低地区的公司相比，《业务办法》实施后，控股股东股权质押公司文字信息操纵的程度在政府干预程度较高地区公司的样本中更为显著。

激烈的质权人竞争可能削弱质权人监督作用，引爆股权质押的“地雷”。以冠福家用（002102）为例①，《业务办法》出台之前，控股股东林福椿的股权质押业务由银行和信托承担。《业务办法》实施后，券商凭借其竞争优势成为林福椿的合作伙伴。2013年6月至2016年5月，券商承担了林福椿的全部股权质押业务。特别是《业务办法》生效之初，2013年6月3日和6月5日，林福椿即先后将约7.5%的股权质押给国盛证券和东方证券。这两笔质押

① 案例数据来源：作者根据冠福家用大股东股权质押公告整理。

业务刚刚“满月”，冠福家用股价跌破警戒线。随后，在股价不稳、风险极高的情况下，2013 年 7 月 2 日，国泰君安“知难而上”，成为林福椿的质权人，接受了其约 5%股权的质押融资业务。由此可见，《业务办法》的实施可能使得质权人为争抢股权质押客户而甘冒风险，弱化监督，为公司未来股价下跌埋下隐患。

崩盘风险的产生源于公司对坏消息的隐藏。随着被隐藏的坏消息不断累积并于瞬间大量释放，资本市场难以经受巨大冲击，进而导致股价崩盘（Jin and Myers，2006；Hutton 等，2009）。质权人竞争程度增强对质权人监督作用的不利影响，可能提高公司崩盘风险。其原因有 2 个方面。一是作为衡量公司信息披露质量的重要指标，盈余质量与公司股价崩盘风险密切相关。正如 Kim 和 Zhang（2016）指出，较强的会计稳健性可以抑制管理层隐藏坏消息的行为，降低股价崩盘风险。如前所述，质权人竞争增强时，控股股东股权质押公司的盈余质量相对下降，使得公司股价崩盘风险提高。二是在选择股权质押融资方式之后，为提高质押物（股权）价值，得到更多抵押贷款，控股股东有强烈动机影响公司信息披露决策，以维持甚至抬高二级市场股价。鉴于此，公司往往偏好多发好消息、隐藏坏消息，从而提高了公司未来股价的崩盘风险。正如谢德仁等（2016）指出，股权质押期间，公司股价崩盘风险较低；股权质押解除后，公司股价崩盘风险显著提升。他们认为，控股股东并非通过努力提高公司业绩来排除潜在风险，质押期间较低的崩盘风险仅为控股股东机会主义的权宜之计。不难推断，质权人竞争削弱了质权人对公司信息披露的监督，使其难以及时发现公司操纵盈余或机会主义披露好坏消息的“玄机”，导致公司未来股价崩盘风险增加。由此，本书提出假设 5。

H5：相比非控股股东股权质押公司，《业务办法》实施后，控股股东股权质押公司的崩盘风险较高。

如第 3 章所述，考虑到融资约束、外部监督和政府干预会影响质权人竞争产生的负面效应，本书基于以上 3 个角度，考察质权人竞争与控股股东股权质押公司崩盘风险的关系。本书分别参照假设 2. 1、假设 3. 1、假设 2. 2、假设 3. 2、假设 2. 3、假设 3. 3 的相关论证，提出假设 5. 1、假设 5. 2 和假设 5. 3。

H5. 1：与融资约束较强的公司相比，《业务办法》实施后，控股股东股权质押公司崩盘风险增加的程度在融资约束较弱公司的样本中更为显著。

H5.2：与外部监督较强的公司相比，《业务办法》实施后，控股股东股权质押公司崩盘风险增加的程度在外部监督较弱公司的样本中更为显著。

H5.3：与政府干预程度较低地区的公司相比，《业务办法》实施后，控股股东股权质押公司崩盘风险增加的程度在政府干预程度较高地区公司的样本中更为显著。

4.5 实证检验

4.5.1 样本选取

本书以2003—2015年A股非金融上市公司为研究对象，分析控股股东股权质押对公司文字信息披露、崩盘风险的影响。本研究使用的股权质押数据来自Wind数据库，并手工整理质押股东信息；文字信息数据来源于上海证券交易所、深圳证券交易所、巨潮网网站下载的上市公司年报，并运用Perl文本分析技术对年报文字信息进行提取；借款利率数据来自中国人民银行网站；地区市场化水平数据来自《中国市场化指数（2011版）》（樊纲等，2011）；公司基本特征数据均来自国泰安数据库。参考Li（2008）、Loughran和Mcdonald（2011）、谢德仁等（2016），样本筛选过程如下：①删除金融类上市公司；②删除总资产、所有者权益为负或零的样本；③删除年报字数小于1%分位数的样本、MD&A字数小于1%分位数的样本；④删除ST样本；⑤删除主要研究变量缺失样本。本书最终样本共18663个公司—年度观测数，其中控股股东进行股权质押的观测数、控股股东未进行股权质押的观测数分别为4335个、14328个，样本筛选过程见表4-1。

表4-1 样本选择

项目	总公司—年度观测数（个）	控股股东进行股权质押的观测数（个）	控股股东未进行股权质押的观测数（个）
2003—2015年A股上市公司	24886	5440	19446
减：金融业上市公司	524	71	453

续表

项目	总公司—年度观测数（个）	控股股东进行股权质押的观测数（个）	控股股东未进行股权质押的观测数（个）
减：总资产、所有者权益为负值或 0 的样本	1865	159	1706
减：年报字数小于 1%分位数的样本、MD&A 字数小于 1%分位数的样本	905	83	822
减：ST 样本	1529	307	1222
减：数据缺失样本	1400	485	915
最终样本	18663	4335	14328

样本年度分布情况见表 4-2。表 4-2 显示，控股股东股权质押的观测占比平均为 20%，从 2003 年的 3%上升至 2015 年的 42%。

表 4-2　样本年度分布

会计年度	总观测数（个）	控股股东进行股权质押的观测数（个）	控股股东未进行股权质押的观测数（个）
2003	853	25	828
2004	952	87	865
2005	1038	168	870
2006	996	163	833
2007	1032	158	874
2008	1169	211	958
2009	1281	258	1023
2010	1363	255	1108
2011	1719	378	1341
2012	2015	469	1546
2013	2162	627	1535
2014	2049	691	1358
2015	2034	845	1189
合计	18663	4335	14328

4.5.2 变量定义和模型设计

4.5.2.1 控股股东股权质押特征

本书参考谢德仁等（2016）、徐寿福等（2016），采用控股股东是否实施股权质押（*Pledge*）衡量公司控股股东股权质押倾向。若该年度公司控股股东质押其股权，*Pledge* 取值为 1，若该年度控股股东未质押其股权，*Pledge* 取值则为 0。

4.5.2.2 质权人竞争虚拟变量

考虑到《业务办法》允许证券公司开展股权质押业务，会加剧股权质押市场质权人竞争，本书以《业务办法》实施前后分组，检验其对质权人监督作用的影响。考虑到证交所于 2013 年 5 月 24 日出台《业务办法》，本书以 2013 年为分界点，在《业务办法》实施阶段（2013 年之后，包括 2013 年）质权人竞争虚拟变量（*Post*）取 1，否则取 0。

4.5.2.3 股权质押经济后果

（1）公司文字信息披露策略。

本书借鉴 Huang 等（2014），采用公司年报“管理层讨论与分析”（*MD&A*）部分的文字信息语气（$MDATone_t$）和可操纵性文字信息语气（$ABMDATone_t$）衡量文字信息披露策略。考虑到 MD&A 部分作为年报核心，最具有信息含量，备受市场投资者和分析师关注（Kaplan and Pourciau，1990；Feldman 等，2010；Brown and Tucker，2011），本书选择 MD&A 部分分析文字信息语气。本书采用台湾大学制作的中文情感极性词典，将其积极属性词语集（如“积极”“进步”“高效”“坚实”等）、消极属性词语集（如“低迷”“黯淡”“不利”“困难”等）分别作为积极、消极情绪词语列表，并借鉴 Huang 等（2014）、Merkley（2014）计算 MD&A 文字信息语气（$MDATone_t$），即（积极词数量-消极词数量）/（积极词数量+消极词数量），由此，*MDATone* 值越大，表示公司年报中“管理层讨论与分析”部分文字语气越积极。

本书借鉴 Huang 等（2014），以模型残差项衡量可操纵性文字信息语气，模型如下：

$$MDATone_t = \beta_0 + \beta_1 ROA_t + \beta_2 RET_t + \beta_3 Size_t + \beta_4 MB_t + \beta_5 STD\_RET_t + \beta_6 STD\_ROA_t + \beta_7 AGE_t + \beta_8 LOSS_t + \beta_9 \Delta ROA_t + Year + Industry + \varepsilon \quad (4-1)$$

本书以上述模型回归所得残差项衡量公司年报“管理层讨论与分析”部分可操纵性文字信息语气（$ABMDATone_t$），该值越大，可操纵性文字信息语气越积极。其中：ROA_t为公司业绩，即净利润与上年总资产比值；RET_t为年度持有到期收益率；$Size_t$为公司规模，即总市值对数；MB_t为市值账面比；STD_RET_t为当年股票收益率的波动率；STD_ROA_t为当年季度净利润的波动率；AGE_t为公司年龄，即上市年份的对数；$LOSS_t$为公司亏损虚拟变量；ΔROA_t为业绩变动。①

（2）公司崩盘风险。

本书借鉴 Hutton 等（2009）、Kim 等（2011a，2011b）、Piotroski 等（2015），采用日收益率计算的负收益偏态系数（*NCSKEW*）和收益上下波动比率（*DUVOL*）衡量崩盘风险指标，*NCSKEW*（*DUVOL*）越大，股价崩盘风险越大。根据 Gul 等（2010），本书采用如下模型：

$$r_{i,\tau} = \alpha + \beta_1 MKTRET_{m,\tau} + \beta_2 MKTRET_{m,\tau-1} + \beta_3 INDRET_{j,\tau} + \beta_4 INDRET_{j,\tau-1} + \varepsilon_{j,\tau} \quad (4-2)$$

计算公司股票特有收益率 $R_{i,\tau} = log(1+\varepsilon_{j,\tau})$，即模型残差项自然对数，其中 $r_{i,\tau}$为公司 i 第 τ 天收益率；$MKTRET_{m,\tau}$为市场 m（上证 A 股，深证 A 股，创业板）第 τ 天收益率；$INDRET_{j,\tau}$为行业 j（证监会二级行业）第 τ 天收益率，且公司至少需有 120 天交易数据。

负收益偏态系数（*NCSKEW*）、收益上下波动比率（*DUVOL*）计算模型如下：

$$NCSKEW_{j,t} = \frac{-(n(n-1)^{\frac{3}{2}} \sum R_{j,\tau}^3)}{((n-1)(n-2)(\sum R_{j,\tau}^2)^{\frac{2}{3}})} \quad (4-3)$$

① 考虑到公司分部门数据难以获取，且部分公司缺失分析师预测误差数据，本书删除 Huang 等（2014）模型中对应变量。

$$DUVOL_{j,t} = \log\left\{\frac{(n_u - 1)\sum_{DOWN} R_{j,\tau}^2}{(n_d - 1)\sum_{UP} R_{j,\tau}^2}\right\} \tag{4-4}$$

其中，n 为公司 i 当年交易天数；n_u 为公司 i 当年股票特有收益率 $R_{i,\tau}$ 高于年平均值的交易天数；n_d 为公司 i 当年股票特有收益率 $R_{i,\tau}$ 低于年平均值的交易天数。

4.5.2.4 质权人监督作用影响因素

(1) 公司融资约束。

考虑到公司融资约束较弱，其股权质押动机相对较弱，进而降低质权人的议价能力，减弱其监督作用，本书采用公司业绩、融资约束指数、公司现金持有和信贷成本衡量融资约束。

1) 公司业绩。

公司亏损虚拟变量（*LOSS*），若公司净利润为负值则取 1，否则取 0。公司亏损虚拟变量取 0 时，融资约束较弱。

2) 融资约束指数。

本书借鉴 Hadlock 和 Pierce（2010）、Armstrong 和 Vashishtha（2012）、鞠晓生（2013），采用 SA 指数衡量融资约束（*FC*），即（$-0.737 \times Size$）+（$0.043 \times Size^2$）-（$0.040 \times Age$），其中 *Size* 为公司账面价值（百万元）的对数，Age 为公司上市年限。SA 指数越大，公司融资约束越强。每年按 SA 指数将样本分为两组，若 SA 指数大于中值则 *D_FC* 变量取 1，否则取 0。当融资约束指数虚拟变量（*D_FC*）取 0 时，融资约束较弱。

3) 公司现金持有。

本书借鉴阳佳余（2012），采用现金持有占总资产比率（*Cash*）衡量公司融资约束，该值越大，说明公司内源资金越充裕，公司融资约束越弱。每年按现金持有占总资产比率将样本分为两组，若大于中值则 *D_Cash* 变量取 1，否则取 0。当现金持有虚拟变量（*D_Cash*）取 1 时，融资约束较弱。

4) 信贷成本。

本书借鉴徐寿福等（2016），采用中国人民银行公布的贷款期限为 6 个月至 1 年（含）的贷款利率（*Interest*）衡量信贷市场融资成本，贷款利率越大，则信贷融资成本越高，公司融资约束越强。本书按贷款利率将样本分为两组，若贷款利率大于中值，则 *D_Interest* 变量取1，否则取0。当信贷成本虚拟变量（*D_Interest*）取0时，融资约束较弱。

（2）公司外部监督。

考虑到公司外部监督较弱会进一步弱化质权人监督作用，本书采用公司审计师事务排名衡量外部监督。本书借鉴 Cohen 等（2008）、Cohen 和 Zarowin（2010）采用审计师事务所排名衡量公司外部监督，根据 Hou 等（2015）、Gong 等（2016）采用审计师事务所是否为“十大”虚拟变量（*BigAuditor*），若公司审计事务所处于 AICPA 审计师事务所综合排名[①]前十，则取1，否则取0。“十大”审计师事务所虚拟变量（*BigAuditor*）取0时，公司外部监督较弱。

（3）政府干预。

考虑到政府干预较强会阻碍债权人发挥监督作用，同时处于政府干预较强地区的公司信息不对称程度较强，进一步弱化质权人监督作用，本书采用产业政策支持和地区市场化水平衡量政府干预。

1）产业政策支持。

本书借鉴 Aghion 等（2015）、陈冬华等（2010）、陆正飞和韩非池（2013）、王克敏等（2017），采用产业政策支持变量衡量政府干预。本书依据五年计划中相关行业发展规划，确定公司是否属于产业政策鼓励的行业。若公司所在行业属于产业政策鼓励的行业，则产业政策支持虚拟变量（*IP*），取值为1，否则为0。产业政策支持虚拟变量（*IP*）取值为1时，政府干预较强。

2）地区市场化水平。

本书借鉴 Li 等（2011）、Wang 和 Qian（2011）、唐雪松等（2010）、王凤荣和高飞（2012），采用地区市场化水平衡量政府干预。本书以《中国市场化指数（2011版）》（樊纲等，2011）[②] 产品市场发育指数衡量地区市场化水平（*MarketIndex*），该值越小，政府干预越强。本书按地区市场化水平将样本分为两组，若地区市场化水平高于中值，则 *D_MarketIndex* 变量取1，否则取

---

① http：//www.cicpa.org.cn/Registration/pingjia/201307/t20130717_41752.html.

② 该指数目前更新至2009年。考虑到地区市场化水平具有时间延续性，本书中2010年至2015年地区市场化水平数据由2009年产品市场发育指数得分替代。

0。地区市场化水平虚拟变量（*D_MarketIndex*）取0时，政府干预较强。

4.5.2.5 控制变量

根据谢德仁等（2016）、徐寿福等（2016），本书设计了以下控制变量：第一大股东持股比例（*OWN*）、国企虚拟变量（*SOE*）、公司规模（*Size*）、市值账面比（*MB*）、杠杆（*LEV*）、业绩（*ROA*）、股票换手率（*DTURN*）、股票特有收益率均值（*RET*）、股票特有收益率标准差（*SIGMA*）、公司信息披露质量（*ABSDA*）、省份虚拟变量（*Province*）、基于证监会行业分类定义的行业虚拟变量（*Industry*），其中，信息披露质量为可操纵应计绝对值，采用修正Jones（1991）模型残差项绝对值衡量。本书对崩盘风险变量之外的所有连续变量进行1%缩尾处理。变量设计见表4-3。

表4-3 变量定义

Panel A：控股股东股权质押特征	
Pledge	控股股东股权质押虚拟变量，若该年度公司控股股东质押其股权，则取值为1，若公司控股股东未质押其股权，则为0
Panel B：质权人竞争虚拟变量	
Post	质权人竞争虚拟变量，在《业务办法》实施阶段（2013年之后，包括2013年）变量取1，否则取0
Panel C：质权人质押经济后果	
MDATone	公司年报“管理层讨论与分析”（MD&A）部分的文字信息语气，其中，采用台湾大学制作的中文情感极性词典，将其积极属性词语集（如“积极”“进步”“高效”“坚实”等）、消极属性词语集（如“低迷”“黯淡”“不利”“困难”等）分别作为积极、消极情绪词语列表，并借鉴Huang等（2014）、Merkley（2014）计算MD&A文字信息语气，即：（积极词数量-消极词数量）/（积极词数量+消极词数量），由此，*MDATone*值越大，表示公司年报中“管理层讨论与分析”部分文字语气越积极
ABMDATone	公司年报“管理层讨论与分析”（MD&A）部分的可操纵性文字信息语气，其中，以Huang等（2014）模型残差项衡量可操纵性文字信息语气
NCSKEW	公司崩盘风险，即日收益率计算的负收益偏态系数
DUVOL	公司崩盘风险，即日收益率计算的收益上下波动比率

续表

Panel D：质权人监督影响因素	
LOSS	公司亏损虚拟变量，若公司净利润为负值则取 1，否则取 0。公司亏损虚拟变量取 0 时，融资约束较弱
FC	采用 SA 指数衡量，即（$-0.737\times Size$）+（$0.043\times Size^2$）-（$0.040\times Age$），其中 *Size* 为公司账面价值（百万元）的对数，*Age* 为公司上市年限。*FC* 越大，公司融资约束越强
D_FC	融资约束指数虚拟变量，每年按 SA 指数将样本分为两组，若 SA 指数大于中值则 *D_FC* 变量取 1，否则取 0。当 *D_FC* 取 0 时，融资约束较弱
Cash	公司现金持有，即现金持有占总资产比率，该值越大，说明公司内源资金越充裕，公司融资约束越弱
D_Cash	现金持有虚拟变量，每年按现金持有占总资产比率将样本分为两组，若大于中值则 *D_Cash* 变量取 1，否则取 0。当 *D_Cash* 取 1 时，融资约束较弱
Interest	信贷成本，即中国人民银行公布的贷款期限为 6 个月至 1 年（含）的贷款利率。贷款利率越大，则信贷融资成本越高，公司融资约束越强
D_Interest	信贷成本虚拟变量，按贷款利率将样本分为两组，若贷款利率大于中值，则 *D_Interest* 变量取 1，否则取 0。当 *D_Interest* 取 0 时，融资约束较弱
BigAuditor	审计师事务所是否为“十大”虚拟变量，若公司审计事务所处于 AICPA 审计师事务所综合排名前十，则取 1，否则取 0。*BigAuditor* 取 0 时，公司外部监督较弱
IP	产业政策支持虚拟变量，本书依据五年计划中相关行业发展规划，确定公司是否属于产业政策鼓励的行业。若公司所在行业属于产业政策鼓励的行业，则 *IP* 取值为 1，否则为 0。*IP* 取值为 1 时，政府干预较强
MarketIndex	地区市场化水平，即《中国市场化指数（2011 版）》（樊纲等，2011）产品市场发育指数。该值越小，政府干预越强
D_MarketIndex	地区市场化水平虚拟变量，本书按地区市场化水平将样本分为两组，若地区市场化水平高于中值，则 *D_MarketIndex* 变量取 1，否则取 0。*D_MarketIndex* 取 0 时，政府干预较强
Panel E：控制变量	
OWN	公司第一大股东持股比例
SOE	国企虚拟变量
Size	公司规模，即公司总市值的对数值
MB	公司市值账面比
LEV	公司杠杆，即总负债与总资产的比值

续表

Panel E：控制变量	
ROA	公司净利润
ABSDA	公司信息披露质量，为可操纵应计绝对值，采用修正 Jones（1991）模型残差项绝对值衡量
DTURN	$t-1$ 年到 t 年公司股票换手率的变动
RET	公司股票特有收益率均值
SIGMA	公司股票特有收益率标准差
Province	省份虚拟变量
Industry	基于证监会行业分类定义的行业虚拟变量

4.5.2.6 模型设计

为了考察质权人竞争对控股股东股权质押公司文字信息披露策略、崩盘风险的影响，对假设 4、假设 5 进行验证，本书基于公司年度观测，建立如下 DID 模型：

$$MDATone_t(ABMDATone_t)=\alpha_0+\alpha_1 Pledge_t+\alpha_2 Post_t+\alpha_3 Pledge_t\times Post_t+\alpha_4 ControlVariable_t+Province+Industry+\varepsilon \tag{4-5}$$

$$NCSKEW_{t+1}(DUVOL_{t+1})=\alpha_0+\alpha_1 Pledge_t+\alpha_2 Post_t+\alpha_3 Pledge_t\times Post_t+\alpha_4 ControlVariable_t+Province+Industry+\varepsilon \tag{4-6}$$

其中，$ControlVariable_t$表示控制变量。若假设 4、假设 5 成立，则相比非控股股东股权质押公司，《业务办法》实施后控股股东股权质押公司文字信息语气操纵程度、崩盘风险增加，即 α_3显著大于 0。

为检验基于质权人监督作用影响因素的质权人竞争、股权质押与公司文字信息语气、崩盘风险关系，验证假设 4.1～假设 4.3、假设 5.1～假设 5.3，本书基于质权人监督作用影响因素变量分组，采用上述模型进行分组检验。其中，质权人监督作用影响因素变量包括公司融资约束、外部监督和政府干预。

4.5.3 实证结果

4.5.3.1 描述性统计

为了对我国上市公司控股股东股权质押及其他研究变量有所了解，本书对各变量的分布进行了分析。并且，考虑到本书用以刻画股权质押经济后果的指标有多个，本书还将对它们间的相关关系进行分析，以考察研究所用指标的效力。

为了得到上市公司控股股东股权质押、质权人竞争、股权质押经济后果和质权人监督作用影响因素变量的总体特征，本书考察了各变量分布情况，结果见表 4-4。

表 4-4 中 Panel A 列示控股股东股权质押特征分布。控股股东股权质押虚拟变量（$Pledge_t$）均值为 0.232，说明约 23.2%的样本发生了控股股东股权质押。

Panel B 列示质权人竞争特征分布。质权人竞争虚拟变量（$Post_t$）均值为 0.335，显示约 33.5%的样本处于《业务办法》实施阶段（2013—2015 年）。

Panel C 列示股权质押经济后果特征。公司年报“管理层讨论与分析”（*MD&A*）部分的文字信息语气（$MDATone_t$）均值、中位数分别为 0.620、0.629；公司年报“管理层讨论与分析”（*MD&A*）部分的可操纵性文字信息语气（$ABMDATone_t$）均值、中位数分别为 0.002、0.009。崩盘风险指标（$NCSKEW_{t+1}$），即股票日收益率计算的负收益偏态系数，均值、中位数分别为-0.749、-0.737；$DUVOL_{t+1}$即股票日收益率计算的收益上下波动比率，均值、中位数分别为-0.542、-0.558。

Panel D 列示质权人监督作用影响因素。公司亏损虚拟变量（$LOSS_t$）均值为 0.094，说明约 9.4%的样本净利润为负值。公司融资约束指数（FC_t）均值、中位数分别为-3.387、-3.355。公司现金持有（$Cash_t$）均值、中位数分别为 0.226、0.168，说明样本期间公司持有现金占总资产比重约为 22.6%。信贷成本（$Interest_t$）均值、中位数分别为 5.735、5.600，说明样本期间贷款期限为 6 个月至 1 年（含）的贷款利率平均为 5.735%。信贷成本虚拟变量（$D\_Interest_t$）均值为 0.607，说明约 60.7%的样本处于高信贷成本时期。“十大”审计师虚拟变量（$BigAuditor_t$）均值为 0.423，说明约 42.3%的样本聘请前十大审计师事务所。产业政策支持虚拟变量（IP_t）均值为 0.624，说明 62.4%的样本获得产业政策支持，上述结果与陆正飞和韩非池（2013）一致。地区市场化水平（$MarketIndex_t$）均值、中位数分别为 8.428、8.720；地区市场化水平虚拟变量（$D\_MarketIndex_t$）均值为 0.521，说明 52.1%的样本处于高市场化水平地区。

Panel E 列示公司控制变量。

表 4-4 样本总体分布

变量	观测值	均值	中位数	标准差	分位数			
					1%	25%	75%	99%
Panel A：控股股东股权质押特征								
$Pledge_t$	18663	0.232	0.000	0.422	0.000	0.000	0.000	1.000
Panel B：质权人竞争特征								
$Post_t$	18663	0.335	0.000	0.472	0.000	0.000	1.000	1.000
Panel C：股权质押经济后果特征								
$MDATone_t$	18663	0.620	0.629	0.096	0.336	0.562	0.687	0.811
$ABMDATone_t$	18663	0.002	0.009	0.085	-0.240	-0.049	0.062	0.180
$NCSKEW_{t+1}$	18663	-0.749	-0.737	0.620	-2.602	-1.106	-0.380	0.982
$DUVOL_{t+1}$	18663	-0.542	-0.558	0.325	-1.279	-0.768	-0.333	0.326
Panel D：质权人监督作用影响因素								
$LOSS_t$	18663	0.094	0.000	0.292	0.000	0.000	0.000	1.000
FC_t	18663	-3.387	-3.355	0.264	-3.977	-3.589	-3.182	-2.864
D_FC_t	18663	0.500	1.000	0.500	0.000	0.000	1.000	1.000
$Cash_t$	18663	0.226	0.168	0.404	0.012	0.098	0.283	0.836
D_Cash_t	18663	0.500	1.000	0.500	0.000	0.000	1.000	1.000
$Interest_t$	18663	5.735	5.600	0.706	4.350	5.310	6.000	7.470
$D\_Interest_t$	18663	0.607	1.000	0.488	0.000	0.000	1.000	1.000
$BigAuditor_t$	18663	0.423	0.000	0.494	0.000	0.000	1.000	1.000
IP_t	18663	0.624	1.000	0.484	0.000	0.000	1.000	1.000
$MarketIndex_t$	18663	8.428	8.720	1.249	4.880	7.670	9.010	10.550
$D\_MarketIndex_t$	18663	0.521	1.000	0.500	0.000	0.000	1.000	1.000
Panel E：公司控制变量								
OWN_t	18663	37.090	35.220	15.670	9.000	24.570	48.810	74.980
SOE_t	18663	0.540	1.000	0.498	0.000	0.000	1.000	1.000
$Size_t$	18663	15.220	15.140	1.051	13.160	14.460	15.870	18.180
MB_t	18663	3.396	2.561	2.657	0.691	1.677	4.165	15.740

续表

变量	观测值	均值	中位数	标准差	分位数			
					1%	25%	75%	99%
LEV_t	18663	0.460	0.471	0.201	0.052	0.307	0.617	0.870
ROA_t	18663	0.046	0.039	0.062	-0.154	0.014	0.074	0.264
$ABSDA_t$	18663	0.080	0.057	0.077	0.001	0.026	0.108	0.399
$DTUTN_t$	18663	-0.026	0.010	0.421	-1.622	-0.185	0.195	0.927
RET_t	18663	-0.001	-0.001	0.001	-0.005	-0.001	-0.001	0.000
$SIGMA_t$	18663	0.045	0.043	0.017	0.017	0.034	0.054	0.099

为了检验控股股东股权质押特征变量与经济后果变量之间、各经济后果变量间的相关性，本书对质权人竞争变量、控股股东股权质押变量和经济后果变量的相关关系进行了分析。表 4-5 为各变量间的相关系数矩阵，其中 Panel A 为 Pearson 相关系数，Panel B 为 Spearman 相关系数。

表 4-5 中 Panel A 显示，首先，从控股股东股权质押特征变量与质权人竞争虚拟变量间相关系数来看，控股股东股权质押虚拟变量（$Pledge_t$）与质权人竞争虚拟变量（$Post_t$）相关系数为 0.192，说明《业务办法》实施后，控股股东股权质押的可能性更高，与假设 1 一致。其次，从控股股东股权质押特征变量与经济后果变量间相关系数来看，控股股东股权质押虚拟变量（$Pledge_t$）与可操纵性文字信息语气（$ABMDATone_t$）的相关系数为 0.049，在 1%水平上显著为正，说明相比非控股股东股权质押公司，控股股东股权质押公司的可操纵性文字信息语气更为积极。$Pledge_t$ 与崩盘风险变量（$DUVOL_{t+1}$）的相关系数为-0.032，在 1%水平上显著，说明相比非控股股东股权质押公司，控股股东股权质押公司崩盘风险较小。上述结果与谢德仁等（2016）一致。

表 4-5 中 Panel B 结果与 Panel A 一致，说明《业务办法》实施后控股股东质押股权融资的可能性提高，同时，相比非控股股东股权质押公司，控股股东股权质押公司的可操纵性文字信息语气较为积极、崩盘风险较小。

表 4-5 质权人竞争变量、控股股东股权质押变量及经济后果变量的相关系数矩阵

Panel A：质权人竞争变量、控股股东股权质押变量及经济后果变量的 Pearson 相关系数矩阵						
变量	$Pledge_t$	$Post_t$	$MDATone_t$	$ABMDATone_t$	$NCSKEW_{t+1}$	$DUVOL_{t+1}$
$Pledge_t$	1.000					
$Post_t$	0.192***	1.000				
$MDATone_t$	0.012	-0.157***	1.000			
$ABMDATone_t$	0.049***	0.016**	0.886***	1.000		
$NCSKEW_{t+1}$	-0.003	-0.096***	0.058***	0.008	1.000	
$DUVOL_{t+1}$	-0.032***	-0.166***	0.067***	0.001	0.865***	1.000
Panel B：质权人竞争变量、控股股东股权质押变量及经济后果变量的 Spearman 相关系数矩阵						
变量	$Pledge_t$	$Post_t$	$MDATone_t$	$ABMDATone_t$	$NCSKEW_{t+1}$	$DUVOL_{t+1}$
$Pledge_t$	1.000					
$Post_t$	0.192***	1.000				
$MDATone_t$	0.010	-0.149***	1.000			
$ABMDATone_t$	0.049***	0.027***	0.867***	1.000		
$NCSKEW_{t+1}$	-0.004	-0.116***	0.060***	0.006	1.000	
$DUVOL_{t+1}$	-0.029***	-0.169***	0.068***	-0.001	0.873***	1.000

注：*、**、*** 分别表示 10%、5%、1%显著性水平，下同。

4.5.3.2 《业务办法》实施前后股权质押与公司决策的描述性统计

为了检验质权人竞争对控股股东股权质押公司决策的影响，本书分别检验《业务办法》对控股股东股权质押样本文字信息语气、崩盘风险的影响，比较《业务办法》实施前后实验组（控股股东股权质押样本）和配对组（非控股股东股权质押样本）公司文字信息语气（$MDATone_t$、$ABMDATone_t$）、崩盘风险（$NCSKEW_{t+1}$、$DUVOL_{t+1}$）变化的差异，描述性统计见表 4-6、表4-7。

表 4-6 《业务办法》实施前后股权质押与公司年报文字信息语气的描述性统计

变量	控股股东进行股权质押样本 ($Pledge_t=1$)			控股股东未进行股权质押样本 ($Pledge_t=0$)			双重差分
	***Post* 均值**	***Pre* 均值**	(1) ***Post-Pre***	***Post* 均值**	***Pre* 均值**	(2) ***Post-Pre***	(1) - (2) ***Diff-in-Diff***
$MDATone_t$	0.610	0.634	-0.024	0.592	0.630	-0.038	0.014
(t 检验)			-8.45***			-21.12***	3.99***
$ABMDATone_t$	0.012	0.007	0.005	0.000	0.000	0.000	0.005
(t 检验)			2.10**			0.24	1.89*
观测值	2163	2172		4082	10246		

注：*Post* 为《业务办法（试行）》实施期间（2013—2015年），*Pre* 为其实施前（2003—2012年）。

表 4-7 《业务办法》实施前后股权质押与公司崩盘风险的描述性统计

变量	控股股东进行股权质押样本 ($Pledge_t=1$)			控股股东未进行股权质押样本 ($Pledge_t=0$)			双重差分
	***Post* 均值**	***Pre* 均值**	(1) ***Post-Pre***	***Post* 均值**	***Pre* 均值**	(2) ***Post-Pre***	(1) - (2) ***Diff-in-Diff***
$NCSKEW_{t+1}$	-0.786	-0.718	-0.068	-0.859	-0.704	-0.155	0.087
(t 检验)			-3.75***			-13.36***	3.98***
$DUVOL_{t+1}$	-0.598	-0.524	-0.074	-0.629	-0.499	-0.130	0.056
(t 检验)			-7.65***			-21.76***	4.92***
观测值	2163	2172		4082	10246		

注：*Post* 为《业务办法（试行）》实施期间（2013—2015年），*Pre* 为其实施前（2003—2012年）。

表4-6为《业务办法》实施前后控股股东股权质押与公司文字信息语气的描述性统计。《业务办法》实施前（Pre 阶段），控股股东股权质押样本（$Pledge_t=1$）文字信息语气（$MDATone_t$、$ABMDATone_t$）均值分别为0.634、0.007，在《业务办法》实施后（Post 阶段），$MDATone_t$、$ABMDATone_t$均值分别为0.610、0.012，则《业务办法》实施前后（*Post-Pre*）$MDATone_t$、$ABMDATone_t$差异分别为-0.024、0.005，均在5%水平上显著；《业务办法》实施前后，非控股股东股权质押样本（$Pledge_t=0$）文字信息语气（$MDATone_t$、

$ABMDATone_t$）差异分别为-0.038、0.000，由此《业务办法》实施前后，控股股东股权质押样本（$Pledge_t=1$）和非控股股东股权质押样本（$Pledge_t=0$）文字信息语气变化（$\Delta MDATone_t$、$\Delta ABMDATone_t$）差异分别为0.014、0.005，均在10%水平上显著，说明相比非控股股东股权质押公司，《业务办法》实施后，控股股东股权质押公司文字信息语气更为积极。

表4-7为《业务办法》实施前后控股股东股权质押与公司崩盘风险的描述性统计。《业务办法》实施前（*Pre* 阶段），控股股东股权质押样本（$Pledge_t=1$）崩盘风险（$NCSKEW_{t+1}$、$DUVOL_{t+1}$）均值分别为-0.718、-0.524，在《业务办法》实施后（*Post* 阶段），$NCSKEW_{t+1}$、$DUVOL_{t+1}$均值分别为-0.786、-0.598，则《业务办法》实施前后（*Post-Pre*）$NCSKEW_{t+1}$、$DUVOL_{t+1}$差异分别为-0.068、-0.074，均在1%水平上显著；《业务办法》实施前后，非控股股东股权质押样本（$Pledge_t=0$）崩盘风险（$NCSKEW_{t+1}$、$DUVOL_{t+1}$）差异分别为-0.155、-0.130，均在1%水平上显著，因此《业务办法》实施前后，控股股东股权质押样本（$Pledge_t=1$）和非控股股东股权质押样本（$Pledge_t=0$）崩盘风险变化（$\Delta NCSKEW_{t+1}$、$\Delta DUVOL_{t+1}$）差异分别为0.087、0.056，均在1%水平上显著，说明相比非控股股东股权质押公司，《业务办法》实施后，控股股东股权质押公司崩盘风险增加。

4.5.3.3 《业务办法》实施前后股权质押与公司决策的回归分析

为了控制其他公司特征对公司决策的影响，本书利用双重差分（DID）模型分析《业务办法》对控股股东股权质押样本文字信息语气（$MDATone_t$、$ABMDATone_t$）、崩盘风险（$NCSKEW_{t+1}$、$DUVOL_{t+1}$）的影响，回归结果见表4-8、表4-9。

表4-8显示《业务办法》实施前后股权质押与公司文字信息语气的回归结果。列（1）、列（2）中，控股股东股权质押虚拟变量与《业务办法》实施虚拟变量的交乘项（$Pledge_t \times Post_t$）回归系数分别为0.009、0.007，均在5%水平上显著，该结果表明，相比非控股股东股权质押公司，《业务办法》实施后，控股股东股权质押公司文字信息语气更为积极。表4-8结果与表4-6一致，共同验证了假设4。

表 4-8 《业务办法》实施前后股权质押与公司文字信息语气的回归分析

变量	(1)	(2)
	$MDATone_t$	$ABMDATone_t$
截距项	0.583***	0.053***
	(46.71)	(4.42)
$Pledge_t$	0.007***	0.009***
	(3.17)	(4.57)
$Post_t$	-0.037***	0.003*
	(-20.71)	(1.71)
$Pledge_t \times Post_t$	0.009***	0.007**
	(2.86)	(2.17)
OWN_t	-0.000***	-0.000***
	(-4.79)	(-7.43)
SOE_t	0.001	0.004***
	(0.85)	(2.93)
$Size_t$	0.001*	-0.003***
	(1.68)	(-4.06)
MB_t	0.001***	-0.000
	(2.64)	(-1.02)
LEV_t	0.022***	0.030***
	(5.62)	(7.72)
ROA_t	0.477***	0.050***
	(35.16)	(3.92)
Province	控制	控制
Industry	控制	控制
N	18663	18663
adj. R^2	0.172	0.028

表 4-9 显示《业务办法》实施前后股权质押与公司崩盘风险的回归结果。列（1）、列（2）中，控股股东股权质押虚拟变量与《业务办法》实施虚拟变量的交乘项（$Pledge_t \times Post_t$）回归系数分别为 0.050、0.034，均在 5%水平上显著，该结果表明，相比非控股股东股权质押公司，《业务办法》实施后，控股股东股权质押公司崩盘风险增加。表 4-9 结果与表 4-7 一致，共同

验证了假设 5。

表 4-9 《业务办法》实施前后股权质押与公司崩盘风险的回归分析

变量	(1)	(2)
	$NCSKEW_{t+1}$	$DUVOL_{t+1}$
截距项	-0.776***	-0.589***
	(-8.19)	(-11.95)
$Pledge_t$	-0.044***	-0.036***
	(-3.15)	(-4.82)
$Post_t$	-0.160***	-0.134***
	(-13.56)	(-21.46)
$Pledge_t \times Post_t$	0.050**	0.034***
	(2.39)	(3.10)
$NCSKEW_t$	0.055***	0.039***
	(8.31)	(11.43)
$DTURN_t$	-0.010	-0.017***
	(-0.92)	(-3.00)
RET_t	152.230***	22.521*
	(6.29)	(1.84)
$SIGMA_t$	8.814***	0.740
	(6.67)	(1.12)
OWN_t	0.000	0.000
	(0.97)	(0.53)
SOE_t	-0.043***	-0.021***
	(-3.85)	(-3.54)
$Size_t$	-0.009*	0.006**
	(-1.65)	(2.12)
MB_t	0.025***	0.016***
	(12.36)	(14.66)
LEV_t	-0.041	-0.062***
	(-1.51)	(-4.39)
ROA_t	0.624***	0.218***
	(7.02)	(4.65)

续表

变量	(1)	(2)
	$NCSKEW_{t+1}$	$DUVOL_{t+1}$
$ABSDA_t$	0.120**	0.102***
	(1.98)	(3.22)
Province	控制	控制
Industry	控制	控制
N	18663	18663
adj. R^2	0.046	0.073

4.5.3.4　基于质权人监督作用影响因素的《业务办法》实施前后股权质押与公司决策的回归分析

（1）基于质权人监督作用影响因素的《业务办法》实施前后股权质押与公司文字信息语气的回归分析。

为了检验质权人监督作用影响因素对《业务办法》实施前后股权质押与公司文字信息语气关系的影响，以检验假设 4.1～假设 4.3，本书选取 3 类质权人监督作用影响因素：①公司融资约束特征，即公司亏损与否、公司融资约束指数、公司现金持有、信贷成本变量；②公司外部监督特征，即公司审计师事务所排名；③政府干预特征，即产业政策支持、地方市场化水平，分别按照上述变量将样本分成两组，比较质权人监督作用较强组、质权人监督作用较弱组的《业务办法》实施前后股权质押与公司文字信息语气的关系。

本书首先检验公司融资约束对《业务办法》实施前后股权质押与公司文字信息语气关系的影响，分别按照公司亏损与否（*LOSS*）、公司融资约束指数（*FC*）、公司现金持有（*Cash*）、信贷成本变量（*Interest*）将样本分成两组，比较质权人监督作用较强组、质权人监督作用较弱组的《业务办法》实施前后股权质押与公司文字信息语气的关系，回归结果见表 4-10。

表 4-10 中 Panel A 显示基于公司亏损与否的《业务办法》实施前后股权质押与公司文字信息语气的回归结果。列（1）和列（2）显示，当公司盈利（$LOSS_t=0$）时，控股股东股权质押虚拟变量与《业务办法》实施虚拟变量的交乘项（$Pledge_t \times Post_t$）回归系数分别为 0.028、0.026，且均在 5%水平上显

著；与之相比，列（3）和列（4）显示，公司亏损（$LOSS_t=1$）时，$Pledge_t \times Post_t$回归系数较小，分别为 0.006、0.004。上述结果显示，相比亏损公司，《业务办法》实施后股权质押公司文字信息语气操纵程度增加的结果在盈利公司中更显著。

Panel B 显示基于公司融资约束指数的《业务办法》实施前后股权质押与公司文字信息语气的回归结果。列（1）和列（2）显示，对于非融资约束公司($D\_FC_t=0$)，$Pledge_t \times Post_t$回归系数分别为 0.008、0.008，且均在 5%水平上显著；与之相比，列（3）和列（4）显示，对于融资约束公司($D\_FC_t=1$)，$Pledge_t \times Post_t$回归系数较小，分别为 0.001、-0.000。上述结果显示，相比融资约束公司，《业务办法》实施后股权质押公司文字信息语气操纵程度增加的结果在非融资约束公司中更显著。

Panel C 显示基于公司现金持有的《业务办法》实施前后股权质押与公司文字信息语气的回归结果。列（1）和列（2）显示，当公司持有较多现金($D\_Cash_t=1$)时，$Pledge_t \times Post_t$回归系数分别为 0.012、0.011，且均在 1%水平上显著；与之相比，列（3）和列（4）显示，公司持有较少现金($D\_Cash_t=0$)时，$Pledge_t \times Post_t$回归系数较小，分别为 0.005、0.002。上述结果显示，相比低现金持有公司，《业务办法》实施后股权质押公司文字信息语气操纵程度增加的结果在高现金持有公司中更显著。

Panel D 显示基于信贷成本的《业务办法》实施前后股权质押与公司文字信息语气的回归结果。列（1）和列（2）显示，当信贷成本较低（$D\_Interest_t=0$）时，$Pledge_t \times Post_t$回归系数分别为 0.027、0.015，且均在 1%水平上显著；与之相比，列（3）和列（4）显示，信贷成本较高（$D\_Interest_t = 1$）时，$Pledge_t \times Post_t$回归系数较小，分别为 0.004、0.001。上述结果显示，相比高信贷成本时期，《业务办法》实施后股权质押公司文字信息语气操纵程度增加的结果在低信贷成本时期更显著。

表 4-10 结果表明，公司融资约束会影响《业务办法》实施前后股权质押与公司文字信息语气的关系，验证了假设 4.1。

表 4-10　基于公司融资约束的《业务办法》实施前后股权质押与公司文字信息语气的回归分析

Panel A：基于公司亏损与否的《业务办法》实施前后股权质押与公司文字信息语气的回归分析				
变量	盈利公司（$LOSS_t=0$）		亏损公司（$LOSS_t=1$）	
	(1)	(2)	(3)	(4)
	$MDATone_t$	$ABMDATone_t$	$MDATone_t$	$ABMDATone_t$
截距项	0.615***	0.104**	0.579***	0.051***
	(12.67)	(2.09)	(45.25)	(4.14)
$Pledge_t$	-0.002	-0.001	0.007***	0.010***
	(-0.33)	(-0.16)	(3.32)	(5.07)
$Post_t$	-0.036***	-0.002	-0.039***	0.004**
	(-5.69)	(-0.31)	(-20.71)	(2.07)
$Pledge_t \times Post_t$	0.028**	0.026**	0.006*	0.004
	(2.46)	(2.29)	(1.90)	(1.43)
OWN_t	-0.000***	-0.001***	-0.000***	-0.000***
	(-2.89)	(-3.18)	(-4.01)	(-6.78)
SOE_t	0.003	0.006	0.000	0.004***
	(0.57)	(1.04)	(0.15)	(2.69)
$Size_t$	-0.001	-0.005	0.002**	-0.003***
	(-0.32)	(-1.58)	(2.41)	(-4.11)
MB_t	0.002**	0.000	0.002***	-0.001*
	(2.02)	(0.53)	(5.40)	(-1.73)
LEV_t	-0.001	0.005	0.023***	0.032***
	(-0.06)	(0.39)	(5.56)	(8.09)
ROA_t	0.463***	0.002	0.322***	0.064***
	(9.02)	(0.03)	(19.99)	(4.12)
Province	控制	控制	控制	控制
Industry	控制	控制	控制	控制
N	16900	16900	1763	1763
adj. R^2	0.117	0.039	0.128	0.029

续表

Panel B：基于公司融资约束指数的《业务办法》实施前后股权质押与公司文字信息语气的回归分析				
变量	非融资约束公司（$D\_FC_t=0$）		融资约束公司（$D\_FC_t=1$）	
	（1）	（2）	（3）	（4）
	$MDATone_t$	$ABMDATone_t$	$MDATone_t$	$ABMDATone_t$
截距项	0.588***	0.069***	0.537***	0.038**
	(33.19)	(4.10)	(26.88)	(2.01)
$Pledge_t$	0.005*	0.008***	0.009***	0.010***
	(1.75)	(2.80)	(3.14)	(3.46)
$Post_t$	-0.024***	0.012***	-0.049***	-0.006**
	(-9.13)	(4.76)	(-20.26)	(-2.47)
$Pledge_t \times Post_t$	0.008**	0.008**	0.001	-0.000
	(2.10)	(2.08)	(0.16)	(-0.10)
OWN_t	-0.000***	-0.000***	-0.000***	-0.000***
	(-3.33)	(-5.03)	(-5.14)	(-5.98)
SOE_t	0.004	0.004*	0.007***	0.005**
	(1.60)	(1.80)	(2.71)	(2.25)
$Size_t$	0.000	-0.005***	0.004***	-0.002
	(0.12)	(-4.78)	(3.36)	(-1.57)
MB_t	0.001*	0.000	0.001	-0.001
	(1.69)	(1.01)	(1.47)	(-1.41)
LEV_t	0.011**	0.018***	0.055***	0.050***
	(2.03)	(3.52)	(8.86)	(8.44)
ROA_t	0.490***	0.039**	0.463***	0.064***
	(26.54)	(2.24)	(23.63)	(3.37)
Province	控制	控制	控制	控制
Industry	控制	控制	控制	控制
N	9328	9328	9335	9335
adj. R^2	0.162	0.039	0.210	0.045

续表

Panel C：基于公司现金持有的《业务办法》实施前后股权质押与公司文字信息语气的回归分析				
变量	高现金持有公司（$D\_Cash_t=1$）		低现金持有公司（$D\_Cash_t=0$）	
	(1)	(2)	(3)	(4)
	$MDATone_t$	$ABMDATone_t$	$MDATone_t$	$ABMDATone_t$
截距项	0.535***	0.001	0.617***	0.092***
	(31.15)	(0.03)	(34.34)	(5.35)
$Pledge_t$	-0.000	0.004	0.013***	0.014***
	(-0.08)	(1.49)	(4.29)	(4.87)
$Post_t$	-0.038***	0.003	-0.037***	0.003
	(-15.48)	(1.18)	(-14.16)	(1.30)
$Pledge_t \times Post_t$	0.012***	0.011***	0.005	0.002
	(2.77)	(2.59)	(1.19)	(0.38)
OWN_t	-0.000	-0.000***	-0.000***	-0.000***
	(-1.13)	(-3.37)	(-5.82)	(-7.03)
SOE_t	-0.005**	-0.000	0.009***	0.009***
	(-2.48)	(-0.04)	(3.74)	(4.11)
$Size_t$	0.005***	0.000	-0.001	-0.006***
	(4.13)	(0.10)	(-0.98)	(-5.01)
MB_t	0.001*	-0.001***	0.001***	0.000
	(1.83)	(-2.60)	(3.28)	(0.96)
LEV_t	0.034***	0.043***	0.028***	0.026***
	(6.39)	(8.55)	(4.45)	(4.38)
ROA_t	0.305***	-0.024	0.611***	0.086***
	(16.50)	(-1.33)	(29.85)	(4.35)
Province	控制	控制	控制	控制
Industry	控制	控制	控制	控制
N	9335	9335	9328	9328
adj. R^2	0.139	0.031	0.189	0.042

续表

Panel D：基于信贷成本的《业务办法》实施前后股权质押与公司文字信息语气的回归分析				
变量	低信贷成本时期（$D\_Interest_t=0$）		高信贷成本时期（$D\_Interest_t=1$）	
	(1)	(2)	(3)	(4)
	$MDATone_t$	$ABMDATone_t$	$MDATone_t$	$ABMDATone_t$
截距项	0.638***	0.086***	0.565***	0.039***
	(28.80)	(4.01)	(36.34)	(2.66)
$Pledge_t$	0.003	0.008**	0.007***	0.009***
	(0.71)	(2.27)	(2.81)	(3.91)
$Post_t$	-0.040***	0.001	-0.038***	0.003
	(-9.67)	(0.19)	(-19.17)	(1.48)
$Pledge_t \times Post_t$	0.027***	0.015***	0.004	0.001
	(4.46)	(2.65)	(0.99)	(0.28)
OWN_t	-0.000*	-0.000***	-0.000***	-0.000***
	(-1.81)	(-4.46)	(-4.03)	(-5.88)
SOE_t	0.006**	0.007**	0.001	0.004**
	(2.04)	(2.46)	(0.73)	(2.00)
$Size_t$	-0.003**	-0.005***	0.003***	-0.002**
	(-2.21)	(-3.86)	(2.87)	(-2.25)
MB_t	0.002***	0.001***	0.001	-0.001***
	(4.01)	(2.86)	(1.39)	(-4.19)
LEV_t	0.017**	0.026***	0.025***	0.032***
	(2.38)	(3.79)	(5.14)	(6.88)
ROA_t	0.533***	0.092***	0.421***	0.026
	(24.35)	(4.39)	(24.32)	(1.62)
Province	控制	控制	控制	控制
Industry	控制	控制	控制	控制
N	7327	7327	11336	11336
adj. R^2	0.163	0.030	0.183	0.031

本书检验公司外部监督对《业务办法》实施前后股权质押与公司文字信息语气关系的影响，按照公司审计师事务所是否为“十大”（*BigAuditor*）将样

本分成两组，比较质权人监督作用较强组、质权人监督作用较弱组的《业务办法》实施前后股权质押与公司文字信息语气的关系，回归结果见表4-11。

表4-11显示基于公司审计师事务所是否为“十大”的《业务办法》实施前后股权质押与公司文字信息语气的回归结果。列（1）和列（2）显示，当审计师事务所非“十大”（$BigAuditor_t=0$）时，控股股东股权质押虚拟变量与《业务办法》实施虚拟变量的交乘项（$Pledge_t \times Post_t$）回归系数分别为0.010、0.008，且均在10%水平上显著；与之相比，列（3）和列（4）显示，审计师事务所为“十大”（$BigAuditor_t=1$）时，$Pledge_t \times Post_t$回归系数较小，分别为0.006、0.004。上述结果显示，相比聘请“十大”审计师事务所的公司，《业务办法》实施后股权质押公司文字信息语气操纵程度增加的结果在聘请非“十大”审计师事务所的公司中更显著。

表4-11结果表明，公司外部监督会影响《业务办法》实施前后股权质押与公司文字信息语气的关系，验证了假设4.2。

表4-11　基于公司审计师事务所排名的《业务办法》实施前后股权质押与公司文字信息语气的回归分析

变量	公司审计师事务所非“十大”（$BigAuditor_t=0$）		公司审计师事务所为“十大”（$BigAuditor_t=1$）	
	(1)	(2)	(3)	(4)
	$MDATone_t$	$ABMDATone_t$	$MDATone_t$	$ABMDATone_t$
截距项	0.633***	0.092***	0.522***	0.006
	(33.14)	(5.07)	(30.51)	(0.34)
$Pledge_t$	0.007*	0.009**	0.006**	0.009***
	(1.81)	(2.54)	(2.56)	(3.73)
$Post_t$	−0.035***	0.004	−0.038***	0.003
	(−14.24)	(1.51)	(−13.99)	(1.11)
$Pledge_t \times Post_t$	0.010**	0.008*	0.006	0.004
	(2.16)	(1.81)	(1.32)	(0.92)
OWN_t	−0.000***	−0.000***	−0.000***	−0.000***
	(−3.73)	(−5.63)	(−2.88)	(−4.76)
SOE_t	0.002	0.008***	−0.001	0.001
	(0.79)	(3.23)	(−0.36)	(0.49)

续表

变量	公司审计师事务所非“十大”（$BigAuditor_t=0$）		公司审计师事务所为“十大”（$BigAuditor_t=1$）	
	(1)	(2)	(3)	(4)
	$MDATone_t$	$ABMDATone_t$	$MDATone_t$	$ABMDATone_t$
$Size_t$	-0.001	-0.005***	0.005***	0.000
	(-0.96)	(-4.61)	(4.61)	(0.01)
MB_t	0.000	-0.000	0.001*	-0.000
	(1.00)	(-0.90)	(1.73)	(-1.29)
LEV_t	0.019***	0.028***	0.022***	0.029***
	(3.05)	(4.61)	(4.33)	(5.76)
ROA_t	0.478***	0.073***	0.467***	0.026
	(23.00)	(3.78)	(25.98)	(1.51)
Province	控制	控制	控制	控制
Industry	控制	控制	控制	控制
N	10772	10772	7891	7891
adj. R^2	0.188	0.041	0.170	0.029

本书检验政府干预对《业务办法》实施前后股权质押与公司文字信息语气关系的影响，分别按照公司受产业政策支持与否（*IP*）、公司所处地区市场化水平（*MarketIndex*）将样本分成两组，比较质权人监督作用较强组、质权人监督作用较弱组的《业务办法》实施前后股权质押与公司文字信息语气的关系，回归结果见表4-12。

表4-12中Panel A显示基于产业政策支持的《业务办法》实施前后股权质押与公司文字信息语气的回归结果。列（1）和列（2）显示，当公司受产业政策支持（$IP_t=1$）时，控股股东股权质押虚拟变量与《业务办法》实施虚拟变量的交乘项（$Pledge_t \times Post_t$）回归系数分别为0.015、0.012，且均在1%水平上显著；与之相比，列（3）和列（4）显示，公司未受产业政策支持（$IP_t=0$）时，$Pledge_t \times Post_t$回归系数较小，分别为-0.000、-0.003。上述结果显示，相比未受产业政策支持公司，《业务办法》实施后股权质押公司文字信息语气操纵程度增加的结果在受产业政策支持公司中更显著。

Panel B显示基于地区市场化水平的《业务办法》实施前后股权质押与公

司文字信息语气的回归结果。列（1）和列（2）显示，在低市场化水平地区（$D\_MarketIndex_t=0$），$Pledge_t \times Post_t$ 回归系数分别为 0.011、0.009，且均在 5%水平上显著；与之相比，列（3）和列（4）显示，在高市场化水平地区（$D\_MarketIndex_t=1$），$Pledge_t \times Post_t$ 回归系数较小，分别为 0.007、0.004。上述结果显示，相比高市场化水平地区，《业务办法》实施后股权质押公司文字信息语气操纵程度增加的结果在低市场化水平地区中更显著。

表 4-12 结果表明，政府干预会影响《业务办法》实施前后股权质押与公司文字信息语气的关系，验证了假设 4.3。

表 4-12　基于政府干预的《业务办法》实施前后股权质押与公司文字信息语气的回归分析

Panel A：基于产业政策支持的《业务办法》实施前后股权质押与公司文字信息语气的回归分析				
变量	受产业政策支持（$IP_t=1$）		未受产业政策支持（$IP_t=0$）	
	(1)	(2)	(3)	(4)
	$MDATone_t$	$ABMDATone_t$	$MDATone_t$	$ABMDATone_t$
截距项	0.580***	0.047***	0.593***	0.066***
	(37.94)	(3.24)	(24.47)	(2.89)
$Pledge_t$	0.006**	0.009***	0.007**	0.010***
	(2.27)	(3.39)	(2.27)	(3.08)
$Post_t$	-0.038***	0.002	-0.036***	0.004
	(-16.20)	(0.95)	(-12.51)	(1.62)
$Pledge_t \times Post_t$	0.015***	0.012***	-0.000	-0.003
	(3.65)	(3.21)	(-0.09)	(-0.58)
OWN_t	-0.000*	-0.000***	-0.000***	-0.000***
	(-1.74)	(-3.88)	(-5.50)	(-6.89)
SOE_t	0.001	0.004**	-0.000	0.004
	(0.64)	(2.09)	(-0.11)	(1.48)
$Size_t$	0.002	-0.003***	0.001	-0.004***
	(1.58)	(-2.74)	(0.42)	(-3.42)
MB_t	0.000	-0.001*	0.001*	0.000
	(1.24)	(-1.88)	(1.81)	(0.00)
LEV_t	0.020***	0.029***	0.028***	0.031***
	(4.05)	(6.12)	(4.12)	(4.84)

续表

变量	受产业政策支持（$IP_t=1$）		未受产业政策支持（$IP_t=0$）	
	(1)	(2)	(3)	(4)
	$MDATone_t$	$ABMDATone_t$	$MDATone_t$	$ABMDATone_t$
ROA_t	0.454***	0.027*	0.514***	0.086***
	(26.81)	(1.70)	(22.51)	(3.96)
Province	控制	控制	控制	控制
Industry	控制	控制	控制	控制
N	11646	11646	7017	7017
adj. R^2	0.172	0.031	0.182	0.039

Panel B：基于地区市场化水平的《业务办法》实施前后股权质押与公司文字信息语气的回归分析

变量	低市场化水平地区（$D\_MarketIndex_t=0$）		高市场化水平地区（$D\_MarketIndex_t=1$）	
	(1)	(2)	(3)	(4)
	$MDATone_t$	$ABMDATone_t$	$MDATone_t$	$ABMDATone_t$
截距项	0.603***	0.068***	0.577***	0.049***
	(31.28)	(3.68)	(32.11)	(2.87)
$Pledge_t$	0.007**	0.008***	0.006**	0.010***
	(2.41)	(2.77)	(2.05)	(3.60)
$Post_t$	−0.043***	−0.002	−0.031***	0.008***
	(−16.84)	(−0.85)	(−12.14)	(3.35)
$Pledge_t \times Post_t$	0.011**	0.009**	0.007	0.004
	(2.35)	(2.17)	(1.62)	(0.86)
OWN_t	−0.000***	−0.000***	−0.000***	−0.000***
	(−3.05)	(−4.81)	(−3.85)	(−5.53)
SOE_t	0.002	0.005**	−0.000	0.003
	(1.02)	(2.25)	(−0.15)	(1.61)
$Size_t$	0.002	−0.003***	0.002	−0.003***
	(1.32)	(−2.95)	(1.49)	(−2.59)
MB_t	0.001*	−0.000	0.001*	−0.000
	(1.65)	(−0.61)	(1.76)	(−1.21)
LEV_t	0.020***	0.028***	0.025***	0.032***
	(3.54)	(5.01)	(4.38)	(5.98)

续表

变量	低市场化水平地区 ($D\_MarketIndex_t=0$)		高市场化水平地区 ($D\_MarketIndex_t=1$)	
	(1)	(2)	(3)	(4)
	$MDATone_t$	$ABMDATone_t$	$MDATone_t$	$ABMDATone_t$
ROA_t	0.487***	0.057***	0.472***	0.050***
	(26.17)	(3.21)	(23.58)	(2.69)
Province	控制	控制	控制	控制
Industry	控制	控制	控制	控制
N	8939	8939	9724	9724
adj. R^2	0.199	0.032	0.149	0.026

（2）基于质权人监督作用影响因素的《业务办法》实施前后股权质押与公司崩盘风险的回归分析。

为了检验质权人监督作用影响因素对《业务办法》实施前后股权质押与公司崩盘风险关系的影响，以检验假设 5.1~假设 5.3，本书选取 3 类质权人监督作用影响因素：①公司融资约束特征，即公司亏损与否、公司融资约束指数、公司现金持有、信贷成本变量；②公司外部监督特征，即公司审计师事务所排名；③政府干预特征，即产业政策支持、地方市场化水平，分别按照上述变量将样本分成两组，比较质权人监督作用较强组、质权人监督作用较弱组的《业务办法》实施前后股权质押与公司崩盘风险的关系。

本书首先检验公司融资约束对《业务办法》实施前后股权质押与公司崩盘风险关系的影响，分别按照公司亏损与否（*LOSS*）、公司融资约束指数（*FC*）、公司现金持有（*Cash*）、信贷成本变量（*Interest*）将样本分成两组，比较质权人监督作用较强组、质权人监督作用较弱组的《业务办法》实施前后股权质押与公司崩盘风险的关系，回归结果见表 4-13。

表 4-13 中 Panel A 显示基于公司亏损与否的《业务办法》实施前后股权质押与公司崩盘风险的回归结果。列（1）和列（2）显示，当公司盈利（$LOSS_t=0$）时，控股股东股权质押虚拟变量与《业务办法》实施虚拟变量的交乘项（$Pledge_t \times Post_t$）回归系数分别为 0.058、0.034，且均在 1%水平上显著；与之相比，列（3）和列（4）显示，公司亏损（$LOSS_t=1$）时，$Pledge_t \times$

$Post_t$回归系数较小，分别为-0.018、0.039。上述结果显示，相比亏损公司，《业务办法》实施后股权质押公司崩盘风险增加的结果在盈利公司中更显著。

Panel B 显示基于公司融资约束指数的《业务办法》实施前后股权质押与公司崩盘风险的回归结果。列（1）和列（2）显示，对于非融资约束公司（$D\_FC_t=0$），$Pledge_t \times Post_t$回归系数分别为0.065、0.032，且均在10%水平上显著；与之相比，列（3）和列（4）显示，对于融资约束公司（$D\_FC_t=1$），$Pledge_t \times Post_t$回归系数较小，分别为0.023、0.025。上述结果显示，相比融资约束公司，《业务办法》实施后股权质押公司崩盘风险增加的结果在非融资约束公司中更显著。

Panel C 显示基于公司现金持有的《业务办法》实施前后股权质押与公司崩盘风险的回归结果。列（1）和列（2）显示，当公司持有较多现金（$D\_Cash_t=1$）时，$Pledge_t \times Post_t$回归系数分别为0.065、0.039，且均在5%水平上显著；与之相比，列（3）和列（4）显示，公司持有较少现金（$D\_Cash_t=0$）时，$Pledge_t \times Post_t$回归系数较小，分别为0.041、0.033。上述结果显示，相比低现金持有公司，《业务办法》实施后股权质押公司崩盘风险增加的结果在高现金持有公司中更显著。

Panel D 显示基于信贷成本的《业务办法》实施前后股权质押与公司崩盘风险的回归结果。列（1）和列（2）显示，当信贷成本较低（$D\_Interest_t=0$）时，$Pledge_t \times Post_t$回归系数分别为0.124、0.080，且均在1%水平上显著；与之相比，列（3）和列（4）显示，信贷成本较高（$D\_Interest_t=1$）时，$Pledge_t \times Post_t$回归系数较小，分别为-0.000、-0.001。上述结果显示，相比高信贷成本时期，《业务办法》实施后股权质押公司崩盘风险增加的结果在低信贷成本时期更显著。

表4-13结果表明，公司融资约束会影响《业务办法》实施前后股权质押与公司崩盘风险的关系，验证了假设5.1。

表 4-13　基于公司融资约束的《业务办法》实施前后股权质押与公司崩盘风险的回归分析

Panel A：基于公司亏损与否的《业务办法》实施前后股权质押与公司崩盘风险的回归分析				
变量	盈利公司（$LOSS_t=0$）		亏损公司（$LOSS_t=1$）	
	(1)	(2)	(3)	(4)
	$NCSKEW_{t+1}$	$DUVOL_{t+1}$	$NCSKEW_{t+1}$	$DUVOL_{t+1}$
截距项	-0.798***	-0.602***	-0.120	-0.262
	(-8.05)	(-11.70)	(-0.35)	(-1.47)
$Pledge_t$	-0.041***	-0.029***	0.006	-0.049**
	(-2.74)	(-3.72)	(0.14)	(-2.05)
$Post_t$	-0.169***	-0.137***	0.051	-0.039*
	(-13.67)	(-21.10)	(1.24)	(-1.74)
$Pledge_t \times Post_t$	0.058***	0.034***	-0.018	0.039
	(2.63)	(2.95)	(-0.27)	(1.00)
$NCSKEW_t$	0.050***	0.036***	0.049***	0.037***
	(7.09)	(10.02)	(2.66)	(3.68)
$DTURN_t$	-0.010	-0.021***	0.004	0.036*
	(-0.91)	(-3.58)	(0.10)	(1.83)
RET_t	136.416***	19.745	227.617***	27.988
	(5.32)	(1.54)	(2.97)	(0.70)
$SIGMA_t$	7.817***	0.492	14.934***	2.181
	(5.62)	(0.71)	(3.36)	(0.93)
OWN_t	0.000	-0.000	0.002**	0.001**
	(0.14)	(-0.40)	(2.16)	(2.10)
SOE_t	-0.037***	-0.017***	-0.057*	-0.023
	(-3.15)	(-2.83)	(-1.69)	(-1.20)
$Size_t$	-0.009	0.006**	-0.071***	-0.024**
	(-1.53)	(2.03)	(-3.54)	(-2.37)
MB_t	0.021***	0.014***	0.012**	0.008***
	(9.29)	(11.46)	(2.51)	(3.09)
LEV_t	-0.026	-0.056***	-0.000	-0.009
	(-0.90)	(-3.70)	(-0.00)	(-0.21)

续表

变量	盈利公司（$LOSS_t=0$）		亏损公司（$LOSS_t=1$）	
	(1)	(2)	(3)	(4)
	$NCSKEW_{t+1}$	$DUVOL_{t+1}$	$NCSKEW_{t+1}$	$DUVOL_{t+1}$
ROA_t	1.283***	0.569***	-0.800**	-0.547***
	(11.12)	(9.73)	(-2.44)	(-2.92)
$ABSDA_t$	-0.005	0.022	0.467**	0.447***
	(-0.08)	(0.67)	(2.29)	(3.89)
Province	控制	控制	控制	控制
Industry	控制	控制	控制	控制
N	16900	16900	1763	1763
adj. R^2	0.052	0.081	0.072	0.074

Panel B：基于公司融资约束指数的《业务办法》实施前后股权质押与公司崩盘风险的回归分析

变量	非融资约束公司（$D\_FC_t=0$）		融资约束公司（$D\_FC_t=1$）	
	(1)	(2)	(3)	(4)
	$NCSKEW_{t+1}$	$DUVOL_{t+1}$	$NCSKEW_{t+1}$	$DUVOL_{t+1}$
截距项	-0.877***	-0.717***	-0.790***	-0.537***
	(-5.79)	(-9.34)	(-6.05)	(-7.79)
$Pledge_t$	-0.060***	-0.048***	-0.026	-0.021**
	(-2.77)	(-4.32)	(-1.40)	(-2.04)
$Post_t$	-0.191***	-0.151***	-0.106***	-0.108***
	(-12.02)	(-18.26)	(-5.91)	(-11.12)
$Pledge_t \times Post_t$	0.065**	0.032*	0.023	0.025*
	(1.98)	(1.90)	(0.81)	(1.69)
$NCSKEW_t$	0.055***	0.040***	0.046***	0.032***
	(5.83)	(8.48)	(5.02)	(6.66)
$DTURN_t$	0.004	0.014	-0.013	-0.024***
	(0.19)	(1.24)	(-1.03)	(-3.70)
RET_t	169.869***	31.285*	122.174***	3.187
	(4.45)	(1.67)	(3.83)	(0.19)
$SIGMA_t$	9.846***	1.345	6.546***	-0.833
	(4.98)	(1.39)	(3.60)	(-0.89)
OWN_t	0.000	0.000	-0.000	-0.000
	(0.66)	(0.49)	(-0.28)	(-1.11)

续表

变量	非融资约束公司（$D\_FC_t=0$）		融资约束公司（$D\_FC_t=1$）	
	(1)	(2)	(3)	(4)
	$NCSKEW_{t+1}$	$DUVOL_{t+1}$	$NCSKEW_{t+1}$	$DUVOL_{t+1}$
SOE_t	-0.037**	-0.018**	-0.029*	-0.006
	(-2.12)	(-1.99)	(-1.84)	(-0.71)
$Size_t$	-0.007	0.011**	-0.006	0.006
	(-0.81)	(2.42)	(-0.71)	(1.58)
MB_t	0.030***	0.017***	0.019***	0.014***
	(8.81)	(9.27)	(7.60)	(10.10)
LEV_t	-0.012	-0.027	-0.014	-0.060***
	(-0.28)	(-1.26)	(-0.38)	(-3.06)
ROA_t	0.805***	0.335***	0.491***	0.130**
	(5.97)	(4.78)	(4.15)	(2.04)
$ABSDA_t$	0.002	0.051	0.207**	0.142***
	(0.02)	(1.12)	(2.45)	(3.21)
Province	控制	控制	控制	控制
Industry	控制	控制	控制	控制
N	9328	9328	9335	9335
adj. R^2	0.054	0.084	0.033	0.059
Panel C：基于公司现金持有的《业务办法》实施前后股权质押与公司崩盘风险的回归分析				
变量	高现金持有公司（$D\_Cash_t=1$）		低现金持有公司（$D\_Cash_t=0$）	
	(1)	(2)	(3)	(4)
	$NCSKEW_{t+1}$	$DUVOL_{t+1}$	$NCSKEW_{t+1}$	$DUVOL_{t+1}$
截距项	-0.776***	-0.552***	-0.824***	-0.637***
	(-5.78)	(-7.86)	(-6.06)	(-9.08)
$Pledge_t$	-0.070***	-0.048***	-0.019	-0.024**
	(-3.59)	(-4.46)	(-0.96)	(-2.29)
$Post_t$	-0.182***	-0.139***	-0.132***	-0.126***
	(-11.13)	(-15.75)	(-7.73)	(-14.14)
$Pledge_t \times Post_t$	0.065**	0.039**	0.041	0.033**
	(2.24)	(2.49)	(1.34)	(2.11)
$NCSKEW_t$	0.049***	0.035***	0.058***	0.041***
	(5.15)	(7.07)	(6.23)	(8.76)

续表

变量	高现金持有公司（$D\_Cash_t=1$）		低现金持有公司（$D\_Cash_t=0$）	
	(1)	(2)	(3)	(4)
	$NCSKEW_{t+1}$	$DUVOL_{t+1}$	$NCSKEW_{t+1}$	$DUVOL_{t+1}$
$DTURN_t$	-0.021	-0.024***	0.008	-0.005
	(-1.57)	(-3.34)	(0.44)	(-0.56)
RET_t	69.281**	-12.379	213.678***	46.294**
	(2.12)	(-0.75)	(5.93)	(2.55)
$SIGMA_t$	3.775**	-1.472	12.428***	2.246**
	(2.07)	(-1.59)	(6.46)	(2.35)
OWN_t	-0.000	-0.000	0.001*	0.000
	(-0.58)	(-0.46)	(1.79)	(1.14)
SOE_t	-0.054***	-0.030***	-0.033**	-0.013
	(-3.51)	(-3.61)	(-2.09)	(-1.53)
$Size_t$	0.000	0.009**	-0.013	0.006
	(0.05)	(2.13)	(-1.64)	(1.41)
MB_t	0.022***	0.014***	0.026***	0.017***
	(7.56)	(9.18)	(9.18)	(10.60)
LEV_t	-0.004	-0.048**	-0.069*	-0.073***
	(-0.12)	(-2.49)	(-1.65)	(-3.34)
ROA_t	0.706***	0.326***	0.517***	0.126*
	(5.64)	(4.94)	(3.81)	(1.74)
$ABSDA_t$	0.074	0.075*	0.133	0.117**
	(0.92)	(1.77)	(1.42)	(2.43)
Province	控制	控制	控制	控制
Industry	控制	控制	控制	控制
N	9335	9335	9328	9328
adj. R^2	0.043	0.077	0.047	0.066

Panel D：基于信贷成本的《业务办法》实施前后股权质押与公司崩盘风险的回归分析

变量	低信贷成本时期（$D\_Interest_t=0$）		高信贷成本时期（$D\_Interest_t=1$）	
	(1)	(2)	(3)	(4)
	$NCSKEW_{t+1}$	$DUVOL_{t+1}$	$NCSKEW_{t+1}$	$DUVOL_{t+1}$
截距项	-0.537***	-0.248***	-1.664***	-0.952***
	(-3.37)	(-3.02)	(-14.15)	(-15.03)

续表

变量	低信贷成本时期（$D\_Interest_t=0$）		高信贷成本时期（$D\_Interest_t=1$）	
	(1)	(2)	(3)	(4)
	$NCSKEW_{t+1}$	$DUVOL_{t+1}$	$NCSKEW_{t+1}$	$DUVOL_{t+1}$
$Pledge_t$	-0.094***	-0.080***	0.009	-0.001
	(-4.12)	(-6.39)	(0.50)	(-0.07)
$Post_t$	-0.284***	-0.091***	-0.088***	-0.126***
	(-10.09)	(-6.66)	(-6.75)	(-17.65)
$Pledge_t \times Post_t$	0.124***	0.080***	-0.000	-0.001
	(3.19)	(4.12)	(-0.01)	(-0.05)
$NCSKEW_t$	0.071***	0.045***	0.052***	0.033***
	(6.19)	(7.97)	(6.43)	(7.79)
$DTURN_t$	-0.004	0.028***	-0.026**	-0.058***
	(-0.21)	(2.80)	(-2.02)	(-8.21)
RET_t	-120.323***	-105.373***	297.970***	108.846***
	(-3.06)	(-5.47)	(10.35)	(6.82)
$SIGMA_t$	-8.692***	-8.277***	19.978***	7.004***
	(-3.94)	(-7.61)	(12.74)	(8.37)
OWN_t	0.001**	0.001***	-0.001***	-0.001***
	(2.27)	(3.47)	(-3.55)	(-4.25)
SOE_t	-0.044**	-0.017*	-0.050***	-0.021***
	(-2.33)	(-1.76)	(-3.77)	(-2.93)
$Size_t$	-0.001	-0.007	0.034***	0.022***
	(-0.12)	(-1.49)	(4.87)	(6.01)
MB_t	0.027***	0.017***	0.022***	0.012***
	(8.06)	(9.69)	(8.93)	(8.56)
LEV_t	-0.053	-0.043*	-0.048	-0.053***
	(-1.11)	(-1.77)	(-1.47)	(-3.07)
ROA_t	0.348**	0.180**	0.564***	0.240***
	(2.50)	(2.50)	(4.92)	(3.84)
$ABSDA_t$	0.108	0.136***	0.128*	0.080**
	(1.05)	(2.59)	(1.79)	(2.08)
Province	控制	控制	控制	控制

续表

变量	低信贷成本时期（$D\_Interest_t=0$）		高信贷成本时期（$D\_Interest_t=1$）	
	（1）	（2）	（3）	（4）
	$NCSKEW_{t+1}$	$DUVOL_{t+1}$	$NCSKEW_{t+1}$	$DUVOL_{t+1}$
Industry	控制	控制	控制	控制
N	7327	7327	11336	11336
adj. R^2	0.051	0.070	0.084	0.107

本书检验公司外部监督对《业务办法》实施前后股权质押与公司崩盘风险关系的影响，按照公司审计师事务所是否为“十大”（*BigAuditor*）将样本分成两组，比较质权人监督作用较强组、质权人监督作用较弱组的《业务办法》实施前后股权质押与公司崩盘风险的关系，回归结果见表4-14。

表4-14显示基于公司审计师事务所是否为“十大”的《业务办法》实施前后股权质押与公司崩盘风险的回归结果。列（1）和列（2）显示，当审计师事务所非“十大”（$BigAuditor_t=0$）时，控股股东股权质押虚拟变量与《业务办法》实施虚拟变量的交乘项（$Pledge_t \times Post_t$）回归系数分别为0.061、0.032，且均在10%水平上显著；与之相比，列（3）和列（4）显示，审计师事务所为“十大”（$BigAuditor_t=1$）时，$Pledge_t \times Post_t$回归系数较小，分别为0.037、0.026。上述结果显示，相比聘请“十大”审计师事务所的公司，《业务办法》实施后股权质押公司崩盘风险增加的结果在聘请非“十大”审计师事务所的公司中更显著。

表4-14结果表明，公司外部监督会影响《业务办法》实施前后股权质押与公司崩盘风险的关系，验证了假设5.2。

表 4-14　基于公司审计师事务所排名的《业务办法》实施前后股权质押与公司崩盘实施风险的回归分析

变量	公司审计师事务所非“十大”($BigAuditor_t=0$)		公司审计师事务所为“十大”($BigAuditor_t=1$)	
	(1)	(2)	(3)	(4)
	$NCSKEW_{t+1}$	$DUVOL_{t+1}$	$NCSKEW_{t+1}$	$DUVOL_{t+1}$
截距项	-0.944***	-0.617***	-0.733***	-0.606***
	(-6.37)	(-8.17)	(-5.60)	(-8.86)
$Pledge_t$	-0.053**	-0.030**	-0.036**	-0.036***
	(-2.02)	(-2.30)	(-2.17)	(-3.98)
$Post_t$	-0.153***	-0.141***	-0.170***	-0.130***
	(-9.26)	(-16.19)	(-9.34)	(-13.51)
$Pledge_t \times Post_t$	0.061*	0.032*	0.037	0.026
	(1.85)	(1.91)	(1.23)	(1.63)
$NCSKEW_t$	0.050***	0.037***	0.058***	0.040***
	(4.93)	(7.34)	(6.69)	(8.84)
$DTURN_t$	-0.028*	-0.024***	-0.001	-0.013*
	(-1.67)	(-2.77)	(-0.09)	(-1.72)
RET_t	257.532***	80.487***	64.688**	-23.942
	(7.20)	(4.55)	(1.98)	(-1.42)
$SIGMA_t$	15.612***	4.834***	3.342*	-2.409***
	(7.94)	(5.00)	(1.88)	(-2.67)
OWN_t	-0.000	-0.000	0.001	0.000*
	(-0.55)	(-1.17)	(1.58)	(1.65)
SOE_t	-0.059***	-0.028***	-0.036**	-0.019**
	(-3.35)	(-3.06)	(-2.56)	(-2.46)
$Size_t$	0.001	0.007*	-0.008	0.009**
	(0.12)	(1.68)	(-1.06)	(2.28)
MB_t	0.019***	0.012***	0.028***	0.018***
	(5.91)	(7.13)	(10.78)	(12.56)
LEV_t	-0.065	-0.066***	-0.024	-0.058***
	(-1.53)	(-2.98)	(-0.66)	(-3.10)

续表

变量	公司审计师事务所非“十大”（$BigAuditor_t=0$）		公司审计师事务所为“十大”（$BigAuditor_t=1$）	
	(1)	(2)	(3)	(4)
	$NCSKEW_{t+1}$	$DUVOL_{t+1}$	$NCSKEW_{t+1}$	$DUVOL_{t+1}$
ROA_t	0.632***	0.259***	0.586***	0.175***
	(4.56)	(3.58)	(4.99)	(2.80)
$ABSDA_t$	0.028	0.013	0.169**	0.153***
	(0.29)	(0.27)	(2.17)	(3.72)
Province	控制	控制	控制	控制
Industry	控制	控制	控制	控制
N	10772	10772	7891	7891
adj. R^2	0.051	0.081	0.044	0.070

本书检验政府干预对《业务办法》实施前后股权质押与公司崩盘风险关系的影响，分别按照公司受产业政策支持与否（*IP*）、公司所处地区市场化水平（*MarketIndex*）将样本分成两组，比较质权人监督作用较强组、质权人监督作用较弱组的《业务办法》实施前后股权质押与公司崩盘风险的关系，回归结果见表 4-15。

表 4-15 中 Panel A 显示基于产业政策支持的《业务办法》实施前后股权质押与公司崩盘风险的回归结果。列（1）和列（2）显示，当公司受产业政策支持（$IP_t=1$）时，控股股东股权质押虚拟变量与《业务办法》实施虚拟变量的交乘项（$Pledge_t \times Post_t$）回归系数分别为 0.051、0.039，且均在 10%水平上显著；与之相比，列（3）和列（4）显示，公司未受产业政策支持（$IP_t=0$）时，$Pledge_t \times Post_t$ 回归系数较小，分别为 0.038、0.023。上述结果显示，相比未受产业政策支持公司，《业务办法》实施后股权质押公司崩盘风险增加的结果在受产业政策支持公司中更显著。

Panel B 显示基于地区市场化水平的《业务办法》实施前后股权质押与公司崩盘风险的回归结果。列（1）和列（2）显示，在低市场化水平地区（$D\_MarketIndex_t=0$），$Pledge_t \times Post_t$ 回归系数分别为 0.066、0.037，且均在 5%水平上显著；与之相比，列（3）和列（4）显示，在高市场化水平地区

($D\_MarketIndex_t=1$)，$Pledge_t \times Post_t$ 回归系数较小，分别为 0.034、0.024。上述结果显示，相比高市场化水平地区，《业务办法》实施后股权质押公司崩盘风险增加的结果在低市场化水平地区中更显著。

表 4-15 结果表明，政府干预会影响《业务办法》实施前后股权质押与公司崩盘风险的关系，验证了假设 5.3。

表 4-15　基于政府干预的《业务办法》实施前后股权质押与公司崩盘风险的回归分析

Panel A：基于产业政策支持的《业务办法》实施前后股权质押与公司崩盘风险的回归分析				
变量	受产业政策支持（$IP_t=1$）		未受产业政策支持（$IP_t=0$）	
	(1)	(2)	(3)	(4)
	$NCSKEW_{t+1}$	$DUVOL_{t+1}$	$NCSKEW_{t+1}$	$DUVOL_{t+1}$
截距项	-0.673***	-0.547***	-1.024***	-0.719***
	(-5.68)	(-8.93)	(-6.36)	(-8.41)
$Pledge_t$	-0.040**	-0.035***	-0.046**	-0.035***
	(-2.17)	(-3.65)	(-2.14)	(-3.05)
$Post_t$	-0.179***	-0.144***	-0.130***	-0.122***
	(-11.73)	(-17.71)	(-6.91)	(-12.28)
$Pledge_t \times Post_t$	0.051*	0.039***	0.038	0.023
	(1.86)	(2.70)	(1.15)	(1.33)
$NCSKEW_t$	0.054***	0.038***	0.051***	0.037***
	(6.26)	(8.64)	(4.95)	(6.94)
$DTURN_t$	0.002	-0.016**	-0.031*	-0.020**
	(0.17)	(-2.16)	(-1.85)	(-2.27)
RET_t	112.372***	14.428	232.035***	44.950**
	(3.60)	(0.90)	(6.03)	(2.35)
$SIGMA_t$	6.077***	0.030	14.238***	2.534**
	(3.57)	(0.03)	(6.76)	(2.43)
OWN_t	0.000	-0.000	0.000	0.000
	(0.42)	(-0.47)	(0.92)	(1.25)
SOE_t	-0.040***	-0.019**	-0.043**	-0.021**
	(-2.79)	(-2.51)	(-2.49)	(-2.26)
$Size_t$	-0.009	0.005	-0.004	0.011**
	(-1.30)	(1.46)	(-0.48)	(2.26)

续表

变量	受产业政策支持（$IP_t=1$）		未受产业政策支持（$IP_t=0$）	
	(1)	(2)	(3)	(4)
	$NCSKEW_{t+1}$	$DUVOL_{t+1}$	$NCSKEW_{t+1}$	$DUVOL_{t+1}$
MB_t	0.024***	0.016***	0.025***	0.016***
	(9.34)	(11.49)	(7.98)	(9.01)
LEV_t	-0.042	-0.048***	-0.034	-0.080***
	(-1.20)	(-2.59)	(-0.78)	(-3.48)
ROA_t	0.533***	0.175***	0.776***	0.296***
	(4.79)	(2.95)	(5.24)	(3.85)
$ABSDA_t$	0.083	0.060	0.167*	0.160***
	(1.06)	(1.47)	(1.74)	(3.21)
Province	控制	控制	控制	控制
Industry	控制	控制	控制	控制
N	11646	11646	7017	7017
adj. R^2	0.044	0.071	0.058	0.083

Panel B：基于地区市场化水平的《业务办法》实施前后股权质押与公司崩盘风险的回归分析

变量	低市场化水平地区（$D\_MarketIndex_t=0$）		高市场化水平地区（$D\_MarketIndex_t=1$）	
	(1)	(2)	(3)	(4)
	$NCSKEW_{t+1}$	$DUVOL_{t+1}$	$NCSKEW_{t+1}$	$DUVOL_{t+1}$
截距项	-0.297**	-0.359***	-0.864***	-0.613***
	(-1.96)	(-4.25)	(-7.09)	(-9.90)
$Pledge_t$	-0.050***	-0.038***	-0.028	-0.026***
	(-2.58)	(-3.54)	(-1.57)	(-2.82)
$Post_t$	-0.179***	-0.131***	-0.126***	-0.118***
	(-10.94)	(-14.69)	(-8.00)	(-14.78)
$Pledge_t \times Post_t$	0.066**	0.037**	0.034	0.024*
	(2.22)	(2.28)	(1.26)	(1.72)
$NCSKEW_t$	0.061***	0.040***	0.031***	0.023***
	(6.58)	(7.96)	(3.73)	(5.64)
$DTURN_t$	-0.005	-0.014*	-0.019	-0.028***
	(-0.34)	(-1.69)	(-1.45)	(-4.07)

续表

变量	低市场化水平地区 ($D\_MarketIndex_t=0$)		高市场化水平地区 ($D\_MarketIndex_t=1$)	
	(1)	(2)	(3)	(4)
	$NCSKEW_{t+1}$	$DUVOL_{t+1}$	$NCSKEW_{t+1}$	$DUVOL_{t+1}$
RET_t	180.701***	28.676	125.381***	1.802
	(5.23)	(1.60)	(4.03)	(0.12)
$SIGMA_t$	10.718***	1.295	7.355***	-0.419
	(5.69)	(1.33)	(4.37)	(-0.52)
OWN_t	0.000	0.000	-0.000	-0.000
	(0.42)	(0.03)	(-0.03)	(-0.96)
SOE_t	-0.048***	-0.022**	-0.028**	-0.018**
	(-3.11)	(-2.54)	(-2.00)	(-2.45)
$Size_t$	-0.025***	0.002	0.007	0.016***
	(-3.21)	(0.44)	(0.92)	(4.38)
MB_t	0.029***	0.016***	0.013***	0.012***
	(10.69)	(10.60)	(5.03)	(8.38)
LEV_t	0.008	-0.049**	-0.060*	-0.064***
	(0.22)	(-2.42)	(-1.74)	(-3.64)
ROA_t	0.585***	0.188***	0.693***	0.168***
	(4.83)	(2.84)	(6.07)	(2.87)
$ABSDA_t$	0.190**	0.120***	0.013	0.047
	(2.31)	(2.59)	(0.17)	(1.26)
Province	控制	控制	控制	控制
Industry	控制	控制	控制	控制
N	8939	8939	9724	9724
adj. R^2	0.068	0.076	0.197	0.273

4.5.4　稳健性检验

4.5.4.1　控制质权人竞争变量度量的稳健性检验

考虑到采用《业务办法》虚拟变量衡量质权人竞争可能存在误差，本书采用质权人数量（*NUM*）和质权人竞争指数（*PMC*）衡量质权人竞争，进一步检验《业务办法》实施前后股权质押与公司决策的关系。回归结果见表4-16、表4-17。

表4-16显示控制质权人竞争变量度量的《业务办法》实施前后股权质押与公司文字信息语气的回归结果。Panel A显示采用质权人数量（*NUM*）衡量质权人竞争的《业务办法》前后股权质押与公司文字信息语气的回归结果。控股股东股权质押虚拟变量与质权人数量的交乘项（$Pledge_t \times NUM_t$）回归系数均在5%水平上显著。Panel B显示采用质权人竞争指数（*PMC*）衡量质权人竞争的《业务办法》实施前后股权质押与公司文字信息语气的回归结果。控股股东股权质押虚拟变量与质权人竞争指数的交乘项（$Pledge_t \times PMC_t$）回归系数分别为0.005、0.006，均在5%水平上显著。结果显示，质权人竞争加剧会提高控股股东股权质押公司文字信息语气的操纵程度。上述结果表明，质权人竞争计量方式不影响《业务办法》实施前后股权质押与公司文字信息语气的研究结果。

表4-16　控制质权人竞争变量度量的《业务办法》实施前后股权质押与公司文字信息语气的回归分析

Panel A：采用质权人数量衡量质权人竞争的《业务办法》实施前后股权质押与公司文字信息语气的回归分析		
变量	(1)	(2)
	$MDATone_t$	$ABMDATone_t$
截距项	0.550***	0.054***
	(43.71)	(4.49)
$Pledge_t$	0.004	0.002
	(1.10)	(0.53)
NUM_t	-0.000***	0.000
	(-23.30)	(0.93)
$Pledge_t \times NUM_t$	0.000**	0.000***
	(2.45)	(3.10)
OWN_t	-0.000***	-0.000***
	(-6.48)	(-7.31)
SOE_t	-0.001	0.005***
	(-0.86)	(2.96)

续表

变量	(1)	(2)
	$MDATone_t$	$ABMDATone_t$
$Size_t$	0.006 ***	-0.003 ***
	(6.52)	(-4.02)
MB_t	0.001 ***	-0.000
	(2.99)	(-1.17)
LEV_t	0.018 ***	0.030 ***
	(4.44)	(7.73)
ROA_t	0.458 ***	0.050 ***
	(33.57)	(3.87)
Province	控制	控制
Industry	控制	控制
N	18663	18663
adj. R^2	0.179	0.028
Panel B：采用质权人竞争指数衡量质权人竞争的《业务办法》实施前后股权质押与公司文字信息语气的回归分析		
变量	(1)	(2)
	$MDATone_t$	$ABMDATone_t$
截距项	0.550 ***	0.054 ***
	(43.32)	(4.43)
$Pledge_t$	0.008 ***	0.007 ***
	(3.29)	(3.20)
PMC_t	-0.027 ***	0.001
	(-22.37)	(1.11)
$Pledge_t \times PMC_t$	0.005 **	0.006 ***
	(2.07)	(2.82)
OWN_t	-0.000 ***	-0.000 ***
	(-5.95)	(-7.35)
SOE_t	-0.002	0.005 ***
	(-0.98)	(2.99)
$Size_t$	0.004 ***	-0.003 ***
	(4.94)	(-4.00)

续表

变量	(1)	(2)
	$MDATone_t$	$ABMDATone_t$
MB_t	0.000	-0.000
	(1.54)	(-0.96)
LEV_t	0.019***	0.030***
	(4.66)	(7.71)
ROA_t	0.469***	0.049***
	(34.53)	(3.84)
Province	控制	控制
Industry	控制	控制
N	18663	18663
adj. R^2	0.176	0.028

表4-17显示控制质权人竞争变量度量的《业务办法》实施前后股权质押与公司崩盘风险的回归结果。Panel A显示采用质权人数量（*NUM*）衡量质权人竞争的《业务办法》实施前后股权质押与公司崩盘风险的回归结果。控股股东股权质押虚拟变量与质权人数量的交乘项（$Pledge_t \times NUM_t$）回归系数均在1%水平上显著。Panel B显示采用质权人竞争指数（*PMC*）衡量质权人竞争的《业务办法》实施前后股权质押与公司崩盘风险的回归结果。控股股东股权质押虚拟变量与质权人竞争指数的交乘项（$Pledge_t \times PMC_t$）回归系数分别为0.051、0.033，均在1%水平上显著。结果显示，质权人竞争加剧会提高控股股东股权质押公司崩盘风险。上述结果表明，质权人竞争计量方式不影响《业务办法》实施前后股权质押与公司崩盘风险的研究结果。

表 4-17　控制质权人竞争变量度量的《业务办法》实施前后股权质押与公司崩盘风险的回归分析

Panel A：采用质权人数量衡量质权人竞争的《业务办法》实施前后股权质押与公司崩盘风险的回归分析		
变量	(1)	(2)
	$NCSKEW_{t+1}$	$DUVOL_{t+1}$
截距项	-1.117***	-0.677***
	(-11.85)	(-13.61)
$Pledge_t$	-0.108***	-0.086***
	(-4.54)	(-6.76)
NUM_t	-0.001***	-0.001***
	(-20.39)	(-22.74)
$Pledge_t \times NUM_t$	0.000***	0.000***
	(4.55)	(5.99)
$NCSKEW_t$	0.048***	0.036***
	(7.30)	(10.64)
$DTURN_t$	-0.026**	-0.033***
	(-2.46)	(-5.83)
RET_t	143.534***	19.963
	(6.01)	(1.64)
$SIGMA_t$	8.831***	0.723
	(6.79)	(1.10)
OWN_t	-0.000	-0.000
	(-0.84)	(-1.07)
SOE_t	-0.063***	-0.026***
	(-5.71)	(-4.51)
$Size_t$	0.027***	0.018***
	(4.63)	(6.01)
MB_t	0.024***	0.016***
	(12.21)	(14.59)
LEV_t	-0.083***	-0.070***
	(-3.07)	(-4.93)

续表

变量	(1)	(2)
	$NCSKEW_{t+1}$	$DUVOL_{t+1}$
ROA_t	0.419***	0.166***
	(4.73)	(3.53)
$ABSDA_t$	0.112*	0.093***
	(1.87)	(2.97)
Province	控制	控制
Industry	控制	控制
N	18663	18663
adj. R^2	0.062	0.077

Panel B：采用质权人竞争指数衡量质权人竞争的《业务办法》实施前后股权质押与公司崩盘风险的回归分析

变量	(1)	(2)
	$NCSKEW_{t+1}$	$DUVOL_{t+1}$
截距项	-0.972***	-0.599***
	(-10.25)	(-11.98)
$Pledge_t$	-0.055***	-0.047***
	(-3.63)	(-5.75)
PMC_t	-0.134***	-0.077***
	(-16.08)	(-18.03)
$Pledge_t \times PMC_t$	0.051***	0.033***
	(3.48)	(4.34)
$NCSKEW_t$	0.050***	0.037***
	(7.54)	(10.90)
$DTURN_t$	-0.034***	-0.037***
	(-3.21)	(-6.62)
RET_t	134.298***	14.155
	(5.57)	(1.16)
$SIGMA_t$	7.834***	0.137
	(5.95)	(0.21)
OWN_t	-0.000	-0.000
	(-0.13)	(-0.31)

续表

变量	(1) $NCSKEW_{t+1}$	(2) $DUVOL_{t+1}$
SOE_t	-0.056***	-0.023***
	(-5.03)	(-3.83)
$Size_t$	0.009	0.008***
	(1.51)	(2.74)
MB_t	0.023***	0.015***
	(11.79)	(14.19)
LEV_t	-0.061**	-0.058***
	(-2.25)	(-4.08)
ROA_t	0.535***	0.230***
	(6.03)	(4.87)
$ABSDA_t$	0.118*	0.097***
	(1.96)	(3.07)
Province	控制	控制
Industry	控制	控制
N	18663	18663
adj. R^2	0.052	0.065

4.5.4.2　控制股权质押变量度量的稳健性检验

考虑到采用控股股东股权质押虚拟变量衡量其股权质押可能存在误差，本书采用控股股东股权质押次数（*NPledge*）和质押比例（*RPledge*），进一步检验《业务办法》实施前后股权质押与公司决策的关系。回归结果见表4-18、表4-19。

表4-18中Panel A显示采用控股股东股权质押次数（*NPledge*）衡量股权质押的《业务办法》实施前后股权质押与公司文字信息语气的回归结果。控股股东股权质押次数与《业务办法》虚拟变量的交乘项（$NPledge_t \times Post_t$）、与质权人数量的交乘项（$NPledge_t \times NUM_t$）回归系数分别为0.006、0.005、0.000、0.000，均在5%水平上显著。Panel B显示采用控股股东股权质押比例（*RPledge*）衡量股权质押的《业务办法》实施前后股权质押与公司文字信息语气的回归结果。控股股东股权质押比例与《业务办法》虚拟变量的交乘项

($RPledge_t \times Post_t$)、与质权人数量的交乘项 ($RPledge_t \times NUM_t$)、与质权人竞争指数的交乘项 ($RPledge_t \times PMC_t$) 回归系数分别为 0.003、0.003、0.000、0.000、0.002、0.002，均在 10%水平上显著。上述结果表明，控股股东股权质押计量方式不影响《业务办法》实施前后股权质押与公司文字信息语气的研究结果。

表 4-19 中 Panel A 显示采用控股股东股权质押次数 ($NPledge$) 衡量股权质押的《业务办法》实施前后股权质押与公司崩盘风险的回归结果。控股股东股权质押次数与《业务办法》虚拟变量的交乘项 ($NPledge_t \times Post_t$)、与质权人数量的交乘项 ($NPledge_t \times NUM_t$)、与质权人竞争指数的交乘项 ($NPledge_t \times PMC_t$) 回归系数分别为 0.037、0.024、0.000、0.000、0.037、0.024，均在 5%水平上显著。Panel B 显示采用控股股东股权质押比例 ($RPledge$) 衡量股权质押的《业务办法》实施前后股权质押与公司崩盘风险的回归结果。控股股东股权质押比例与《业务办法》虚拟变量的交乘项 ($RPledge_t \times Post_t$)、与质权人数量的交乘项 ($RPledge_t \times NUM_t$)、与质权人竞争指数的交乘项 ($RPledge_t \times PMC_t$) 回归系数分别为 0.030、0.018、0.000、0.000、0.028、0.016，均在 1%水平上显著。上述结果表明，控股股东股权质押计量方式不影响《业务办法》实施前后股权质押与公司崩盘风险的研究结果。

表 4-18 控制股权质押变量度量的《业务办法》实施前后股权质押与公司文字信息语气的回归分析

Panel A：采用控股股东股权质押次数衡量股权质押的《业务办法》实施前后股权质押与公司文字信息语气的回归分析						
变量	(1)	(2)	(3)	(4)	(5)	(6)
	$MDATone_t$	$ABMDATone_t$	$MDATone_t$	$ABMDATone_t$	$MDATone_t$	$ABMDATone_t$
截距项	0.586***	0.057***	0.554***	0.058***	0.553***	0.058***
	(46.99)	(4.78)	(44.04)	(4.83)	(43.63)	(4.77)
$NPledge_t$	0.006***	0.008***	0.004	0.002	0.007***	0.006***
	(3.29)	(4.81)	(1.47)	(0.76)	(3.52)	(3.23)
$Post_t$	−0.037***	0.003*				
	(−21.26)	(1.73)				
$NPledge_t \times Post_t$	0.006***	0.005**				
	(2.68)	(2.13)				

续表

变量	(1)	(2)	(3)	(4)	(5)	(6)
	$MDATone_t$	$ABMDATone_t$	$MDATone_t$	$ABMDATone_t$	$MDATone_t$	$ABMDATone_t$
NUM_t			-0.000***	0.000		
			(-23.79)	(0.99)		
$NPledge_t \times NUM_t$			0.000**	0.000***		
			(2.11)	(3.08)		
PMC_t					-0.027***	0.001
					(-22.79)	(1.17)
$NPledge_t \times PMC_t$					0.003	0.004***
					(1.59)	(2.71)
OWN_t	-0.000***	-0.000***	-0.000***	-0.000***	-0.000***	-0.000***
	(-5.07)	(-7.78)	(-6.80)	(-7.65)	(-6.25)	(-7.70)
SOE_t	0.002	0.005***	-0.001	0.005***	-0.001	0.005***
	(1.13)	(3.36)	(-0.55)	(3.30)	(-0.64)	(3.35)
$Size_t$	0.001	-0.003***	0.005***	-0.004***	0.004***	-0.003***
	(1.39)	(-4.42)	(6.23)	(-4.34)	(4.65)	(-4.35)
MB_t	0.001***	-0.000	0.001***	-0.000	0.000	-0.000
	(2.60)	(-1.08)	(2.98)	(-1.22)	(1.53)	(-1.02)
LEV_t	0.022***	0.029***	0.017***	0.029***	0.018***	0.029***
	(5.46)	(7.51)	(4.27)	(7.53)	(4.48)	(7.51)
ROA_t	0.478***	0.050***	0.458***	0.050***	0.469***	0.050***
	(35.17)	(3.93)	(33.58)	(3.88)	(34.54)	(3.86)
Province	控制	控制	控制	控制	控制	控制
Industry	控制	控制	控制	控制	控制	控制
N	18663	18663	18663	18663	18663	18663
adj. R^2	0.172	0.029	0.180	0.029	0.177	0.029

Panel B：采用控股股东股权质押比例衡量股权质押的《业务办法》实施前后股权质押与公司文字信息语气的回归分析

变量	(1)	(2)	(3)	(4)	(5)	(6)
	$MDATone_t$	$ABMDATone_t$	$MDATone_t$	$ABMDATone_t$	$MDATone_t$	$ABMDATone_t$
截距项	0.580***	-0.211***	0.547***	0.052***	0.547***	0.051***
	(46.45)	(-23.60)	(43.42)	(4.26)	(43.07)	(4.22)

续表

变量	(1)	(2)	(3)	(4)	(5)	(6)
	$MDATone_t$	$ABMDATone_t$	$MDATone_t$	$ABMDATone_t$	$MDATone_t$	$ABMDATone_t$
$RPledge_t$	0.002**	0.000	0.001	0.001	0.002**	0.003***
	(2.48)	(0.69)	(0.80)	(0.55)	(2.49)	(2.70)
$Post_t$	−0.036***	−0.015***				
	(−20.31)	(−12.63)				
$RPledge_t \times Post_t$	0.003**	0.003***				
	(2.01)	(3.14)				
NUM_t			−0.000***	0.000*		
			(−22.93)	(1.79)		
$RPledge_t \times NUM_t$			0.000*	0.000**		
			(1.89)	(2.10)		
PMC_t					−0.026***	0.002*
					(−22.11)	(1.91)
$RPledge_t \times PMC_t$					0.002*	0.002*
					(1.78)	(1.90)
OWN_t	−0.000***	−0.000***	−0.000***	−0.000***	−0.000***	−0.000***
	(−4.86)	(−5.52)	(−6.53)	(−7.34)	(−6.00)	(−7.39)
SOE_t	0.000	0.002*	−0.003*	0.003**	−0.003*	0.003**
	(0.11)	(1.87)	(−1.65)	(2.15)	(−1.73)	(2.17)
$Size_t$	0.002*	−0.004***	0.006***	−0.003***	0.004***	−0.003***
	(1.91)	(−6.49)	(6.70)	(−3.81)	(5.14)	(−3.75)
MB_t	0.001***	−0.000**	0.001***	−0.000	0.000*	−0.000
	(2.78)	(−2.04)	(3.15)	(−0.96)	(1.70)	(−0.75)
LEV_t	0.023***	0.031***	0.019***	0.031***	0.019***	0.030***
	(5.80)	(11.33)	(4.65)	(7.94)	(4.86)	(7.92)
ROA_t	0.477***	−0.116***	0.458***	0.050***	0.468***	0.049***
	(35.10)	(−12.12)	(33.51)	(3.87)	(34.45)	(3.82)
Province	控制	控制	控制	控制	控制	控制
Industry	控制	控制	控制	控制	控制	控制
N	18663	18663	18663	18663	18663	18663
adj. R^2	0.171	0.482	0.178	0.026	0.175	0.026

表 4-19　控制股权质押变量度量的《业务办法》实施前后股权质押与公司崩盘风险的回归分析

Panel A：采用控股股东股权质押次数衡量股权质押的《业务办法》实施前后股权质押与公司崩盘风险的回归分析

变量	(1)	(2)	(3)	(4)	(5)	(6)
	$NCSKEW_{t+1}$	$DUVOL_{t+1}$	$NCSKEW_{t+1}$	$DUVOL_{t+1}$	$NCSKEW_{t+1}$	$DUVOL_{t+1}$
截距项	-0.786***	-0.597***	-1.120***	-0.683***	-0.977***	-0.606***
	(-8.28)	(-12.11)	(-11.88)	(-13.73)	(-10.29)	(-12.11)
$NPledge_t$	-0.041***	-0.032***	-0.087***	-0.071***	-0.051***	-0.043***
	(-3.57)	(-5.39)	(-4.44)	(-6.91)	(-3.97)	(-6.28)
$Post_t$	-0.157***	-0.132***				
	(-13.74)	(-21.67)				
$NPledge_t \times Post_t$	0.037**	0.024***				
	(2.33)	(2.97)				
NUM_t			-0.001***	-0.001***		
			(-20.45)	(-22.67)		
$NPledge_t \times NUM_t$			0.000***	0.000***		
			(4.06)	(5.65)		
PMC_t					-0.131***	-0.075***
					(-16.14)	(-17.96)
$NPledge_t \times PMC_t$					0.037***	0.024***
					(3.22)	(4.17)
$NCSKEW_t$	0.055***	0.039***	0.048***	0.036***	0.050***	0.037***
	(8.33)	(11.45)	(7.34)	(10.69)	(7.57)	(10.93)
$DTURN_t$	-0.010	-0.017***	-0.026**	-0.033***	-0.034***	-0.037***
	(-0.93)	(-3.01)	(-2.45)	(-5.82)	(-3.21)	(-6.61)
RET_t	152.256***	22.550*	142.403***	19.481	134.113***	14.226
	(6.29)	(1.84)	(5.95)	(1.60)	(5.56)	(1.16)
$SIGMA_t$	8.827***	0.752	8.787***	0.709	7.840***	0.153
	(6.67)	(1.14)	(6.75)	(1.08)	(5.94)	(0.23)
OWN_t	0.000	0.000	-0.000	-0.000	-0.000	-0.000
	(1.09)	(0.74)	(-0.73)	(-0.83)	(-0.01)	(-0.07)

续表

变量	(1)	(2)	(3)	(4)	(5)	(6)
	$NCSKEW_{t+1}$	$DUVOL_{t+1}$	$NCSKEW_{t+1}$	$DUVOL_{t+1}$	$NCSKEW_{t+1}$	$DUVOL_{t+1}$
SOE_t	-0.046 ***	-0.023 ***	-0.068 ***	-0.030 ***	-0.060 ***	-0.026 ***
	(-4.15)	(-3.98)	(-6.10)	(-5.13)	(-5.36)	(-4.36)
$Size_t$	-0.009	0.007 **	0.027 ***	0.019 ***	0.009	0.009 ***
	(-1.54)	(2.32)	(4.65)	(6.11)	(1.56)	(2.88)
MB_t	0.025 ***	0.016 ***	0.024 ***	0.016 ***	0.024 ***	0.015 ***
	(12.36)	(14.67)	(12.24)	(14.64)	(11.81)	(14.23)
LEV_t	-0.039	-0.061 ***	-0.081 ***	-0.068 ***	-0.059 **	-0.056 ***
	(-1.44)	(-4.27)	(-2.99)	(-4.79)	(-2.17)	(-3.93)
ROA_t	0.623 ***	0.218 ***	0.420 ***	0.167 ***	0.536 ***	0.231 ***
	(7.02)	(4.64)	(4.75)	(3.55)	(6.04)	(4.89)
$ABSDA_t$	0.122 **	0.103 ***	0.114 *	0.095 ***	0.120 **	0.098 ***
	(2.01)	(3.26)	(1.91)	(3.03)	(1.99)	(3.11)
Province	控制	控制	控制	控制	控制	控制
Industry	控制	控制	控制	控制	控制	控制
N	18663	18663	18663	18663	18663	18663
adj. R^2	0.047	0.073	0.062	0.077	0.052	0.066

Panel B：采用控股股东股权质押比例衡量股权质押的《业务办法》实施前后股权质押与公司崩盘风险的回归分析

变量	(1)	(2)	(3)	(4)	(5)	(6)
	$NCSKEW_{t+1}$	$DUVOL_{t+1}$	$NCSKEW_{t+1}$	$DUVOL_{t+1}$	$NCSKEW_{t+1}$	$DUVOL_{t+1}$
截距项	-0.772 ***	-0.584 ***	-1.119 ***	-0.676 ***	-0.973 ***	-0.596 ***
	(-8.15)	(-11.85)	(-11.87)	(-13.58)	(-10.26)	(-11.92)
$RPledge_t$	-0.020 ***	-0.016 ***	-0.053 ***	-0.037 ***	-0.024 ***	-0.019 ***
	(-3.29)	(-4.87)	(-5.07)	(-6.60)	(-3.75)	(-5.52)
$Post_t$	-0.164 ***	-0.135 ***				
	(-14.09)	(-21.92)				
$RPledge_t \times Post_t$	0.030 ***	0.018 ***				
	(3.10)	(3.44)				
NUM_t			-0.001 ***	-0.001 ***		
			(-20.82)	(-22.96)		

续表

变量	(1)	(2)	(3)	(4)	(5)	(6)
	$NCSKEW_{t+1}$	$DUVOL_{t+1}$	$NCSKEW_{t+1}$	$DUVOL_{t+1}$	$NCSKEW_{t+1}$	$DUVOL_{t+1}$
$RPledge_t \times NUM_t$			0.000***	0.000***		
			(5.26)	(5.94)		
PMC_t					−0.136***	−0.077***
					(−16.52)	(−18.32)
$RPledge_t \times PMC_t$					0.028***	0.016***
					(4.15)	(4.45)
$NCSKEW_t$	0.055***	0.039***	0.048***	0.036***	0.050***	0.037***
	(8.29)	(11.42)	(7.30)	(10.69)	(7.53)	(10.91)
$DTURN_t$	−0.009	−0.017***	−0.025**	−0.032***	−0.033***	−0.037***
	(−0.89)	(−2.95)	(−2.35)	(−5.70)	(−3.14)	(−6.54)
RET_t	152.755***	22.691*	144.162***	19.629	134.658***	13.943
	(6.32)	(1.86)	(6.04)	(1.62)	(5.58)	(1.14)
$SIGMA_t$	8.831***	0.746	8.864***	0.710	7.848***	0.125
	(6.68)	(1.13)	(6.81)	(1.08)	(5.96)	(0.19)
OWN_t	0.000	0.000	−0.000	−0.000	−0.000	−0.000
	(0.98)	(0.58)	(−0.89)	(−1.07)	(−0.16)	(−0.29)
SOE_t	−0.040***	−0.019***	−0.062***	−0.025***	−0.054***	−0.021***
	(−3.71)	(−3.38)	(−5.67)	(−4.35)	(−4.94)	(−3.63)
$Size_t$	−0.010*	0.006**	0.027***	0.018***	0.009	0.008***
	(−1.71)	(1.98)	(4.66)	(5.95)	(1.50)	(2.65)
MB_t	0.025***	0.016***	0.024***	0.016***	0.023***	0.015***
	(12.36)	(14.67)	(12.24)	(14.65)	(11.80)	(14.22)
LEV_t	−0.042	−0.063***	−0.084***	−0.072***	−0.063**	−0.060***
	(−1.56)	(−4.45)	(−3.13)	(−5.05)	(−2.31)	(−4.19)
ROA_t	0.623***	0.218***	0.419***	0.166***	0.534***	0.229***
	(7.02)	(4.64)	(4.73)	(3.52)	(6.02)	(4.85)
$ABSDA_t$	0.119**	0.101***	0.111*	0.093***	0.117*	0.097***
	(1.96)	(3.20)	(1.86)	(2.96)	(1.95)	(3.06)
Province	控制	控制	控制	控制	控制	控制
Industry	控制	控制	控制	控制	控制	控制
N	18663	18663	18663	18663	18663	18663
adj. R^2	0.047	0.073	0.062	0.077	0.052	0.065

4.5.4.3 控制内生性问题的稳健性检验

考虑到公司特征或者行业特征可能同时影响公司控股股东股权质押可能性和公司决策，本书采用两阶段法（2SLS）克服上述内生性问题，第一阶段模型如下：

$$\text{Pledge}_t=\alpha_0+\alpha_1 Size_{t-1}+\alpha_2 SOE_{t-1}+\alpha_3 MB_{t-1}+\alpha_4 LEV_{t-1}+\alpha_5 ROA_{t-1}+Year+Industry+\varepsilon \tag{4-7}$$

其中，Year 表示年度虚拟变量。本书用上述模型拟合值 $Pledge\_hat_t$ 替代 $Pledge_t$，回归结果见表 4-20、表 4-21。

表 4-20 控制内生性问题的《业务办法》实施前后股权质押与公司文字信息语气的回归分析

变量	(1)	(2)
	$MDATone_t$	$ABMDATone_t$
截距项	0.594***	0.058***
	(47.32)	(4.82)
$Pledge\_hat_t$	-0.085***	-0.030***
	(-9.01)	(-3.27)
$Post_t$	-0.039***	-0.002
	(-14.43)	(-0.63)
$Pledge\_hat_t \times Post_t$	0.047***	0.034***
	(5.99)	(4.60)
OWN_t	-0.000***	-0.000***
	(-2.96)	(-6.73)
SOE_t	-0.022***	-0.004
	(-7.61)	(-1.53)
$Size_t$	0.001*	-0.003***
	(1.73)	(-4.01)
MB_t	0.001***	-0.000
	(3.84)	(-0.77)
LEV_t	0.038***	0.036***
	(8.90)	(8.72)

续表

变量	(1)	(2)
	$MDATone_t$	$ABMDATone_t$
ROA_t	0. 468 ***	0. 048 ***
	(34. 14)	(3. 71)
Province	控制	控制
Industry	控制	控制
N	18663	18663
adj. R^2	0. 174	0. 026

表 4-20 显示控制内生性问题的《业务办法》实施前后股权质押与公司文字信息语气的回归结果，交乘项 $Pledge\_hat_t \times Post_t$ 回归系数均在 1%水平上显著。表 4-21 显示控制内生性问题的《业务办法》实施前后股权质押与公司崩盘风险的回归结果，交乘项 $Pledge\_hat_t \times Post_t$ 回归系数均在 1%水平上显著。表 4-20、表 4-21 表明，内生性问题并不影响本书主要研究发现。

表 4-21　控制内生性问题的《业务办法》实施前后股权质押与公司崩盘风险的回归分析

变量	(1)	(2)
	$NCSKEW_{t+1}$	$DUVOL_{t+1}$
截距项	-0. 695 ***	-0. 542 ***
	(-7. 32)	(-11. 04)
$Pledge\_hat_t$	-0. 949 ***	-0. 513 ***
	(-14. 29)	(-14. 76)
$Post_t$	-0. 188 ***	-0. 156 ***
	(-10. 91)	(-17. 26)
$Pledge\_hat_t \times Post_t$	0. 456 ***	0. 271 ***
	(8. 80)	(9. 97)
$NCSKEW_t$	0. 050 ***	0. 036 ***
	(7. 57)	(10. 62)
$DTURN_t$	-0. 009	-0. 017 ***
	(-0. 84)	(-2. 97)

续表

变量	(1)	(2)
	$NCSKEW_{t+1}$	$DUVOL_{t+1}$
RET_t	165.289***	30.005**
	(6.87)	(2.46)
$SIGMA_t$	10.017***	1.386**
	(7.64)	(2.11)
OWN_t	0.001***	0.001***
	(3.48)	(3.02)
SOE_t	−0.268***	−0.137***
	(−13.00)	(−12.72)
$Size_t$	−0.009*	0.006**
	(−1.67)	(2.07)
MB_t	0.027***	0.017***
	(13.39)	(15.53)
LEV_t	0.105***	0.013
	(3.59)	(0.88)
ROA_t	0.538***	0.176***
	(6.10)	(3.77)
$ABSDA_t$	0.097	0.088***
	(1.62)	(2.81)
Province	控制	控制
Industry	控制	控制
N	18663	18663
adj. R^2	0.057	0.084

4.6 小结

基于质权人监督理论、控制权理论，考虑到质权人竞争会影响其对控股股东的监督激励，进而改变公司文字信息披露策略和崩盘风险，本书分别研究质权人竞争与控股股东股权质押公司文字信息披露，以及公司崩盘风险的关系。研究发现，相比非控股股东股权质押公司，《业务办法》实施后，控股股东股权质押公司年报“管理层讨论与分析”文字信息语气较为积极，且崩盘风险较高；在融资约束较弱、外部监督较弱或政府干预程度较高地区公司的样本中，上述结果更为显著。研究表明，质权人竞争会削弱质权人对于出质人（控股股东）的监督作用，其对股权质押公司文字信息披露的要求相应降低，进而提高公司崩盘风险；同时，出质人相对质权人的议价能力越强，质权人监督出质人的激励越弱，质权人竞争对控股股东股权质押公司文字信息披露策略及崩盘风险的负面效应越明显。

本书丰富了股权质押公司信息披露策略的相关研究。已有研究多基于盈余公告的数字信息视角，关注公司股权质押后，其可操纵应计或真实盈余管理的变化（Asija 等，2016；Huang and Xue，2016；谭燕和吴静，2013）。考虑与数字信息相比，文字信息更加易于操纵且操纵成本较低，本书发现，质权人竞争程度增强时，股权质押公司股价偏好采用积极的年报文字信息语气以抬高股价。

同时，本书为股权质押提高公司风险的研究提供了依据。已有研究指出，为维持质押物价值，公司有动机操纵股价，进而提升公司未来所面临的风险（Lee and Yeh，2004；谢德仁等，2016）。质权人竞争削弱了其对出质人的监督激励，降低了股权质押公司的信息披露质量，进而加剧了公司未来股价的崩盘风险。

第5章　质权人竞争与控股股东股权质押公司市场识别关系研究

5.1　股权质押后果研究

已有文献主要基于代理理论及控制权理论，从公司治理、公司风险、公司价值等角度，分析股权质押经济后果。一方面，部分研究认为，股权质押在不改变控股股东控制权的情况下降低了控股股东的现金流权，加剧了公司控制权和现金流权的分离程度，形成“弱化激励效应”和“强化侵占效应”（郝项超和梁琪，2009），从而产生负面经济后果。另一方面，部分研究认为，基于质权人“合约激励假说”（谭燕和吴静，2013），控股股东为避免控制权转移风险（王斌等，2013），会努力采取积极性策略改善公司经营管理，从而产生正面经济后果。

Yeh等（2003）基于中国台湾地区市场的研究发现，股权质押改变大股东股权分离度，使其掏空动机更强，与公司价值显著负相关。与之类似，Kao等（2004）同样以中国台湾上市公司为研究对象，发现质押股权与公司业绩显著负相关，且该负相关关系仅存在于集团公司。李永伟（2007）发现，股权质押公司的控股股东更偏好采取掏空行为，损害公司价值。郝项超和梁琪（2009）提出股权质押行为影响公司价值的“弱化激励效应”和“强化侵占效应”，发现最终控制人的股权质押行为会降低公司价值，且上述结果在私人控股公司中更为显著。王斌等（2013）发现，国有大股东股权质押行为并不能改善上市公司业绩，民营公司的大股东股权质押行为则有助于上市公司提高业绩。张陶勇和陈焰华（2014）指出，与质押资金被用于发生股权质押的上市公司相比，当股权质押资金用于控股股东自身或第三方时，公司绩效更差。郑国坚等（2014）则直接以大股东股权质押衡量公司融资约束程度，发现大股东股权进行质押时，其更倾向对上市公司占款，且此时的占款行为与上市公司业绩显著负相关。Chan 等（2016）指出，为维持质押标的物价值，发生股权质押的控股股东会利用公司回购策略调整二级市场股价，而投资者则会降低对公司回购策略的估值。Dou 等（2019）发现，管理层降低股权质押比例时，股东财富会得到显著提升。

梳理股权质押和公司价值的研究，本书研究发现相对已有相关研究贡献如下：本书分别基于投资者和分析师角度，考察了市场能否识别质权人竞争对控股股东股权质押的负面影响，并给出了肯定证据，为已有基于公司治理、公司风险以及公司价值等角度分析股权质押后果的研究提供了崭新视角。

5.2　质权人治理与公司价值研究

已有研究较少集中于质权人治理与公司价值，多基于债权人治理展开分析。已有研究指出，债权人事前筛选和事后监督能够缓解信息不对称，减少债务人代理成本，发挥公司治理的作用，提高公司价值。高声誉债权人具有鉴证作用，会向市场传递债务人质量较高的信号，因此，相比低声誉债权人，高声誉债权人的公司治理效应更强。James（1987）认为，为保护自身利益，债权人在批准贷款时会对债务人进行详细审查，贷后还会持续跟踪监督，研究发现，公司宣告获得借款时，投资者市场反应显著为正，而公司宣告通过定向增发和债券融资偿还借款时，投资者市场反应显著为负。Lummer 和 Mcconnell（1989）认为，获得债务融资意味着通过了债权人审核程序，相比"新增借款"，"续新借款"债务人通过了债权人持续检验，其质量更高。研究发现，相比"新增借款"，市场投资者对"续新借款"公告反应更为积极。Slovin 和 Young（1990）发现，相比未获得银行借款的公司，获得银行借款的公司发布增发公告时，市场投资者反应更为积极。Hirschey 等（1990）发现，相比银行借款较少的公司，银行借款较多公司发布资产处置公告时，市场投资者反应更为积极。Maloney 等（1993）发现，相比财务杠杆较低公司，财务杠杆较高公司宣告并购时的市场反应更为积极，说明债务融资能够改善管理层并购决策。Billett 等（1995）发现，相比信用评级较低公司，信用评级较高公司宣告银行借款时，市场反应更为积极。Ross（2010）发现，相比其他债务人，获得高声誉债权人借款的债务人借款公告市场反应更为积极，上述结果在信息透明度较低的债务人中更为显著。Bushman 和 Wittenberg-Moerman（2012）研究发现，债权人声誉越高，债务人长期会计业绩越高、信贷质量越高、盈余持续性越好。Nini 等（2012）指出，债务人违约后，债权人积极发挥了公司治理作用，导致债务人资本投资更为稳健、兼并收购活动减少、管理层更可能发生变更，会计业绩和市场业绩提高。

少数文献研究质权人治理与公司价值的关系。王斌等（2013）指出，与国企大股东不同，质押股权后民企大股东担心控制权转移风险，改善公司经营业绩的激励更强。研究发现，国有大股东股权质押与上市公司业绩改善不相关，而民营大股东股权质押与上市公司业绩改善正相关。

5.3 理论分析与研究假设

《业务办法》实施后，投资者或分析师可以识别质权人竞争增强产生的负面影响，给予控股股东股权质押公司相对较低的估值。首先，《业务办法》的出台有助于市场及时了解公司股权质押的相关信息。《业务办法》出台之前，监管部门对股权质押交易的信息披露并无针对性法规①；《业务办法》则明确规定“持有上市公司股份5%以上的股东，将其持有的该上市公司股票进行股票质押回购的，不得违反有关信息披露的规定”，“甲方为持股5%以上的股东，且以其持有的该上市公司的股票参与股票质押回购的，则承诺按照有关规定的要求及时、准确地履行信息披露义务”。Byard 等（2011）、Tan 等（2011）、Kim 和 Shi（2012）、Landsman 等（2012）、Horton 等（2013）等的研究结果均表明，国际财务报告准则（IFRS）实施后，公司信息可以更好地反映于股价，分析师预测误差也相应降低。本书认为，《业务办法》实施后，监管层对控股股东股权质押交易信息披露的监管更为严格，有利于市场

① 《业务办法》出台之前，控股股东股权质押交易仅需依据 2005 年 10 月 27 日出台的《证券法》之“持有公司百分之五以上股份的股东或者实际控制人，其持有股份或者控制公司的情况发生较大变化”，以及 2007 年 1 月 30 日施行的《上市公司信息披露管理办法》之“发生可能对上市公司证券及其衍生品种交易价格产生较大影响的重大事件，投资者尚未得知时，上市公司应当立即披露，说明事件的起因、目前的状态和可能产生的影响”等相关内容，履行披露义务。

给予股权质押公司正确估值。其次，媒体报道有助于投资者了解公司股权质押的相关信息。一是作为券商的新生业务，股权质押备受媒体关注："上市公司股权质押井喷，券商成最大推手①""股权质押市场券商咄咄逼人②"等屡屡见诸报端，吸引了投资者的有限关注（Hirshleifer and Teoh，2003），有利于其更为准确地判断质权人市场竞争，评估券商加入股权质押市场所产生的影响。二是 2013 年 5 月《业务办法》出台前后，媒体行业的格局也悄然改变：朋友圈③、微博④、新闻财经类 App 等新媒体蓬勃发展，极大地丰富了投资者的信息来源，简化了投资者的信息获取方式，降低了投资者的信息获取成本。Chan（2003）、Tetlock（2007）、Tetlock 等（2008）等的研究结果表明，媒体关注有益于二级市场价格发现，《业务办法》出台后，投资者可以相对准确地评估控股股东股权质押公司的价值。最后，分析师的专业性有助于其判断质权人竞争负面效应。如前所述，分析师对于宏观经济信息、行业信息及公司信息的数据搜集、处理及判断极具专业性（Boni and Womack，2006；Hutton 等，2012；Green 等，2014；Li 等，2015；Cheng 等，2016）。Burgstahler 和 Eames（2003）、Du 和 Zhang（2013）等的研究结果均表明，分析师可以有效识别公司盈余质量。本书认为，《业务办法》实施后，分析师可以凭借其专业能力判断质权人竞争对控股股东股权质押公司盈余质量的负面影响，并给出与之匹配的盈利预测。由此，本书提出假设 6.1、假设 6.2：

H6.1：相比非控股股东股权质押公司，《业务办法》实施后，投资者对控股股东股权质押公司估值较低。

H6.2：相比非控股股东股权质押公司，《业务办法》实施后，分析师对控股股东股权质押公司盈利预测较差。

---

① http：//money. 163. com/13/0705/01/9301MU2F00253B0H. html.

② http：//finance. ifeng. com/a/20130816/10448190_0. shtml.

③ 2013 年 10 月，微信注册用户已突破 6 亿人，半年时间即实现了注册用户的翻倍增长。参见 http：//news. xinhuanet. com/info/2013—10/23/c_132824301. htm。

④ 2014 年 4 月 17 日，新浪微博成功登陆纳斯达克，成为全球范围内首家上市的中文社交媒体。参见 http：//tech. sina. com. cn/i/2014-04-18/09309329858. shtml。

5.4 实证检验

5.4.1 样本选取

本书以 2003—2015 年 A 股非金融上市公司为研究对象，分析控股股东股权质押对分析师预测、市场价值的影响。本研究使用的股权质押数据来自 Wind 数据库，并手工整理质押股东信息；公司基本特征数据均来自国泰安数据库。参考 Chan 等（2016）、谢德仁等（2016），样本筛选过程如下：①删除总资产、所有者权益为负或零的样本；②删除 ST 样本；③删除主要研究变量缺失样本。本书最终样本共 19568 个公司年度观测，其中控股股东进行股权质押的观测数、控股股东未进行股权质押的观测数分别为 4418 个、15150 个，样本筛选过程见表 5-1。

表 5-1 样本选择

项目	总公司年度观测数（个）	控股股东进行股权质押的观测数（个）	控股股东未进行股权质押的观测数（个）
2003—2015 年 A 股上市公司	24886	5440	19446
减：金融业上市公司	524	71	453
减：总资产、所有者权益为负值或 0 的样本	1865	159	1706
减：ST 样本	1529	307	1222
减：数据缺失样本	1400	485	915
最终样本	19568	4418	15150

样本年度分布情况见表 5-2。表 5-2 显示，控股股东股权质押的观测数占比平均为 20%，从 2003 年的 3%上升至 2015 年的 40%。

表 5-2　样本年度分布

会计年度	总观测数（个）	控股股东进行股权质押的观测数（个）	控股股东未进行股权质押的观测数（个）
2003	977	30	947
2004	1026	98	928
2005	1115	185	930
2006	1075	174	901
2007	1132	168	964
2008	1276	221	1055
2009	1350	274	1076
2010	1483	268	1215
2011	1832	390	1442
2012	2091	489	1602
2013	2205	644	1561
2014	2069	699	1370
2015	1937	778	1159
合计	19568	4418	15150

5.4.2　变量定义和模型设计

5.4.2.1　控股股东股权质押特征

本书参考谢德仁等（2016）、徐寿福等（2016），采用控股股东是否实施股权质押（*Pledge*）衡量公司控股股东股权质押倾向。若该年度公司控股股东质押其股权，*Pledge* 取值为 1，若该年度控股股东未质押其股权，则为 0。

5.4.2.2　质权人竞争虚拟变量

考虑到《业务办法》允许证券公司开展股权质押业务，会加剧股权质押市场质权人竞争，本书以《业务办法》实施前后分组，检验其对市场识别的影响。考虑到证交所于 2013 年 5 月 24 日出台《业务办法》，本书以 2013 年为分界点，在《业务办法》实施阶段（2013 年之后，包括 2013 年）质权人竞争虚拟变量（*Post*）变量取 1，否则取 0。

5.4.2.3 市场识别

（1）市场业绩。

为了考察投资者是否识别《业务办法》对质权人监督作用的影响，本书借鉴 Erickson 等（2013），以年度累计异常收益衡量投资者估值，分别采用以市场调整的累计异常收益（*BHAR*1）、规模调整的累计异常收益（*BHAR*2）。

（2）分析师预测误差。

为了考察分析师是否识别《业务办法》对质权人监督作用的影响，本书借鉴 Erickson 等（2013），以分析师预测误差考察分析师估值。本书以 t 年分析师发布的该年度盈余预测（*Forecast*），并选择离年报公告日最近的一次，计算分析师一致预测；分析师预测误差为一致性预测与实际每股收益（*EPS*）的差值，以年底收盘价（*Price*）平滑。其中，本书分别以分析师预测中位数和均值衡量分析师一致预测（*FE*1、*FE*2）。*FE* 值越高，表示分析师对股票盈余越乐观。

$$FE1_t=\frac{Median(Forecast_t)-EPS_t}{Price_t} \tag{5-1}$$

$$FE2_t=\frac{Mean(Forecast_t)-EPS_t}{Price_t} \tag{5-2}$$

其中，*Forecast* 为 t 年分析师发布的该年度盈余预测，且选择离年报公告日最近的一次。*EPS* 为公司 t 年实际每股收益。*Price* 为公司 t 年年底收盘价。

5.4.2.4 控制变量

根据谢德仁等（2016）、徐寿福等（2016），本书设计了以下控制变量：公司规模（*Size*）、市值账面比（*MB*）、杠杆（*LEV*）、业绩（*ROA*）、行业（*Industry*）、年度（*Year*）。本书对崩盘风险变量之外的所有连续变量进行 1% 缩尾处理。变量设计见表 5-3。

表 5-3 变量定义

Panel A：控股股东股权质押特征	
Pledge	控股股东股权质押虚拟变量，若该年度公司控股股东质押其股权，则取值为 1，若公司控股股东未质押其股权，则为 0

续表

Panel B：质权人竞争虚拟变量	
Post	质权人竞争虚拟变量，在《业务办法》实施阶段（2013 年之后，包括 2013 年）变量取 1，否则取 0
Panel C：市场识别	
*BHAR*1	投资者估值，即以市场收益率调整的年度累计异常收益
*BHAR*2	投资者估值，即以规模调整的年度累计异常收益
*FE*1	分析师预测误差，即分析师一致性预测与实际每股收益的差值，以年底收盘价平滑。其中，本书以 t 年分析师发布的该年度盈余预测，并选择离年报公告日最近的一次，计算分析师一致预测，分析师预测误差 $FE1_t=[Median(Forecast_t)-EPS_t]/Price_t$，其中，*Forecast* 为 t 年分析师发布的该年度盈余预测，且选择离年报公告日最近的一次。*EPS* 为公司 t 年实际每股收益。*Price* 为公司 t 年年底收盘价，下同
*FE*2	分析师预测误差，即分析师一致性预测与实际每股收益的差值，以年底收盘价平滑。其中，本书以 t 年分析师发布的该年度盈余预测，并选择离年报公告日最近的一次，计算分析师一致预测，分析师预测误差 $FE2_t=[Mean(Forecast_t)-EPS_t]/Price_t$
Panel D：控制变量	
Size	公司规模，即公司总市值的对数值
MB	公司市值账面比
LEV	公司杠杆，即总负债与总资产的比值
ROA	公司净利润
Industry	基于证监会行业分类定义的行业虚拟变量

5.4.2.5　质权人竞争、股权质押与市场识别的模型设计

为了考察市场是否识别《业务办法》对质权人监督作用的影响，对假设 6.1、假设 6.2 进行验证，本书基于公司年度观测，建立如下 DID 模型：

$$BHAR1_t(BHAR2_t)=\alpha_0+\alpha_1 Pledge_t+\alpha_2 Post_t+\alpha_3 Pledge_t\times Post_t+\alpha_4 ControlVariable_t+Industry+\varepsilon \tag{5-3}$$

$$FE1_t(FE2_t)=\alpha_0+\alpha_1 Pledge_t+\alpha_2 Post_t+\alpha_3 Pledge_t\times Post_t+\alpha_4 ControlVariable_t+Industry+\varepsilon \tag{5-4}$$

其中，$ControlVariable_t$ 表示控制变量。若假设 6.1、假设 6.2 成立，则相

比非控股股东股权质押公司，《业务办法》实施后控股股东股权质押公司投资者估值较低、分析师预测误差较差，即 α_3 显著小于0。

5.4.3 实证结果

5.4.3.1 描述性统计

为了得到上市公司控股股东股权质押、质权人竞争及市场识别变量的总体特征，本书考察了各变量分布情况，结果见表5-4。

表5-4中Panel A列示控股股东股权质押特征分布。控股股东股权质押虚拟变量（$Pledge_t$）均值为0.226，说明约22.6%的样本发生了控股股东股权质押。Panel B列示质权人竞争特征分布。质权人竞争虚拟变量（$Post_t$）均值为0.317，显示约31.7%的样本处于《业务办法》实施阶段（2013—2015年）。

Panel C列示市场识别特征。以市场收益率调整的年度累计异常收益（$BHAR1_t$）均值、中位数分别为0.041、-0.011，说明公司平均年累计异常收益为正；以规模调整的年度累计异常收益（$BHAR2_t$）均值、中位数分别为-0.068、-0.034，低于以市场收益率调整的年度累计异常收益。基于中位数计算分析师一致预测的分析师预测误差（$FE1_t$）均值、中位数分别为0.013、0.004，说明分析师预期偏乐观，其盈利预测高于公司实际盈余；基于均值计算分析师一致预测的分析师预测误差（$FE2_t$）均值、中位数分别为0.014、0.005，略高于$FE1_t$。

Panel D列示公司控制变量。

表5-4 样本总体分布

变量	观测值	均值	中位数	标准差	分位数			
					1%	25%	75%	99%
Panel A：控股股东股权质押特征								
$Pledge_t$	19568	0.226	0.000	0.418	0.000	0.000	0.000	1.000
Panel B：质权人竞争特征								
$Post_t$	19568	0.317	0.000	0.465	0.000	0.000	1.000	1.000
Panel C：市场识别特征								
$BHAR1_t$	19568	0.041	-0.011	0.760	-2.061	-0.317	0.367	2.867

续表

变量	观测值	均值	中位数	标准差	分位数			
					1%	25%	75%	99%
$BHAR2_t$	19568	-0.068	-0.034	0.948	-2.671	-0.377	0.346	3.118
$FE1_t$	13783	0.013	0.004	0.029	-0.026	0.000	0.015	0.179
$FE2_t$	13783	0.014	0.005	0.029	-0.026	0.000	0.017	0.177
Panel D：公司控制变量								
$Size_t$	19568	15.200	15.110	1.057	13.150	14.450	15.850	18.200
MB_t	19568	3.367	2.547	2.630	0.687	1.669	4.128	15.660
LEV_t	19568	0.458	0.469	0.202	0.051	0.305	0.616	0.867
ROA_t	19568	0.048	0.040	0.063	-0.154	0.014	0.075	0.275

5.4.3.2 《业务办法》实施前后股权质押与市场识别的描述性统计

为了检验市场参与者是否识别《业务办法》对质权人监督作用的影响，并验证假设 6.1、假设 6.2，本书分别检验《业务办法》对控股股东股权质押样本市场业绩、分析师预测误差的影响，比较《业务办法》实施前后实验组（控股股东股权质押样本）和配对组（非控股股东股权质押样本）公司市场业绩（$BHAR1_t$、$BHAR2_t$）、分析师预测误差（$FE1_t$、$FE2_t$）变化的差异，描述性统计见表 5-5、表 5-6。

表 5-5 为《业务办法》实施前后控股股东股权质押与公司市场业绩的描述性统计。《业务办法》实施前（*Pre* 阶段），控股股东股权质押样本（$Pledge_t=1$）市场业绩（$BHAR1_t$、$BHAR2_t$）均值分别为 0.033、-0.066，在《业务办法》实施后（*Post* 阶段），$BHAR1_t$、$BHAR2_t$ 均值分别为 0.114、-0.086，则《业务办法》实施前后（*Post-Pre*）$BHAR1_t$、$BHAR2_t$ 差异分别为 0.080、- 0.020；《业务办法》实施前后，非控股股东股权质押样本（$Pledge_t=0$）市场业绩（$BHAR1_t$、$BHAR2_t$）差异分别为 0.165、0.062，均在 1%水平上显著为正，因此《业务办法》实施前后，控股股东股权质押样本（$Pledge_t=1$）和非控股股东股权质押样本（$Pledge_t=0$）市场业绩变化（$\Delta BHAR1_t$、$\Delta BHAR2_t$）差异分别为-0.084、-0.082，均在 5%水平上显著为负，说明相比非控股股东股权质押公司，《业务办法》实施后，控股股东股权

质押公司市场业绩下降，即投资者对其估值下降。

表5-6为《业务办法》实施前后控股股东股权质押与分析师预测误差的描述性统计。《业务办法》实施前（*Pre* 阶段），控股股东股权质押样本（$Pledge_t=1$）分析师预测误差（$FE1_t$、$FE2_t$）均值分别为0.019、0.020，在《业务办法》实施后（*Post* 阶段），$FE1_t$、$FE2_t$均值分别为0.010、0.011，则《业务办法》实施前后（*Post* - *Pre*）$FE1_t$、$FE2_t$差异分别为-0.009、-0.010，均在1%水平上显著；《业务办法》实施前后，非控股股东股权质押样本（$Pledge_t=0$）分析师预测误差（$FE1_t$、$FE2_t$）差异分别为-0.004、-0.004，由此《业务办法》实施前后，控股股东股权质押样本（$Pledge_t=1$）和非控股股东股权质押样本（$Pledge_t=0$）分析师预测误差变化（$\Delta FE1_t$、$\Delta FE2_t$）差异分别为-0.006、-0.006，均在1%水平上显著，说明相比非控股股东股权质押公司，《业务办法》实施后，控股股东股权质押的分析师预测误差下降，即分析师会下调对控股股东股权质押公司的预期。

表5-5　《业务办法》实施前后股权质押与市场业绩的描述性统计

变量	控股股东进行股权质押样本 ($Pledge_t=1$)			控股股东未进行股权质押样本 ($Pledge_t=0$)			双重差分
	Post 均值	*Pre* 均值	(1) *Post-Pre*	*Post* 均值	*Pre* 均值	(2) *Post-Pre*	(1) - (2) *Diff-in-Diff*
$BHAR1_t$	0.114	0.033	0.080	0.153	-0.012	0.165	-0.084
(t检验)			3.33***			12.10***	-3.16***
$BHAR2_t$	-0.086	-0.066	-0.020	-0.021	-0.083	0.062	-0.082
(t检验)			-0.68			3.62***	-2.46**
观测值	2121	2297		4090	11060		

注：*Post* 为《业务办法（试行）》实施期间（2013—2015年），*Pre* 为其实施前（2003—2012年）。

表 5-6　《业务办法》实施前后股权质押与分析师预测误差的描述性统计

变量	控股股东进行股权质押样本 ($Pledge_t=1$)			控股股东未进行股权质押样本 ($Pledge_t=0$)			双重差分
	Post 均值	*Pre* 均值	(1) *Post-Pre*	*Post* 均值	*Pre* 均值	(2) *Post-Pre*	(1) - (2) *Diff-in-Diff*
$FE1_t$	0.010	0.019	-0.009	0.010	0.014	-0.004	-0.006
(t 检验)			-8.93***			-5.75***	-4.84***
$FE2_t$	0.011	0.020	-0.010	0.011	0.015	-0.004	-0.006
(t 检验)			-9.33***			-6.32***	-4.84***
观测值	1665	1579		3116	7423		

注：*Post* 为《业务办法（试行）》实施期间（2013—2015 年），*Pre* 为其实施前（2003—2012 年）。

5.4.3.3　《业务办法》实施前后股权质押与市场识别的回归分析

为了控制其他公司特征对市场识别的影响，本书利用双重差分（DID）模型分析《业务办法》对控股股东股权质押样本市场业绩（$BHAR1_t$、$BHAR2_t$）、分析师预测误差（$FE1_t$、$FE2_t$）的影响，回归结果见表 5-7、表5-8。

表 5-7 显示《业务办法》实施前后股权质押与公司市场业绩的回归结果。列（1）和列（2）中，控股股东股权质押虚拟变量与《业务办法》实施虚拟变量的交乘项（$Pledge_t \times Post_t$）回归系数分别为-0.062、-0.065，均在 10%水平上显著为负，该结果表明，相比非控股股东股权质押公司，《业务办法》实施后，控股股东股权质押公司市场业绩下降。表 5-7 结果与表 5-5 结果一致，共同验证了假设 6.1。

表 5-7　《业务办法》实施前后股权质押与市场业绩的回归分析

变量	(1)	(2)
	$BHAR1_t$	$BHAR2_t$
截距项	2.190***	3.170***
	(23.42)	(25.01)
$Pledge_t$	0.046***	0.044**
	(2.82)	(2.17)

续表

变量	(1)	(2)
	$BHAR1_t$	$BHAR2_t$
$Post_t$	0.318***	0.333***
	(22.52)	(18.31)
$Pledge_t \times Post_t$	-0.062**	-0.065*
	(-2.27)	(-1.92)
$Size_t$	-0.155***	-0.238***
	(-25.81)	(-28.81)
MB_t	-0.040***	-0.063***
	(-14.96)	(-17.56)
LEV_t	0.333***	0.436***
	(10.85)	(11.56)
ROA_t	1.859***	1.926***
	(17.97)	(14.84)
Industry	控制	控制
N	19568	19568
adj. R^2	0.066	0.096

表5-8显示《业务办法》实施前后股权质押与分析师预测误差的回归结果。列（1）和列（2）中，控股股东股权质押虚拟变量与《业务办法》实施虚拟变量的交乘项（$Pledge_t \times Post_t$）回归系数分别为-0.003、-0.002，均在5%水平上显著，该结果表明，相比非控股股东股权质押公司，《业务办法》实施后，控股股东股权质押公司的分析师预测误差显著下降。表5-8结果与表5-6结果一致，共同验证了假设6.2。

表5-8 《业务办法》实施前后股权质押与分析师预测误差的回归分析

变量	(1)	(2)
	$FE1_t$	$FE2_t$
截距项	0.039***	0.035***
	(8.86)	(7.98)
$Pledge_t$	0.003***	0.003***
	(3.42)	(3.84)

续表

变量	(1)	(2)
	$FE1_t$	$FE2_t$
$Post_t$	−0.004***	−0.005***
	(−8.51)	(−9.56)
$Pledge_t \times Post_t$	−0.003**	−0.002**
	(−2.35)	(−2.30)
$Size_t$	−0.001***	−0.000
	(−2.92)	(−1.63)
MB_t	−0.000***	−0.001***
	(−4.87)	(−6.43)
LEV_t	0.003**	0.003**
	(2.39)	(2.15)
ROA_t	−0.186***	−0.185***
	(−27.82)	(−28.37)
Industry	控制	控制
N	13783	13783
adj. R^2	0.192	0.193

5.4.4　稳健性检验

5.4.4.1　控制质权人竞争变量度量的稳健性检验

考虑到采用《业务办法》虚拟变量衡量质权人竞争可能存在误差，本书采用质权人数量（*NUM*）和质权人竞争指数（*PMC*）衡量质权人竞争，进一步检验《业务办法》实施前后股权质押与公司市场识别的关系。

考虑到采用《业务办法》虚拟变量衡量质权人竞争可能存在误差，本书采用质权人数量（*NUM*）和质权人竞争指数（*PMC*）衡量质权人竞争，进一步检验《业务办法》实施前后股权质押与公司市场业绩的关系，回归结果见表5-9。

表 5-9 中 Panel A 显示采用质权人数量（*NUM*）衡量质权人竞争的《业务办法》实施前后股权质押与公司市场业绩的回归结果。控股股东股权质押

虚拟变量与质权人数量的交乘项（$Pledge_t \times NUM_t$）回归系数分别为-0.051、-0.045，均在10%水平上显著。Panel B 显示采用质权人竞争指数（PMC）衡量质权人竞争的《业务办法》实施前后股权质押与公司市场业绩的回归结果。控股股东股权质押虚拟变量与质权人竞争指数的交乘项（$Pledge_t \times PMC_t$）回归系数分别为-0.148、-0.136，均在1%水平上显著。结果显示，市场投资者能够识别《业务法规》对质权人监督作用的影响，与表5-7结果一致。上述结果表明，质权人竞争计量方式不影响《业务办法》实施前后股权质押与公司市场业绩的研究结果。

表5-9　控制质权人竞争变量度量的《业务办法》实施前后股权质押与市场业绩的回归分析

Panel A：采用质权人数量衡量质权人竞争的《业务办法》实施前后股权质押与市场业绩的回归分析		
变量	(1)	(2)
	$BHAR1_t$	$BHAR2_t$
截距项	1.471***	2.277***
	(15.77)	(18.06)
$Pledge_t$	0.323***	0.312**
	(2.81)	(2.19)
NUM_t	0.080***	0.001
	(13.22)	(0.18)
$Pledge_t \times NUM_t$	-0.051**	-0.045*
	(-2.41)	(-1.72)
$Size_t$	-0.126***	-0.166***
	(-19.56)	(-19.23)
MB_t	-0.039***	-0.064***
	(-14.24)	(-17.72)
LEV_t	0.256***	0.313***
	(8.22)	(8.21)
ROA_t	1.514***	1.560***
	(14.67)	(11.98)
Industry	控制	控制
N	19568	19568
adj. R^2	0.043	0.078

续表

PanelB：采用质权人竞争指数衡量质权人竞争的《业务办法》实施前后股权质押与市场业绩的回归分析		
变量	(1)	(2)
	$BHAR1_t$	$BHAR2_t$
截距项	1.587***	2.067***
	(16.01)	(15.40)
$Pledge_t$	0.194***	0.201***
	(6.06)	(5.05)
PMC_t	0.071***	-0.050***
	(5.14)	(-2.65)
$Pledge_t \times PMC_t$	-0.148***	-0.136***
	(-4.75)	(-3.42)
$Size_t$	-0.109***	-0.148***
	(-16.43)	(-15.97)
MB_t	-0.037***	-0.064***
	(-13.64)	(-17.67)
LEV_t	0.228***	0.277***
	(7.31)	(7.24)
ROA_t	1.445***	1.474***
	(13.83)	(11.26)
Industry	控制	控制
N	19568	19568
adj. R^2	0.040	0.079

考虑到采用《业务办法》虚拟变量衡量质权人竞争可能存在误差，本书采用质权人数量（*NUM*）和质权人竞争指数（*PMC*）衡量质权人竞争，进一步检验《业务办法》实施前后股权质押与分析师预测误差的关系，回归结果见表 5-10。

表 5-10 中 Panel A 显示采用质权人数量（*NUM*）衡量质权人竞争的《业务办法》实施前后股权质押与分析师预测误差的回归结果。控股股东股权质押虚拟变量与质权人数量的交乘项（$Pledge_t \times NUM_t$）回归系数分别为-0.005、-0.005，均在1%水平上显著。*Panel B* 显示采用质权人竞争指数（*PMC*）衡

量质权人竞争的《业务办法》实施前后股权质押与分析师预测误差的回归结果。控股股东股权质押虚拟变量与质权人竞争指数的交乘项（$Pledge_t \times PMC_t$）回归系数分别为-0.004、-0.005，均在1%水平上显著。结果显示，分析师能够识别《业务法规》对质权人监督作用的影响，与表5-8结果一致。表5-9、表5-10结果表明，质权人竞争计量方式不影响《业务办法》实施前后股权质押与公司市场识别的研究结果。

表5-10　控制质权人竞争变量度量的《业务办法》实施前后股权质押与分析师预测误差的回归分析

Panel A：采用质权人数量衡量质权人竞争的《业务办法》实施前后股权质押与分析师预测误差的回归分析		
变量	(1)	(2)
	$FE1_t$	$FE2_t$
截距项	0.048***	0.045***
	(10.65)	(9.98)
$Pledge_t$	0.028***	0.028***
	(3.74)	(3.83)
NUM_t	-0.000	-0.000
	(-0.82)	(-0.48)
$Pledge_t \times NUM_t$	-0.005***	-0.005***
	(-3.71)	(-3.76)
$Size_t$	-0.001***	-0.001***
	(-5.13)	(-4.29)
MB_t	-0.000***	-0.001***
	(-4.97)	(-6.58)
LEV_t	0.005***	0.005***
	(3.46)	(3.50)
ROA_t	-0.180***	-0.177***
	(-26.77)	(-27.09)

续表

变量	(1)	(2)
	$FE1_t$	$FE2_t$
Industry	控制	控制
N	13783	13783
adj. R^2	0.187	0.187
Panel B：采用质权人竞争指数衡量质权人竞争的《业务办法》实施前后股权质押与分析师预测误差的回归分析		
变量	(1)	(2)
	$FE1_t$	$FE2_t$
截距项	0.045 ***	0.042 ***
	(10.32)	(9.73)
$Pledge_t$	0.006 ***	0.006 ***
	(3.33)	(3.57)
PMC_t	-0.002 **	-0.002 **
	(-2.50)	(-2.42)
$Pledge_t \times PMC_t$	-0.004 ***	-0.005 ***
	(-3.07)	(-3.17)
$Size_t$	-0.001 ***	-0.001 ***
	(-4.41)	(-3.48)
MB_t	-0.000 ***	-0.001 ***
	(-4.86)	(-6.44)
LEV_t	0.004 ***	0.004 ***
	(3.09)	(3.06)
ROA_t	-0.182 ***	-0.180 ***
	(-26.79)	(-27.15)
Industry	控制	控制
N	13783	13783
adj. R^2	0.187	0.187

5.4.4.2　控制股权质押变量度量的稳健性检验

考虑到采用控股股东股权质押虚拟变量衡量其股权质押可能存在误差，本书采用控股股东股权质押次数（*NPledge*）和质押比例（*RPledge*），进一步检验《业务办法》实施前后股权质押与公司市场识别的关系。

考虑到采用控股股东股权质押虚拟变量衡量其股权质押可能存在误差，本书采用控股股东股权质押次数（*NPledge*）和质押比例（*RPledge*），进一步检验《业务办法》实施前后股权质押与公司市场业绩的关系，回归结果见表5-11。

表5-11中Panel A显示采用控股股东股权质押次数（*NPledge*）衡量股权质押的《业务办法》实施前后股权质押与公司市场业绩的回归结果。控股股东股权质押次数与《业务办法》虚拟变量的交乘项（$NPledge_t \times Post_t$）、与质权人数量的交乘项（$NPledge_t \times NUM_t$）、与质权人竞争指数的交乘项（$NPledge_t \times PMC_t$）回归系数分别为-0.036、-0.055、-0.067、-0.054、-0.150、-0.111，均在10%水平上显著。*Panel B*显示采用控股股东股权质押比例（*RPledge*）衡量股权质押的《业务办法》实施前后股权质押与公司市场业绩的回归结果。控股股东股权质押比例与《业务办法》虚拟变量的交乘项（$RPledge_t \times Post_t$）、与质权人数量的交乘项（$RPledge_t \times NUM_t$）、与质权人竞争指数的交乘项（$RPledge_t \times PMC_t$）回归系数分别为-0.030、-0.027、-0.010、-0.022、-0.028、-0.042，均在10%水平上显著。结果与表5-7结果一致。上述结果表明，控股股东股权质押计量方式不影响《业务办法》实施前后股权质押与公司市场业绩的研究结果。

表5-11　控制股权质押变量度量的《业务办法》实施前后股权质押与市场业绩的回归分析

Panel A：采用控股股权股东质押次数衡量股权质押的《业务办法》实施前后股权质押与市场业绩的回归分析						
变量	(1)	(2)	(3)	(4)	(5)	(6)
	$BHAR1_t$	$BHAR2_t$	$BHAR1_t$	$BHAR2_t$	$BHAR1_t$	$BHAR2_t$
截距项	2.195***	3.477***	1.469***	1.856***	1.586***	1.507***
	(23.48)	(29.25)	(15.73)	(16.42)	(16.03)	(12.57)
$NPledge_t$	0.042***	0.047***	0.418***	0.369***	0.206***	0.192***
	(3.29)	(2.87)	(3.79)	(2.70)	(7.55)	(5.60)
$Post_t$	0.310***	0.301***				
	(22.55)	(17.12)				

续表

变量	(1)	(2)	(3)	(4)	(5)	(6)
	$BHAR1_t$	$BHAR2_t$	$BHAR1_t$	$BHAR2_t$	$BHAR1_t$	$BHAR2_t$
$NPledge_t \times Post_t$	-0.036*	-0.055**				
	(-1.79)	(-2.17)				
NUM_t			0.080***	-0.030***		
			(13.20)	(-4.09)		
$NPledge_t \times NUM_t$			-0.067***	-0.054**		
			(-3.37)	(-2.20)		
PMC_t					0.069***	-0.112***
					(5.05)	(-6.59)
$NPledge_t \times PMC_t$					-0.150***	-0.111***
					(-6.04)	(-3.54)
$Size_t$	-0.155***	-0.254***	-0.126***	-0.119***	-0.109***	-0.100***
	(-25.85)	(-33.25)	(-19.51)	(-15.58)	(-16.46)	(-12.52)
MB_t	-0.041***	-0.068***	-0.039***	-0.073***	-0.037***	-0.072***
	(-15.04)	(-18.53)	(-14.25)	(-21.50)	(-13.66)	(-21.04)
LEV_t	0.332***	0.436***	0.250***	0.314***	0.223***	0.271***
	(10.82)	(11.38)	(8.04)	(8.24)	(7.14)	(7.10)
ROA_t	1.855***	2.571***	1.506***	1.961***	1.434***	1.824***
	(17.92)	(19.92)	(14.60)	(15.63)	(13.73)	(14.39)
Industry	控制	控制	控制	控制	控制	控制
N	19568	19568	19568	19568	19568	19568
adj. R^2	0.066	0.094	0.044	0.070	0.042	0.073

Panel B：采用控股股权股东质押比例衡量股权质押的《业务办法》实施前后股权质押与市场业绩的回归分析

变量	(1)	(2)	(3)	(4)	(5)	(6)
	$BHAR1_t$	$BHAR2_t$	$BHAR1_t$	$BHAR2_t$	$BHAR1_t$	$BHAR2_t$
截距项	2.571***	3.174***	1.520***	1.894***	1.599***	1.514***
	(22.53)	(25.00)	(16.60)	(17.11)	(16.14)	(12.60)
$RPledge_t$	0.016**	0.013	0.060***	0.111***	0.051***	0.060***
	(2.34)	(1.47)	(3.76)	(5.78)	(3.83)	(3.59)
$Post_t$	0.269***	0.332***				
	(15.49)	(18.53)				

续表

变量	(1)	(2)	(3)	(4)	(5)	(6)
	$BHAR1_t$	$BHAR2_t$	$BHAR1_t$	$BHAR2_t$	$BHAR1_t$	$BHAR2_t$
$RPledge_t \times Post_t$	-0.030*	-0.027*				
	(-1.81)	(-1.67)				
NUM_t			0.076***	-0.027***		
			(12.24)	(-3.61)		
$RPledge_t \times NUM_t$			-0.010***	-0.022***		
			(-2.58)	(-4.77)		
PMC_t					0.058***	-0.102***
					(4.19)	(-5.88)
$RPledge_t \times PMC_t$					-0.028**	-0.042**
					(-2.07)	(-2.39)
$Size_t$	-0.187***	-0.238***	-0.128***	-0.123***	-0.109***	-0.100***
	(-25.85)	(-28.77)	(-20.00)	(-16.14)	(-16.42)	(-12.51)
MB_t	-0.067***	-0.063***	-0.039***	-0.073***	-0.038***	-0.071***
	(-20.61)	(-17.59)	(-14.43)	(-21.55)	(-13.80)	(-20.96)
LEV_t	0.434***	0.437***	0.255***	0.317***	0.234***	0.285***
	(11.45)	(11.59)	(8.22)	(8.32)	(7.49)	(7.45)
ROA_t	2.503***	1.926***	1.514***	1.963***	1.449***	1.842***
	(19.96)	(14.83)	(14.68)	(15.66)	(13.86)	(14.52)
Industry	控制	控制	控制	控制	控制	控制
N	19568	19568	19568	19568	19568	19568
adj. R^2	0.074	0.096	0.043	0.070	0.039	0.071

考虑到采用控股股东股权质押虚拟变量衡量其股权质押可能存在误差，本书采用控股股东股权质押次数（*NPledge*）和质押比例（*RPledge*），进一步检验《业务办法》实施前后股权质押与分析师预测误差的关系，回归结果见表5-12。

表5-12中Panel A显示采用控股股东股权质押次数（*NPledge*）衡量股权质押的《业务办法》实施前后股权质押与分析师预测误差的回归结果。控股股东股权质押次数与《业务办法》虚拟变量的交乘项（$NPledge_t \times Post_t$）、与质权人数量的交乘项（$NPledge_t \times NUM_t$）、与质权人竞争指数的交乘项

($NPledge_t \times PMC_t$) 回归系数分别为 -0.002、-0.002、-0.004、-0.004、-0.003、-0.003，均在 1%水平上显著。

Panel B 显示采用控股股东股权质押比例（RPledge）衡量股权质押的《业务办法》实施前后股权质押与分析师预测误差的回归结果。控股股东股权质押比例与《业务办法》虚拟变量的交乘项（$RPledge_t \times Post_t$）、与质权人数量的交乘项（$RPledge_t \times NUM_t$）、与质权人竞争指数的交乘项（$RPledge_t \times PMC_t$）回归系数分别为 -0.001、-0.001、-0.002、-0.002、-0.002、-0.002，均在 5%水平上显著。结果与表 5-8 结果一致。表 5-11 和表 5-12 结果表明，控股股东股权质押计量方式不影响《业务办法》实施前后股权质押与公司市场识别的研究结果。

表 5-12　控制股权质押变量度量的《业务办法》实施前后股权质押与分析师预测误差的回归分析

Panel A：采用控股股东股权质押次数衡量股权质押的《业务办法》实施前后股权质押与分析师预测误差的回归分析						
变量	(1)	(2)	(3)	(4)	(5)	(6)
	$FE1_t$	$FE2_t$	$FE1_t$	$FE2_t$	$FE1_t$	$FE2_t$
截距项	0.040***	0.036***	0.049***	0.046***	0.045***	0.042***
	(8.96)	(8.10)	(10.82)	(10.15)	(10.41)	(9.82)
$NPledge_t$	0.002***	0.003***	0.021***	0.022***	0.004***	0.005***
	(3.63)	(4.05)	(3.70)	(3.85)	(3.26)	(3.55)
$Post_t$	-0.004***	-0.005***				
	(-8.72)	(-9.80)				
$NPledge_t \times Post_t$	-0.002***	-0.002***				
	(-2.69)	(-2.70)				
NUM_t			-0.000	-0.000		
			(-1.12)	(-0.76)		
$NPledge_t \times NUM_t$			-0.004***	-0.004***		
			(-3.66)	(-3.79)		
PMC_t					-0.002***	-0.002***
					(-2.85)	(-2.76)

续表

变量	(1)	(2)	(3)	(4)	(5)	(6)
	$FE1_t$	$FE2_t$	$FE1_t$	$FE2_t$	$FE1_t$	$FE2_t$
$NPledge_t \times PMC_t$					−0.003***	−0.003***
					(−2.98)	(−3.15)
$Size_t$	−0.001***	−0.000*	−0.001***	−0.001***	−0.001***	−0.001***
	(−3.04)	(−1.77)	(−5.18)	(−4.35)	(−4.48)	(−3.56)
MB_t	−0.000***	−0.001***	−0.000***	−0.001***	−0.000***	−0.001***
	(−4.85)	(−6.41)	(−5.00)	(−6.61)	(−4.90)	(−6.48)
LEV_t	0.003**	0.003**	0.005***	0.005***	0.004***	0.004***
	(2.39)	(2.14)	(3.52)	(3.55)	(3.12)	(3.08)
ROA_t	−0.186***	−0.185***	−0.180***	−0.177***	−0.182***	−0.180***
	(−27.84)	(−28.39)	(−26.79)	(−27.11)	(−26.81)	(−27.17)
Industry	控制	控制	控制	控制	控制	控制
N	13783	13783	13783	13783	13783	13783
adj. R^2	0.192	0.193	0.187	0.187	0.187	0.187

Panel B：采用控股股东股权质押比例衡量股权质押的《业务办法》实施前后股权质押与分析师预测误差的回归分析

变量	(1)	(2)	(3)	(4)	(5)	(6)
	$FE1_t$	$FE2_t$	$FE1_t$	$FE2_t$	$FE1_t$	$FE2_t$
截距项	0.039***	0.035***	0.048***	0.045***	0.045***	0.042***
	(8.88)	(8.00)	(10.74)	(10.07)	(10.40)	(9.81)
$RPledge_t$	0.001***	0.001***	0.012***	0.012***	0.002***	0.003***
	(2.74)	(3.01)	(3.60)	(3.62)	(3.10)	(3.25)
$Post_t$	−0.004***	−0.005***				
	(−8.38)	(−9.43)				
$RPledge_t \times Post_t$	−0.001**	−0.001**				
	(−2.43)	(−2.31)				
NUM_t			−0.000	−0.000		
			(−0.65)	(−0.30)		
$RPledge_t \times NUM_t$			−0.002***	−0.002***		
			(−3.62)	(−3.61)		
PMC_t					−0.001**	−0.001**
					(−2.27)	(−2.17)

续表

变量	(1)	(2)	(3)	(4)	(5)	(6)
	$FE1_t$	$FE2_t$	$FE1_t$	$FE2_t$	$FE1_t$	$FE2_t$
$RPledge_t \times PMC_t$					-0.002***	-0.002***
					(-3.16)	(-3.20)
$Size_t$	-0.001***	-0.000	-0.001***	-0.001***	-0.001***	-0.001***
	(-2.93)	(-1.64)	(-5.24)	(-4.41)	(-4.49)	(-3.57)
MB_t	-0.000***	-0.001***	-0.000***	-0.001***	-0.000***	-0.001***
	(-4.75)	(-6.28)	(-4.97)	(-6.57)	(-4.84)	(-6.41)
LEV_t	0.003**	0.003**	0.005***	0.005***	0.004***	0.004***
	(2.45)	(2.23)	(3.56)	(3.62)	(3.18)	(3.17)
ROA_t	-0.186***	-0.185***	-0.179***	-0.177***	-0.181***	-0.179***
	(-27.82)	(-28.38)	(-26.76)	(-27.08)	(-26.77)	(-27.13)
Industry	控制	控制	控制	控制	控制	控制
N	13783	13783	13783	13783	13783	13783
adj. R^2	0.191	0.192	0.187	0.187	0.187	0.187

5.4.4.3　控制内生性问题的稳健性检验

考虑到公司特征或者行业特征可能同时影响公司控股股东股权质押决策和市场识别，本书采用两阶段法（2SLS）克服上述内生性问题，第一阶段模型如下：

$$\mathrm{Pledge}_t = \alpha_0 + \alpha_1 Size_{t-1} + \alpha_2 SOE_{t-1} + \alpha_3 MB_{t-1} + \alpha_4 LEV_{t-1} + \alpha_5 ROA_{t-1} + Year + Industry + \varepsilon \tag{5-5}$$

其中，*Year* 表示年度虚拟变量。本书用上述模型拟合值 $Pledge\_hat_t$ 替代 $Pledge_t$，回归结果如下。

表 5-13 显示控制内生性问题的《业务办法》实施前后股权质押与公司市场业绩的回归结果，交乘项 $Pledge\_hat_t \times Post_t$ 回归系数均在 1% 水平上显著，与表5-7结果一致。上述结果表明，内生性问题并不影响本书主要研究发现。

表 5-13　控制内生性问题的《业务办法》实施前后股权质押与市场业绩的回归分析

变量	(1)	(2)
	$BHAR1_t$	$BHAR2_t$
截距项	2.187***	2.527***
	(22.93)	(21.83)
$Pledge\_hat_t$	0.122***	-0.025
	(2.85)	(-0.46)
$Post_t$	0.377***	0.354***
	(17.71)	(13.23)
$Pledge\_hat_t \times Post_t$	-0.291***	-0.298***
	(-4.41)	(-3.60)
$Size_t$	-0.156***	-0.182***
	(-25.65)	(-25.15)
MB_t	-0.039***	-0.072***
	(-14.11)	(-20.72)
LEV_t	0.326***	0.439***
	(10.56)	(11.50)
ROA_t	1.847***	2.457***
	(17.35)	(18.86)
Industry	控制	控制
N	19273	19273
adj. R^2	0.066	0.080

表 5-14 显示控制内生性问题的《业务办法》实施前后股权质押与分析师预测误差的回归结果，交乘项 $Pledge\_hat_t \times Post_t$ 回归系数均在 5%水平上显著，与表 5-8 结果一致。表 5-13、表 5-14 结果表明，内生性问题并不影响本书主要研究发现。

表 5-14　控制内生性问题的《业务办法》实施前后股权质押与分析师预测误差的回归分析

变量	(1)	(2)
	$FE1_t$	$FE2_t$
截距项	0.033***	0.028***
	(7.10)	(6.07)
$Pledge\_hat_t$	0.006***	0.008***
	(2.58)	(3.52)
$Post_t$	-0.003***	-0.004***
	(-3.69)	(-4.40)
$Pledge\_hat_t \times Post_t$	-0.006**	-0.006**
	(-2.09)	(-2.36)
$Size_t$	-0.001**	-0.000
	(-2.40)	(-1.03)
MB_t	-0.000	-0.000*
	(-0.19)	(-1.72)
LEV_t	0.005***	0.004***
	(3.43)	(3.15)
ROA_t	-0.196***	-0.194***
	(-28.47)	(-28.90)
Industry	控制	控制
N	13507	13507
adj. R^2	0.206	0.206

5.5　小结

考虑到《业务办法》的出台可能影响公司股权质押信息的披露，进而改变资本市场投资者或分析师认知，本书基于投资者估值及分析师预测 2 个角度，研究质权人竞争与控股股东股权质押公司市场识别的关系。研究发现，相比非控股股东股权质押公司，《业务办法》实施后，投资者对控股股东股权质押公司估值较低，分析师对控股股东股权质押公司盈利预测较差。研究表明，《业务办法》实施后，投资者或分析师可以识别质权人竞争增强产生的负面影响，给予控股股东股权质押公司相对较低的估值。

本书研究结论具有一定实践意义。本书研究结论公司可以利用相对有效的外部监督缓解控股股东股权质押的负面效应；同时，本书结论有助于投资者合理评估控股股东股权质押公司价值，并适时调整投资决策。此外，本书结论对监管层完善股权质押的质权人市场机制，制定针对控股股东股权质押公司的监管决策具有一定参考价值。

第6章 结 论

6.1 研究结论与研究贡献

6.1.1 研究结论

首先，考虑到质权人竞争会影响股权质押市场的供求均衡，本书研究质权人竞争与控股股东股权质押动机的关系。研究发现，《业务办法》实施后，控股股东更偏好进行股权质押。研究表明，《业务办法》将券商引入股权质押市场，强化了股权质押市场的质权人竞争，增加了股权质押市场的质权人供给，为出质方提供了更多可供选择的质权人，进而提高了控股股东股权质押动机。

其次，基于质权人监督理论、控制权理论，考虑到质权人竞争会影响其对控股股东的监督激励，进而改变公司盈余质量、文字信息披露策略、崩盘风险，本书分别研究质权人竞争与控股股东股权质押公司盈余质量，即会计稳健性和应计质量，以及年报文字信息披露语气、公司崩盘风险的关系。研究发现，相比非控股股东股权质押公司，《业务办法》实施后，控股股东股权质押公司的会计稳健性及应计质量均较差，且文字信息语气较为积极，崩盘风险较高；在融资约束较弱、外部监督较弱或政府干预程度较高地区公司的样本中，上述结果更为显著。研究表明，质权人竞争会削弱质权人对于出质人（即控股股东）的监督作用，降低公司盈余质量，提高公司文字信息语气积极程度、崩盘风险；同时，出质人相对质权人的议价能力越强，质权人监督出质人的激励越弱，质权人竞争对控股股东股权质押公司盈余质量、文字信息语气及崩盘风险的负面效应越明显。

最后，考虑到《业务办法》的出台可能影响公司股权质押信息的披露，进而改变资本市场投资者或分析师认知，本书基于投资者估值及分析师预测2个角度，研究质权人竞争与控股股东股权质押公司市场识别的关系。研究发现，相比非控股股东股权质押公司，《业务办法》实施后，投资者对控股股东股权质押公司估值较低，分析师对控股股东股权质押公司盈利预测较差。研究表明，《业务办法》实施后，投资者或分析师可以识别质权人竞争增强产生的负面影响，给予控股股东股权质押公司相对较低的估值。

6.1.2 研究贡献与政策建议

（1）理论贡献。

第一，本书拓宽了质权人竞争与其监督作用的相关研究。已有针对银行竞争与银行监督的研究多集中于债权市场（Marquez，2002；Dell' Ariccia and Marquez，2006；Bushman等，2016），已有针对券商竞争与券商监督的研究多集中于发行市场（Takaoka and McKenzie，2006；Yasuda，2007），均较少考虑质权市场中，二者所发挥的监督作用。基于质权人竞争视角，本书考察了银行和券商监督作用的弱化对于控股股东股权质押公司盈余质量及崩盘风险的影响，丰富了已有银行竞争与银行监督、券商竞争与券商监督的文献。

第二，本书拓宽了股权质押动机的相关研究。已有针对股权质押动机的研究主要基于控股股东融资约束视角，论证与其他融资方式相比，股权质押融资的控制权优势（Anderson and Puleo，2015；Dou等，2019；Huang and Xue，2016；谭燕和吴静，2013；王斌等，2013；谢德仁等，2016；徐寿福等，2016）、股权质押融资的市场反应优势（Chen and Kao，2011；王斌等，2013）以及股权质押融资的便捷性（郝项超和梁琪，2009；李永伟，2007；王斌等，2013；谢德仁等，2016；徐寿福等，2016）。与已有研究均围绕控股股东一方展开论证不同，本书基于控股股东与质权人的博弈视角解读控股股东股权质押动机，并详细分析了质押动机与质权人监督作用的关系。具体来说，在股权质押契约签订过程中，控股股东融资约束程度会左右其股权质押动机，进而改变控股股东对于质权人的议价能力，引发质权人监督作用的变化，最终影响公司盈余质量及市场业绩。

第三，本书丰富了股权质押与应计质量的相关研究。已有文献认为，质权人监督可以产生合约激励效应，促进控股股东股权质押公司降低盈余管理水平或采用更为隐蔽的盈余管理方式（谭燕和吴静，2013；Asija等，2016；

王斌和宋春霞，2015；陈共荣等，2016）。本书强调，质权人能否发挥合约激励效应受制于质权人与出质人的议价能力；具体来说，质权人市场竞争会降低质权人议价能力，削弱质权人监督作用，损害控股股东股权质押公司应计质量。

第四，通过研究质权人竞争对控股股东股权质押公司会计稳健性的影响，本书同时拓展了股权质押后果及会计稳健性影响因素的研究。一方面，针对股权质押后果的文献一般从盈余管理（谭燕和吴静，2013；Asija等，2016；王斌和宋春霞，2015；陈共荣等，2016）或盈余平滑（Huang and Xue，2016）角度考察质权人监督作用，较少关注控股股东股权质押对公司会计稳健性的影响。另一方面，针对会计稳健性形成原因的文献更多考虑债权人治理作用（Ahmed 等，2002；Watts，2003；Wittenberg - Moerman，2008；Nikolaev，2010；Peek 等，2010；Jayaraman and Shivakumar，2013；Tan，2013；Haw 等，2014；Martin and Roychowdhury，2015），较少关注质权人治理作用。本书强调，股权质押中的质权人会影响公司会计政策的选择。

第五，本书丰富了股权质押公司信息披露策略的相关研究。已有研究多基于盈余公告的数字信息视角，关注公司股权质押后，其可操纵应计或真实盈余管理的变化（Asija 等，2016；Huang and Xue，2016；谭燕和吴静，2013）。考虑与数字信息相比，文字信息更加易于操纵且操纵成本较低，本书发现，质权人竞争增强时，股权质押公司股价偏好采用积极的年报文字信息语气以抬高股价。

第六，本书为股权质押提高公司风险的研究提供了证据。已有研究指出，为维持质押物价值，公司有动机操纵股价，进而提升公司未来所面临的风险（Lee and Yeh，2004；谢德仁等，2016）。具体来说，质权人竞争削弱了其对出质股东的监督激励；在一定程度上，质权人对控股股东机会主义行为的“放任”加剧了公司未来股价的崩盘风险。

第七，本书拓展了银行或券商作为质权人的公司治理作用研究。已有研究主要从抵押资产与银行监督相互补充（Rajan and Winton，1995；Cerqueiro等，2014；谭燕和吴静，2013）抑或相互替代（Manove and Padilla，1999，2001；Jime'nez 等，2006）两个角度，分析银行在抵押贷款中所发挥的监督作用。鉴于券商的业务范围主要集中于承销及经纪，已有针对券商监督的研究更多关注发行市场（Hansen and Torregrosa，1992；Jain and Kini，1999；Li and Masulis，2004；方军雄，2012）或分析师追踪（Green 等，2014；Li 等，2015；Jung 等，2015；Cheng 等，2016），较少分析券商作为债权人或质权人的作用。本书研究了银行和券商作为质权人所发挥的监督作用，并详细论证了质权人竞争与银行和券商监督作用的关系，为已有银行或券商监督作用的相关研究提供了崭新视角。

(2) 政策建议。

首先，本书研究结论有助于公司调整治理机制，弱化股权质押负面后果。本书研究结论表明，在质权人竞争增强的情况下，为争抢客户资源，质权人会减少对出质人，即控股股东的监督，从而强化控股股东掏空动机，损害公司盈余质量，加大公司崩盘风险，且不利于公司二级市场表现。在一定程度上，有效的外部监督，如优质审计师可以缓解质权人竞争的负面影响，弥补质权人对控股股东的监督不足，限制控股股东掏空行为。因此，公司可以利用相对有效的外部监督缓解控股股东股权质押的负面效应，扭转投资者和分析师对于公司生产经营状况的消极判断。

其次，本书研究结论对投资者投资决策的制定具有一定指导意义。本书研究结论表明，《业务办法》的出台改变了股权质押质权人市场供给均衡，使得银行及券商等质权人难以发挥监督作用，导致控股股东掏空公司的可能性提高，有碍于公司未来健康发展。因此，投资者可以依据“控股股东股权质押”这一事件合理评估公司价值，并适时调整自身投资决策。

最后，本书结论对股权质押监管层具有重要启示。本书研究结论表明，《业务办法》的推出虽然降低了公司股权质押成本，便于公司利用股权质押方式融资，但质权人供给的增加也削弱了质权人原有的监督作用，为控股股东通过股权质押途径掏空公司提供了空间。因此，一方面，监管层应完善股权质押的质权人市场机制，出台相应规定激励质权人监督；另一方面，监管层应制定针对控股股东股权质押公司的监管决策，弱化控股股东掏空公司的动机，保护投资者利益。

6.2　研究局限与未来研究方向

6.2.1　研究局限

本书存在如下研究局限：

（1）本书虽然基于已有理论和资本市场实践论证了《业务办法》出台会增强质权人竞争，但是并未给出规范的理论模型推导。

（2）本书虽然基于券商与银行、券商与券商、银行与银行3个角度论证了券商进入股权质押市场可以增强质权人竞争，但是本书并未对上述三种竞争途径予以区分。

（3）针对质权人竞争导致的质权人监督作用弱化，本书仅基于盈余质量、崩盘风险与市场识别3个角度进行了论证与检验，并未考察其他公司治理变量的变化及相应后果。

（4）鉴于《业务办法》于2013年5月出台，本书于法规之后获得的样本观测相对较少，可能使得法规前后样本分布不均，进而影响本书实证发现的有效性。不过，本书采用的分组检验方法在一定程度上缓解了上述问题。

6.2.2　未来研究方向

基于本书研究，未来研究可从如下方向拓展：

（1）参考相关理论文献，给出质权人市场竞争程度增加的规范推导。

（2）收集质权人特征的细化信息，进一步区分质权人竞争程度增强的原因和路径。

（3）考察质权人竞争变化与控股股东股权质押公司的其他治理变量，如管理层盈余预测等的关系。

（4）未来样本区间相对较长时，更新样本做进一步检验。

参考文献

[1] 白晓宇．上市公司信息披露政策对分析师预测的多重影响研究［J］．金融研究，2009（4）：92-112.

[2] 毕晓方，张俊民，李海英．产业政策、管理者过度自信与企业流动性风险［J］．会计研究，2015（3）：57-63.

[3] 蔡传里，许家林．上市公司信息透明度对股票流动性的影响——来自深市上市公司2004—2006年的经验证据［J］．经济与管理研究，2010（8）：88-96.

[4] 蔡宁．信息优势、择时行为与大股东内幕交易［J］．金融研究，2012（5）：179-192.

[5] 曾庆生．高管及其亲属买卖公司股票时"浑水摸鱼"了？——基于信息透明度对内部人交易信息含量的影响研究［J］．财经研究，2014，40（12）：15-26.

[6] 曾庆生．上市公司内部人交易披露延迟及其经济后果研究——来自上海股票市场的经验证据［J］．财经研究，2011，37（2）：72-82.

[7] 陈阿林，张素．中文阅读难度模型及易读性公式探索［J］．计算机科学，1999，26（11）：42-44.

[8] 陈超，甘露润．银行风险管理、贷款信息披露与并购宣告市场反应［J］．金融研究，2013（1）：92-106.

[9] 陈冬华．产业政策与公司融资——来自中国的经验证据［A］//2010中国会计与财务研究国际研讨会论文集［C］．中国上海，2010：80.

[10] 陈晖丽，刘峰．融资融券的治理效应研究——基于公司盈余管理的视角［J］．会计研究，2014（9）：45-52.

[11] 陈健，席酉民，贾隽．并购后高管变更的绩效影响：基于中国上市公司的实证分析［J］．南开管理评论，2006（1）：33-37.

[12] 陈焰华．质押资金投向、股权质押与公司绩效［D］．浙江工商大学，2015.

[13] 程新生，刘建梅，陈靖涵．才能信号抑或薪酬辩护：超额薪酬与战略信息披露［J］．金融研究，2015（12）：146-161.

[14] 程新生，谭有超，刘建梅．非财务信息、外部融资与投资效率——基于外部制度约束的研究［J］．管理世界，2012（7）：137-150.

[15] 程新生，谭有超，许垒．公司价值、自愿披露与市场化进程——基于定性信息的披

露 [J]. 金融研究，2011 (8)：111-127.
[16] 程新生，谭有超．自愿披露可以提高财务透明度吗？ [J]. 经济管理，2013，35 (6)：95-102.
[17] 褚剑，方军雄．中国式融资融券制度安排与股价崩盘风险的恶化 [J]. 经济研究，2016 (5)：143-158.
[18] 戴璐，汤谷良．长期“双高”现象之谜：债务融资、制度环境与大股东特征的影响——基于上海科技与东盛科技的案例分析 [J]. 管理世界，2007 (8)：129-139.
[19] 邓莉，张宗益，李宏胜，刘伟．银行在公司控制权市场中的作用研究——来自中国上市公司的证据 [J]. 金融研究，2008 (1)：88-99.
[20] 董锋，韩立岩．中国股市透明度提高对市场质量影响的实证分析 [J]. 经济研究，2006 (5)：87-96.
[21] 董小红，李哲，王放．或有事项信息披露有利于分析师预测吗？ [J]. 经济管理，2015，37 (10)：96-105.
[22] 杜晓宇．中国上市公司高管变更期间业绩预告披露行为研究 [D]. 吉林大学，2009.
[23] 樊纲，王小鲁，周恒鹏．中国市场化指数 [M]. 北京：经济科学出版社，2011.
[24] 范经华，张雅曼，刘启亮．内部控制、审计师行业专长、应计与真实盈余管理 [J]. 会计研究，2013 (4)：81-88.
[25] 方红星，施继坤．自愿性内部控制鉴证与权益资本成本——来自沪市 A 股非金融类上市公司的经验证据 [J]. 经济管理，2011，33 (12)：128-134.
[26] 方军雄．Pre-IPO 券商股权投资：鉴证功能还是独立受损？ [J]. 证券市场导报，2012 (1)：59-69.
[27] 方军雄．我国上市公司信息披露透明度与证券分析师预测 [J]. 金融研究，2007 (6)：136-148.
[28] 封思贤．公司业绩与自愿性信息披露的实证研究 [J]. 经济问题探索，2005 (6)：89-93.
[29] 高凤莲，王志强．“董秘”社会资本对信息披露质量的影响研究 [J]. 南开管理评论，2015，18 (4)：60-71.
[30] 郝项超，梁琪．最终控制人股权质押损害公司价值么？ [J]. 会计研究，2009 (7)：57-63.
[31] 何贤杰，肖土盛，陈信元．企业社会责任信息披露与公司融资约束 [J]. 财经研究，2012，38 (8)：60-71.
[32] 何玉，唐清亮，王开田．碳信息披露、碳业绩与资本成本 [J]. 会计研究，2014

(1)：79-86.
[33] 贺建刚，孙铮，周友梅．金字塔结构、审计质量和管理层讨论与分析——基于会计重述视角［J］．审计研究，2013（6）：68-75.
[34] 胡丹，冯巧根．信息环境、审计质量与 IPO 抑价——以 A 股市场 2009—2011 年上市的公司为例［J］．会计研究，2013（2）：78-85.
[35] 胡静波，李立，李卜．上市公司 MD&A 信息披露有效性评价与分析［J］．工业技术经济，2011（8）：134-138.
[36] 胡军，王甄．微博、特质性信息披露与股价同步性［J］．金融研究，2015（11）：190-206.
[37] 胡奕明，林文雄，李思琦，谢诗蕾．大贷款人角色：我国银行具有监督作用吗？［J］．经济研究，2008（10）：52-64.
[38] 胡奕明，谢诗蕾．银行监督效应与贷款定价——来自上市公司的一项经验研究［J］．管理世界，2005（5）：27-36.
[39] 胡奕明，周伟．债权人监督：贷款政策与企业财务状况——来自上市公司的一项经验研究［J］．金融研究，2006（4）：49-60.
[40] 黄海杰，吕长江，丁慧．独立董事声誉与盈余质量——会计专业独董的视角［J］．管理世界，2016（3）：128-143.
[41] 黄乾富，沈红波．债务来源、债务期限结构与现金流的过度投资——基于中国制造业上市公司的实证证据［J］．金融研究，2009（9）：143-155.
[42] 黄琼宇，程敏英，黎文靖；等．上市方式、政治支持与盈余质量——来自中国家族企业的证据［J］．会计研究，2014（7）：43-49.
[43] 黄再胜．高管薪酬自愿性披露存在信息操纵吗——来自中国上市公司的经验证据［J］．南开管理评论，2013，16（4）：68-79.
[44] 简泽．银行债权治理、管理者偏好与国有企业的绩效［J］．金融研究，2013（1）：135-148.
[45] 江伟，彭晨，胡玉明．高管薪酬信息披露能提高薪酬契约的有效性吗？［J］．经济管理，2016，38（2）：114-126.
[46] 江伟．金融发展、银行贷款与公司投资［J］．金融研究，2011（4）：113-128.
[47] 荆溪昱．中文国文教材的适读性研究：适读年级值的推估［J］．教育研究资讯，1995（5）：113-127.
[48] 鞠晓生，卢荻，虞义华．融资约束、营运资本管理与企业创新可持续性［J］．经济研究，2013（1）：4-16.

[49] 黎凯，叶建芳．财政分权下政府干预对债务融资的影响——基于转轨经济制度背景的实证分析［J］．管理世界，2007（8）：23-34.

[50] 黎文靖，杨丹．管理层为何自愿披露劳动力成本上涨风险信息？——来自中国上市公司的经验证据［J］．财经研究，2013，39（10）：91-105.

[51] 李常青，等．管理层讨论与分析：借给投资者的一双“慧眼”［J］．上海证券报，2005（2）.

[52] 李春涛，宋敏，张璇．分析师跟踪与企业盈余管理——来自中国上市公司的证据［J］．金融研究，2014（7）：124-139.

[53] 李锋森，李常青．上市公司“管理层讨论与分析”的有用性研究［J］．证券市场导报，2008（12）：67-73.

[54] 李慧云，刘镝．市场化进程、自愿性信息披露和权益资本成本［J］．会计研究，2016（1）：71-78.

[55] 李明辉，曲晓辉．我国上市公司财务报告法律责任的问卷调查及分析［J］．会计研究，2005（5）：47-53.

[56] 李旎，郑国坚．市值管理动机下的控股股东股权质押融资与利益侵占［J］．会计研究，2015（5）：42-49.

[57] 李世辉，雷新途．两类代理成本、债务治理及其可观测绩效的研究——来自我国中小上市公司的经验证据［J］．会计研究，2008（5）：30-37.

[58] 李姝，赵颖，童婧．社会责任报告降低了企业权益资本成本吗？——来自中国资本市场的经验证据［J］．会计研究，2013（9）：64-70.

[59] 李小荣，刘行．CEO vs. CFO：性别与股价崩盘风险［J］．世界经济，2012（12）：102-129.

[60] 李晓慧，孙蔓莉．业绩归因分析在审计风险识别中的运用研究［J］．会计研究，2012（9）：82-88.

[61] 李永伟．控股股东股权质押动因及经济后果研究［D］．复旦大学，2007.

[62] 李增泉．激励机制与企业绩效——一项基于上市公司的实证研究［J］．会计研究，2000（1）：24-30.

[63] 李志军，王善平．货币政策、信息披露质量与公司债务融资［J］．会计研究，2011（10）：56-62.

[64] 梁权熙，曾海舰．独立董事制度改革、独立董事的独立性与股价崩盘风险［J］．管理世界，2016（3）：144-159.

[65] 林斌，饶静．上市公司为什么自愿披露内部控制鉴证报告？——基于信号传递理论

的实证研究［J］. 会计研究，2009（2）：45-52.
［66］刘涵月．管理层讨论与分析的信息披露水平及价值相关性研究［D］. 西南财经大学，2012.
［67］刘慧芬，王华．竞争环境、政策不确定性与自愿性信息披露［J］. 经济管理，2015，37（11）：145-155.
［68］刘启亮，李蕙，赵超，等．媒体负面报道、诉讼风险与审计费用［J］. 会计研究，2014（6）：81-88.
［69］刘启亮，李祎，张建平．媒体负面报道、诉讼风险与审计契约稳定性——基于外部治理视角的研究［J］. 管理世界，2013（11）：144-154.
［70］刘星，李宁，张超．银行竞争、终极控制与债务配置结构［J］. 会计研究，2015（10）：44-50.
［71］陆正飞，韩非池．承销商地域垄断性与 IPO 定价——来自中国 A 股上市公司的经验证据［J］. 会计与经济研究，2014（4）：3-16.
［72］陆正飞，韩非池．宏观经济政策如何影响公司现金持有的经济效应？——基于产品市场和资本市场两重角度的研究［J］. 管理世界，2013（6）：43-60.
［73］罗进辉，杜兴强．媒体报道、制度环境与股价崩盘风险［J］. 会计研究，2014（9）：53-59.
［74］罗进辉，黄震，谢达熙．危机管理中企业应该第一时间进行信息披露吗？——基于中国上市公司 116 起危机事件的实证研究［J］. 经济管理，2015，37（1）：43-55.
［75］罗炜，朱春艳．代理成本与公司自愿性披露［J］. 经济研究，2010，45（10）：143-155.
［76］马君潞，郭牧炫，李泽广．银行竞争、代理成本与借款期限结构——来自中国上市公司的经验证据［J］. 金融研究，2013（4）：71-84.
［77］孟晓俊，肖作平，曲佳莉．企业社会责任信息披露与资本成本的互动关系——基于信息不对称视角的一个分析框架［J］. 会计研究，2010（9）：25-29.
［78］钱龙．关系型借贷、银行竞争与中小企业融资研究述评［J］. 金融监管研究，2015（8）：53-67.
［79］钱淑芬．企业核心竞争力信息的自愿披露战略研究［J］. 经济管理，2007（2）：58-62.
［80］秦玉熙．IPO 盈利预测自愿披露意愿减弱的原因［J］. 会计研究，2004（11）：76-80.
［81］丘心颖，郑小翠，邓可斌．分析师能有效发挥专业解读信息的作用吗？——基于汉字年报复杂性指标的研究［J］. 经济学（季刊），2016，15（4）：1483-1506.

[82] 邱冬阳，陈林，孟卫东．内部控制信息披露与 IPO 抑价——深圳中小板市场的实证研究［J］．会计研究，2010（10）：34-39.

[83] 权小锋，吴世农，尹洪英．企业社会责任与股价崩盘风险：“价值利器”或“自利工具”？［J］．经济研究，2015（11）：49-64.

[84] 饶艳超，胡奕明．银行信贷中会计信息的使用情况调查与分析［J］．会计研究，2005（4）：36-41.

[85] 饶育蕾，王建新，丁燕．基于投资者有限注意的“应计异象”研究——来自中国 A 股市场的经验证据［J］．会计研究，2012（5）：59-66.

[86] 沈红波，杨玉龙，潘飞．民营上市公司的政治关联、证券违规与盈余质量［J］．金融研究，2014（1）：194-206.

[87] 沈红波，张春，陈欣．中国上市公司银行贷款公告的信息含量——自由现金流量假说还是优序融资假说［J］．金融研究，2007（12）：154-164.

[88] 沈洪涛，游家兴，刘江宏．再融资环保核查、环境信息披露与权益资本成本［J］．金融研究，2010（12）：159-172.

[89] 沈洪涛．公司特征与公司社会责任信息披露——来自我国上市公司的经验证据［J］．会计研究，2007（3）：9-16.

[90] 施海娜，徐浩萍，陈超．中小企业股权融资中投资银行市场竞争力构建与作用［J］．金融研究，2011（2）：95-113.

[91] 宋献中．论企业核心能力信息的自愿披露［J］．会计研究，2006（2）：47-52.

[92] 孙会霞，陈金明，陈运森．银行信贷配置、信用风险定价与企业融资效率［J］．金融研究，2013（11）：55-67.

[93] 孙亮，柳建华．银行业改革、市场化与信贷资源的配置［J］．金融研究，2011（1）：94-109.

[94] 孙蔓莉，蒋璐，孙健．业绩归因的自利性披露及市场反应研究——汇率单边升值情境下的纺织业表现［J］．会计研究，2013（4）：46-51.

[95] 孙蔓莉，王竹君，蒋艳霞．代理问题，公司治理模式与业绩自利性归因倾向——基于美、中、日三国的数据比较［J］．会计研究，2012（1）：68-74.

[96] 孙铮，刘风委，汪辉．债务，公司治理与会计稳健性［J］．中国会计与财务研究，2005，7（2）：112-173.

[97] 谭燕，吴静．股权质押具有治理效用吗？——来自中国上市公司的经验证据［J］．会计研究，2013（2）：45-53.

[98] 唐雪松，周晓苏，马如静．政府干预、GDP 增长与地方国企过度投资［J］．金融研

究，2010（8）：33-48.

[99] 田利辉．杠杆治理、预算软约束和中国上市公司绩效［J］．经济学（季刊），2004（S1）：15-26.

[100] 田利辉．国有产权、预算软约束和中国上市公司杠杆治理［J］．管理世界，2005a（7）：123-128.

[101] 田利辉．制度变迁、银企关系和扭曲的杠杆治理［J］．经济学（季刊），2005b，4（S1）：119-134.

[102] 田志刚．强制性披露能提高高管薪酬与公司业绩之间的敏感性吗？——基于上市公司面板数据的经验研究［J］．经济管理，2011，33（8）：67-73.

[103] 万良勇，魏明海．金融生态、利益输送与信贷资源配置效率——基于河北担保圈的案例研究［J］．管理世界，2009（5）：6-16.

[104] 王斌，蔡安辉，冯洋．大股东股权质押、控制权转移风险与公司业绩［J］．系统工程理论与实践，2013（7）：1762-1773.

[105] 王斌，宋春霞．大股东股权质押、股权性质与盈余管理方式［J］．华东经济管理，2015（8）：118-128.

[106] 王德发．上市公司会计信息披露的理性行为研究［D］．武汉大学，2010.

[107] 王凤荣，高飞．政府干预、企业生命周期与并购绩效——基于我国地方国有上市公司的经验数据［J］．金融研究，2012（12）：137-150.

[108] 王克敏，廉鹏．首发上市盈利预测制度变迁与公司盈余管理研究［J］．会计研究，2012（3）：72-77.

[109] 王克敏，刘博．公开增发业绩门槛与盈余管理［J］．管理世界，2012（8）：30-42.

[110] 王克敏，刘博．公司控制权转移与盈余管理研究［J］．管理世界，2014（7）：144-156.

[111] 王克敏，杨国超，刘静，等．IPO资源争夺、政府补助与公司业绩研究［J］．管理世界，2015（9）：147-157.

[112] 王霞，徐晓东，王宸．公共压力、社会声誉、内部治理与企业环境信息披露——来自中国制造业上市公司的证据［J］．南开管理评论，2013，16（2）：82-91.

[113] 王雄元，张春强．声誉机制、信用评级与中期票据融资成本［J］．金融研究，2013（8）：150-164.

[114] 王雄元．自愿性信息披露：信息租金与管制［J］．会计研究，2005（4）：25-29.

[115] 王璇．经理人能力与盈余预测——基于A股上市公司的经验证据［J］．经济与管理评论，2014，30（2）：75-80.

[116] 王艳艳，于李胜，安然．非财务信息披露是否能够改善资本市场信息环境？——基于社会责任报告披露的研究［J］．金融研究，2014（8）：178-191.

[117] 吴超鹏，叶小杰，吴世农．并购败绩后撤换 CEO 吗？——我国上市公司内外部治理机制有效性检验［J］．经济管理，2011，33（5）：46-55.

[118] 吴军，白云霞．我国银行制度的变迁与国有企业预算约束的硬化——来自 1999—2007 年国有上市公司的证据［J］．金融研究，2009（10）：179-192.

[119] 武恒光，王守海．债券市场参与者关注公司环境信息吗？——来自中国重污染上市公司的经验证据［J］．会计研究，2016（9）：68-74.

[120] 夏芸，徐欣．企业内部控制信息披露与债务契约——来自于中国房地产上市公司的经验证据［J］．经济管理，2011，33（3）：114-122.

[121] 谢德仁，林乐．管理层语调能预示公司未来业绩吗？——基于我国上市公司年度业绩说明会的文本分析［J］．会计研究，2015（2）：20-27.

[122] 谢德仁，郑登津，崔宸瑜．控股股东股权质押是潜在的“地雷”吗？——基于股价崩盘风险视角的研究［J］．管理世界，2016（5）：128-140.

[123] 徐浩萍，罗炜．投资银行声誉机制有效性——执业质量与市场份额双重视角的研究［J］．经济研究，2007（2）：124-136.

[124] 徐寿福，贺学会，陈晶萍．股权质押与大股东双重择时动机［J］．财经研究，2016（6）：74-86.

[125] 徐昕，沈红波．银行贷款的监督效应与盈余稳健性——来自中国上市公司的经验证据［J］．金融研究，2010（2）：102-111.

[126] 许年行，江轩宇，伊志宏，等．分析师利益冲突、乐观偏差与股价崩盘风险［J］．经济研究，2012（7）：127-140.

[127] 许年行，于上尧，伊志宏．机构投资者羊群行为与股价崩盘风险［J］．管理世界，2013（7）：31-43.

[128] 许荣，蒋庆欣，李星汉．信息不对称程度增加是否有助于投行声誉功能发挥？——基于中国创业板制度实施的证据［J］．金融研究，2013（7）：166-179.

[129] 薛爽，肖泽忠，潘妙丽．管理层讨论与分析是否提供了有用信息？——基于亏损上市公司的实证探索［J］．管理世界，2010（5）：130-140.

[130] 阎达五，孙蔓莉．深市 B 股发行公司年度报告可读性特征研究［J］．会计研究，2002（5）：10-17.

[131] 阳佳余．融资约束与企业出口行为：基于工业企业数据的经验研究［J］．经济学（季刊），2012（4）：1503-1524.

[132] 叶康涛，曹丰，王化成．内部控制信息披露能够降低股价崩盘风险吗？[J]. 金融研究，2015（2）：192-206.

[133] 于东智．资本结构、债权治理与公司绩效：一项经验分析 [J]. 中国工业经济，2003（1）：87-94.

[134] 袁蓉丽，陈黎明，文雯．上市公司内部控制审计报告自愿披露的经济效果研究——基于倾向评分匹配法和双重差分法的分析 [J]. 经济理论与经济管理，2014（6）：71-83.

[135] 袁振超，张路．分析师现金流预测影响应计质量吗？——基于我国 A 股市场的经验证据 [J]. 投资研究，2013（10）：108-123.

[136] 张陶勇，陈焰华．股权质押、资金投向与公司绩效——基于我国上市公司控股股东股权质押的经验数据 [J]. 南京审计学院学报，2014（6）：63-70.

[137] 张新，祝红梅．内幕交易的经济学分析 [J]. 经济学，2003，3（1）：71-96.

[138] 张学勇，廖理．股权分置改革、自愿性信息披露与公司治理 [J]. 经济研究，2010，45（4）：28-39.

[139] 赵红梅．我国上市公司年报中"管理层讨论与分析"有用性的实证研究 [D]. 西南财经大学，2012.

[140] 赵子夜．"无过"和"有功"：独立董事意见中的文字信号 [J]. 管理世界，2014（5）：131-141.

[141] 郑国坚，林东杰，林斌．大股东股权质押、占款与企业价值 [J]. 管理科学学报，2014（9）：72-87.

[142] 周黎安．晋升博弈中政府官员的激励与合作——兼论我国地方保护主义和重复建设问题长期存在的原因 [J]. 经济研究，2004（6）：33-40.

[143] 周黎安．中国地方官员的晋升锦标赛模式研究 [J]. 经济研究，2007（7）：36-50.

[144] 周勤业，卢宗辉，金瑛．上市公司信息披露与投资者信息获取的成本效益问卷调查分析 [J]. 会计研究，2003（5）：3-10.

[145] 祝继高，陆正飞，张然，叶康涛．银行借款信息的有用性与股票投资回报——来自 A 股上市公司的经验证据 [J]. 金融研究，2009（1）：122-135.

[146] 祝继高．会计稳健性与债权人利益保护——基于银行与上市公司关于贷款的法律诉讼的研究 [J]. 会计研究，2011（5）：50-57.

[147] Abdel-Khalik，A. R.，1973. The effect of aggregating accounting reports on the quality of the lending decision：An empirical investigation. Journal of Accounting Research.

[148] Aboody，D. and Kasznik，R.，2000. CEO stock option awards and the timing of corporate

voluntary disclosures. Journal of Accounting and Economics, 29 (1), pp. 73-100.

[149] Aboody, D., Hughes, J. and Liu, J., 2005. Earnings quality, insider trading, and cost of capital. Journal of Accounting Research, 43 (5), pp. 651-673.

[150] Adelberg, A. H., 1979. Narrative disclosures contained in financial reports: means of communication or manipulation? . Accounting and Business Research, 9 (35), pp. 179-190.

[151] Aggarwal, R. and Conroy, P., 2000. Price discovery in initial public offerings and the role of the lead underwriter. The Journal of Finance, 55 (6), pp. 2903-2922.

[152] Aghion, P. and Bolton, P., 1992. An incomplete contracts approach to financial contracting. The Review of Economic Studies, 59 (3), pp. 473-494.

[153] Aghion, P., Cai, J., Dewatripont, M., Du, L., Harrison, A. and Legros, P., 2015. Industrial policy and competition. American Economic Journal: Macroeconomics, 7 (4), pp. 1-32.

[154] Agrawal, A. and Chen, M. A., 2008. Do analyst conflicts matter? Evidence from stock recommendations. The Journal of Law and Economics, 51 (3), pp. 503-537.

[155] Ahmed, A. S., Billings, B. K., Morton, R. M. and Stanford-Harris, M., 2002. The role of accounting conservatism in mitigating bondholder-shareholder conflicts over dividend policy and in reducing debt costs. The Accounting Review, 77 (4), pp. 867-890.

[156] Aier, J. K., Chen, L. and Pevzner, M., 2014. Debtholders' dem and for conservatism: Evidence from changes in directors' fiduciary duties. Journal of Accounting Research, 52 (5), pp. 993-1027.

[157] Akerlof, G. A., 1970. The market for "Lemons": Quality uncertainty and the market mechanism. Quarterly Journal of Economics, 84 (3), pp. 488-500.

[158] Ali, A., Klasa, S. and Yeung, E., 2014. Industry concentration and corporate disclosure policy. Journal of Accounting and Economics, 58 (2-3), pp. 240-264.

[159] Allee, K. D. and DeAngelis, M. D., 2015. The structure of voluntary disclosure narratives: Evidence from tone dispersion. Journal of Accounting Research, 53 (2), pp. 241-274.

[160] Allen, F., 1990. The market for information and the origin of financial intermediation. Journal of Financial Intermediation, 1 (1), pp. 3-30.

[161] Allen, L., Saunders, A. and Udell, G. F., 1991. The pricing of retail deposits: Concentration and information. Journal of Financial Intermediation, 1 (4), pp. 335-361.

[162] Amihud, Y. and Mendelson, H., 1989. The effects of beta, bid-ask spread, residual

risk, and size on stock returns. The Journal of Finance, 44 (2), pp. 479-486.

[163] Amihud, Y., Garbade, K. and Kahan, M., 1999. A new governance structure for corporate bonds. Stanford Law Review, pp. 447-492.

[164] Anderson, R. and Puleo, M., 2015, February. Insider share-pledging and firm risk. In Southwestern Finance Association 2015 Conference.

[165] Angbazo, L. A., Mei, J. and Saunders, A., 1998. Credit spreads in the market for highly leveraged transaction loans. Journal of Banking & Finance, 22 (10-11), pp. 1249-1282.

[166] Armstrong, C. S. and Vashishtha, R., 2012. Executive stock options, differential risk-taking incentives, and firm value. Journal of Financial Economics, 104 (1), pp. 70-88.

[167] Arya, A. and Mittendorf, B., 2007. The interaction among disclosure, competition between firms, and analyst following. Journal of Accounting and Economics, 43 (2-3), pp. 321-339.

[168] Asija, A., Marisetty, V. B. and Rangan, S., 2016. Do insiders who pledge their shares manipulate reported earnings. Asia MIT Conference Working Paper 2016.

[169] Baginski, S. P., Hassell, J. M. and Kimbrough, M. D., 2002. The effect of legal environment on voluntary disclosure: Evidence from management earnings forecasts issued in US and Canadian markets. The Accounting Review, 77 (1), pp. 25-50.

[170] Baginski, S. P., Hassell, J. M. and Kimbrough, M. D., 2004. Why do managers explain their earnings forecasts? . Journal of Accounting Research, 42 (1), pp. 1-29.

[171] Baik, B. O. K., Farber, D. B. and Lee, S. A. M., 2011. CEO ability and management earnings forecasts. Contemporary Accounting Research, 28 (5), pp. 1645-1668.

[172] Bailey, W., Huang, W. and Yang, Z., 2011. Bank loans with Chinese characteristics: Some evidence on inside debt in a state-controlled banking system. Journal of Financial and Quantitative Analysis, 46 (6), pp. 1795-1830.

[173] Baker Eugene Ⅲ, H. and Kare, D. D., 1992. Relationship between annual reportreadability and corporate financial performance. Management Research News, 15 (1), pp. 1-4.

[174] Balakrishnan, K., Billings, M. B., Kelly, B. and Ljungqvist, A., 2014. Shaping liquidity: On the causal effects of voluntary disclosure. The Journal of Finance, 69 (5), pp. 2237-2278.

[175] Ball, R. and Brown, P., 1968. An empirical evaluation of accounting income num-

bers. Journal of Accounting Research, pp. 159–178.

[176] Barclay, M. J. and Smith Jr, C. W., 1995. The maturity structure of corporate debt. The Journal of Finance, 50 (2), pp. 609–631.

[177] Barnett, A. and Leoffler, K., 1979. Readability of accounting and auditing messages. The Journal of Business Communication, 16 (3), pp. 49–59.

[178] Barry, C. B. and Brown, S. J., 1985. Differential information and security market equilibrium. Journal of Financial and Quantitative Analysis, 20 (4), pp. 407–422.

[179] Barton, J. and Mercer, M., 2005. To blame or not to blame: Analysts' reactions to external explanations for poor financial performance. Journal of Accounting and Economics, 39 (3), pp. 509–533.

[180] Basu, S., 1997. The conservatism principle and the asymmetric timeliness of earnings1. Journal of Accounting and Economics, 24 (1), pp. 3–37.

[181] Beatty, A., Weber, J. and Yu, J. J., 2008. Conservatism and debt. Journal of Accounting and Economics, 45 (2–3), pp. 154–174.

[182] Beatty, R. P. and Ritter, J. R., 1986. Investment banking, reputation, and the underpricing of initial public offerings. Journal of Financial Economics, 15 (1 – 2), pp. 213–232.

[183] Bedford, N. M. and Baladouni, V., 1962. A communication theory approach to accountancy. The Accounting Review, 37 (4), p. 650.

[184] Benston, G. J., 1973. Required disclosure and the stock market: An evaluation of the Securities Exchange Act of 1934. The American Economic Review, 63 (1), pp. 132–155.

[185] Berger, A. N. and Udell, G. F., 1995. Relationship lending and lines of credit in small firm finance. Journal of Business, pp. 351–381.

[186] Berger, A. N. and Udell, G. F., 2002. Small business credit availability and relationship lending: The importance of bank organisational structure. The Economic Journal, 112 (477), pp. F32–F53.

[187] Berger, A. N., Espinosa–Vega, M. A., Frame, W. S. and Miller, N. H., 2011. Why do borrowers pledge collateral? New empirical evidence on the role of asymmetric information. Journal of Financial Intermediation, 20 (1), pp. 55–70.

[188] Berger, A. N., Frame, W. S. and Ioannidou, V., 2011. Tests of ex ante versus ex post theories of collateral using private and public information. Journal of Financial Economics, 100 (1), pp. 85–97.

[189] Berger, P. G. and Hann, R. N., 2007. Segment profitability and the proprietary and agency costs of disclosure. The Accounting Review, 82 (4), pp. 869-906.

[190] Bergstresser, D. and Philippon, T., 2006. CEO incentives and earnings management. Journal of Financial Economics, 80 (3), pp. 511-529.

[191] Berlin, M. and Loeys, J., 1988. Bond covenants and delegated monitoring. The Journal of Finance, 43 (2), pp. 397-412.

[192] Bernard, D., 2016. Is the risk of product market predation a cost of disclosure? . Journal of Accounting and Economics, 62 (2-3), pp. 305-325.

[193] Bernard, V. L. and Thomas, J. K., 1989. Post-earnings-announ cement drift: Delayed price response or risk premium? . Journal of Accounting Research, 27, pp. 1-36.

[194] Bernard, V. L. and Thomas, J. K., 1990. Evidence that stock prices do not fully reflect the implications of current earnings for future earnings. Journal of Accounting and Economics, 13 (4), pp. 305-340.

[195] Besanko, D. and Thakor, A. V., 1987a. Collateral and rationing: Sorting equilibria in monopolistic and competitive credit markets. International Economic Review, pp. 671-689.

[196] Besanko, D. and Thakor, A. V., 1987b. Competitive equilibrium in the credit market under asymmetric information. Journal of Economic Theory, 42 (1), pp. 167-182.

[197] Bester, H. and Hellwig, M., 1987. Moral hazard and equilibrium credit rationing: An overview of the issues. In Agency theory, information, and incentives (pp. 135 - 166). Springer, Berlin, Heidelberg.

[198] Bester, H., 1985. Screening vs. rationing in credit markets with imperfect information. American Economic Review, 75 (4), pp. 850-855.

[199] Beyer, A. and Dye, R. A., 2012. Reputation management and the disclosure of earnings forecasts. Review of Accounting Studies, 17 (4), pp. 877-912.

[200] Beyer, A., Cohen, D. A., Lys, T. Z. and Walther, B. R., 2010. The financial reporting environment: Review of the recent literature. Journal of Accounting and Economics, 50 (2-3), pp. 296-343.

[201] Bharath, S. T., Sunder, J. and Sunder, S. V., 2008. Accounting quality and debt contracting. The Accounting Review, 83 (1), pp. 1-28.

[202] Bhushan, R., 1989. Firm characteristics and analyst following. Journal of Accounting and Economics, 11 (2-3), pp. 255-274.

[203] Biddle, G. C., Hilary, G. and Verdi, R. S., 2009. How does financial reporting quality relate to investment efficiency? . Journal of Accounting and Economics, 48 (2-3), pp. 112-131.

[204] Billett, M. T., Flannery, M. J. and Garfinkel, J. A., 1995. The effect of lender identity on a borrowing firm's equity return. The Journal of Finance, 50 (2), pp. 699-718.

[205] Billett, M. T., King, T. H. D. and Mauer, D. C., 2007. Growth opportunities and the choice of leverage, debt maturity, and covenants. The Journal of Finance, 62 (2), pp. 697-730.

[206] Blackwell, D. W., Noland, T. R. and Winters, D. B., 1998. The value of auditor assurance: Evidence from loan pricing. Journal of Accounting Research, 36 (1), pp. 57-70.

[207] Blankespoor, E., Miller, G. S. and White, H. D., 2014. The role of dissemination in market liquidity: Evidence from firms' use of Twitter™. The Accounting Review, 89 (1), pp. 79-112.

[208] Bloomfield, R., 2008. Discussion of "annual report readability, current earnings, and earnings persistence". Journal of Accounting and Economics, 45 (2-3), pp. 248-252.

[209] Bloomfield, R. J. and Wilks, T. J., 2000. Disclosure effects in the laboratory: Liquidity, depth, and the cost of capital. The Accounting Review, 75 (1), pp. 13-41.

[210] Bloomfield, R. J., 2002. The "incomplete revelation hypothesis" and financial reporting. Accounting Horizons, 16 (3), pp. 233-243.

[211] Bolton, P. and Scharfstein, D. S., 1990. A theory of predation based on agency problems in financial contracting. The American Economic Review, pp. 93-106.

[212] Bolton, P. and Scharfstein, D. S., 1996. Optimal debt structure and the number of creditors. Journal of Political Economy, 104 (1), pp. 1-25.

[213] Boni, L. and Womack, K. L., 2006. Analysts, industries, and price momentum. Journal of Financial and Quantitative Analysis, 41 (1), pp. 85-109.

[214] Boot, A. W. and Thakor, A. V., 1991. Off-balance sheet liabilities, deposit insurance and capital regulation. Journal of Banking & Finance, 15 (4-5), pp. 825-846.

[215] Botosan, C. A. and Harris, M. S., 2000. Motivations for a change in disclosure frequency and its consequences: An examination of voluntary quarterly segment disclosures. Journal of Accounting Research, 38 (2), pp. 329-353.

[216] Botosan, C. A. and Plumlee, M. A., 2002. A re-examination of disclosure level and the expected cost of equity capital. Journal of Accounting Research, 40 (1), pp. 21-40.

[217] Botosan, C. A. and Stanford, M., 2005. Managers' motives to withhold segment disclosures and the effect of SFAS No. 131 on analysts' information environment. The Accounting Review, 80 (3), pp. 751-772.

[218] Botosan, C. A., 1997. Disclosure level and the cost of equity capital. Accounting Review, pp. 323-349.

[219] Boyd, J. H. and Prescott, E. C., 1986. Financial intermediary-coalitions. Journal of Economic Theory, 38 (2), pp. 211-232.

[220] Brochet, F., Faurel, L. and McVay, S., 2011. Manager-specific effects on earnings guidance: An analysis of top executive turnovers. Journal of Accounting Research, 49 (5), pp. 1123-1162.

[221] Brockman, P., Khurana, I. K. and Martin, X., 2008. Voluntary disclosures around share repurchases. Journal of Financial Economics, 89 (1), pp. 175-191.

[222] Brown, S. J. and Warner, J. B., 1985. Using daily stock returns: The case of event studies. Journal of Financial Economics, 14 (1), pp. 3-31.

[223] Brown, S. V. and Tucker, J. W., 2011. Large-sample evidence on firms' year-over-year MD&A modifications. Journal of Accounting Research, 49 (2), pp. 309-346.

[224] Burgstahler, D. and Dichev, I., 1997. Earnings management to avoid earnings decreases and losses. Journal of Accounting and Economics, 24 (1), pp. 99-126.

[225] Burgstahler, D. C. and Eames, M. J., 2003. Earnings management to avoid losses and earnings decreases: Are analysts fooled? . Contemporary Accounting Research, 20 (2), pp. 253-294.

[226] Burnett, B. M., Cripe, B. M., Martin, G. W. and McAllister, B. P., 2012. Audit quality and the trade-off between accretive stock repurchases and accrual-based earnings management. The Accounting Review, 87 (6), pp. 1861-1884.

[227] Bushman, R. M. and Wittenberg-moerman, R., 2012. The role of bank reputation in "certifying" future performance implications of borrowers' accounting numbers. Journal of Accounting Research, 50 (4), pp. 883-930.

[228] Bushman, R. M., Hendricks, B. E. and Williams, C. D., 2016. Bank competition: Measurement, decision-making, and risk-taking. Journal of Accounting Research, 54 (3), pp. 777-826.

[229] Byard, D., Li, Y. and Yu, Y., 2011. The effect of mandatory IFRS adoption on financial analysts' information environment. Journal of Accounting Research, 49

(1), pp. 69-96.

[230] Callen, J. L. and Fang, X., 2015. Religion and stock price crash risk. Journal of Financial and Quantitative Analysis, 50 (1-2), pp. 169-195.

[231] Calomiris, C. W., Larrain, M., Liberti, J. and Sturgess, J., 2017. How collateral laws shape lending and sectoral activity. Journal of Financial Economics, 123 (1), pp. 163-188.

[232] Campbell, J. L., Chen, H., Dhaliwal, D. S., Lu, H. M. and Steele, L. B., 2014. The information content of mandatory risk factor disclosures in corporate filings. Review of Accounting Studies, 19 (1), pp. 396-455.

[233] Cao, M. and Shi, S., 2001. Screening, Bidding, and the Loan Market Tightness. European Finance Review, 5.

[234] Carter, R. and Manaster, S., 1990. Initial public offerings and underwriter reputation. The Journal of Finance, 45 (4), pp. 1045-1067.

[235] Carter, R. B., Dark, F. H. and Singh, A. K., 1998. Underwriter reputation, initial returns, and the long - run performance of IPO stocks. The Journal of Finance, 53 (1), pp. 285-311.

[236] Cassell, C. A., Huang, S. X. and Sanchez, J. M., 2013. Forecasting without consequence? Evidence on the properties of retiring CEOs' forecasts of future earnings. The Accounting Review, 88 (6), pp. 1909-1937.

[237] Cerqueiro, G., Ongena, S. and Roszbach, K., 2016. Collateralization, bank loan rates, and monitoring. The Journal of Finance, 71 (3), pp. 1295-1322.

[238] Chan, K., Chen, H., Hu, S. Y. and Liu, Y., 2016. Shares pledged and corporate repurchase. National Chengchi University.

[239] Chan, W. S., 2003. Stock price reaction to news and no-news: Drift and reversal after headlines. Journal of Financial Economics, 70 (2), pp. 223-260.

[240] Chan, Y. S. and Kanatas, G., 1985. Asymmetric valuations and the role of collateral in loan agreements. Journal of Money, Credit and Banking, 17 (1), pp. 84-95.

[241] Chan, Y. S. and Thakor, A. V., 1987. Collateral and competitive equilibria with moral hazard and private information. The Journal of Finance, 42 (2), pp. 345-363.

[242] Chaney, P. K., Faccio, M. and Parsley, D., 2011. The quality of accounting information in politically connected firms. Journal of Accounting and Economics, 51 (1-2), pp. 58-76.

[243] Chemmanur, T. J. and Fulghieri, P., 1994. Investment bank reputation, information production, and financial intermediation. The Journal of Finance, 49 (1), pp. 57-79.

[244] Chen, A. and Kao, L., 2011. Effect of collateral characteristics on bank performance: Evidence from collateralized stocks in Taiwan. Journal of Banking & Finance, 35 (2), pp. 300-309.

[245] Chen, H., Chen, J. Z., Lobo, G. J. and Wang, Y., 2010. Associ ation between borrower and lender state ownership and accounting conservatism. Journal of Accounting Research, 48 (5), pp. 973-1014.

[246] Chen, H. C. and Ritter, J. R., 2000. The seven percent solution. The Journal of Finance, 55 (3), pp. 1105-1131.

[247] Chen, K. C. and Wei, K. J., 1993. Creditors' decisions to waive violations of accounting-based debt covenants. Accounting Review, pp. 218-232.

[248] Chen, K. C., Cheng, Q., Lin, Y. C. and Xiao, X., 2016. Financial reporting quality of Chinese reverse merger firms: The reverse merger effect or the weak country effect? . The Accounting Review, 91 (5), pp. 1363-1390.

[249] Chen, T., Harford, J. and Lin, C., 2015. Do analysts matter for governance? Evidence from natural experiments. Journal of Financial Economics, 115 (2), pp. 383-410.

[250] Cheng, Q. and Lo, K., 2006. Insider trading and voluntary disclosures. Journal of Accounting Research, 44 (5), pp. 815-848.

[251] Cheng, Q., Du, F., Wang, X. and Wang, Y., 2016. Seeing is believing: Analysts' corporate site visits. Review of Accounting Studies, 21 (4), pp. 1245-1286.

[252] Cheng, Q., Luo, T. and Yue, H., 2013. Managerial incentives and management forecast precision. The Accounting Review, 88 (5), pp. 1575-1602.

[253] Childs, P. D., Mauer, D. C. and Ott, S. H., 2005. Interactions of corporate financing and investment decisions: The effects of agency conflicts. Journal of Financial Economics, 76 (3), pp. 667-690.

[254] Chung, K. H., Ghicas, D. and Pastena, V., 1993. Lenders' use of accounting information in the oil and gas industry. Accounting Review, pp. 885-895.

[255] Claessens, S., Djankov, S. and Klapper, L., 2003. Resolution of corporate distress in East Asia. Journal of Empirical Finance, 10 (1-2), pp. 199-216.

[256] Claessens, S., Djankov, S., Fan, J. P. and Lang, L. H., 1999. Expropriation of minority shareholders: Evidence from East Asia (No. 2088). The World Bank.

[257] Claessens, S., Djankov, S., Fan, J. P. and Lang, L. H., 2002. Disentangling the incentive and entrenchment effects of large shareholdings. The Journal of Finance, 57 (6), pp. 2741-2771.

[258] Clatworthy, M. and Jones, M. J., 2001. The effect of thematic structure on the variability of annual report readability. Accounting, Auditing & Accountability Journal, 14 (3), pp. 311-326.

[259] Cohen, D. A. and Zarowin, P., 2010. Accrual-based and real earnings management activities around seasoned equity offerings. Journal of Accounting and Economics, 50 (1), pp. 2-19.

[260] Cohen, D. A., Dey, A. and Lys, T. Z., 2008. Real and accrual-based earnings management in the pre - and post - Sarbanes - Oxley periods. The Accounting Review, 83 (3), pp. 757-787.

[261] Coughlan, A. T. and Schmidt, R. M., 1985. Executive compensation, management turnover, and firm performance: An empirical investigation. Journal of Accounting and Economics, 7 (1-3), pp. 43-66.

[262] Courtis, J. K., 1995. Readability of annual reports: Western versus Asian evidence. Accounting, Auditing & Accountability Journal, 8 (2), pp. 4-17.

[263] Courtis, J. K., 1998. Annual report readability variability: Tests of the obfuscation hypothesis. Accounting, Auditing & Accountability Journal, 11 (4), pp. 459-472.

[264] Cowen, A., Groysberg, B. and Healy, P., 2006. Which types of analyst firms are more optimistic? . Journal of Accounting and Economics, 41 (1-2), pp. 119-146.

[265] Dai, X., Dai, S. and Wang, K., 2013. Exercise price regulation and the timing of ESO reports: Evidence from China. China Finance Review International, 3 (3), pp. 264-283.

[266] Darrough, M. N. and Stoughton, N. M., 1990. Financial disclosure policy in an entry game. Journal of Accounting and Economics, 12 (1-3), pp. 219-243.

[267] Das, S. and Zhang, H., 2003. Rounding - up in reported EPS, behavioral thresholds, and earnings management. Journal of Accounting and Economics.

[268] Davis, A. K. and Tama-Sweet, I., 2012. Managers' use of language across alternative disclosure outlets: arnings press releases versus MD&A. Contemporary Accounting Research, 29 (3), pp. 804-837.

[269] Davis, A. K., Piger, J. M. and Sedor, L. M., 2012. Beyond the numbers: Measuring

the information content of earnings press release language. Contemporary Accounting Research, 29 (3), pp. 845-868.

[270] De Meza, D. and Webb, D., 2000. Does credit rationing imply insufficient lending?. Journal of Public Economics, 78 (3), pp. 215-234.

[271] DeAngelo, L. E., 1988. Managerial competition, information costs, and corporate governance: The use of accounting performance measures in proxy contests. Journal of Accounting and Economics, 10 (1), pp. 3-36.

[272] Dechow, P., Ge, W. and Schrand, C., 2010. Understanding earnings quality: A review of the proxies, their determinants and their consequences. Journal of Accounting and Economics, 50 (2-3), pp. 344-401.

[273] DeFond, M. L. and Park, C. W., 1997. Smoothing income in anticipation of future earnings. Journal of Accounting and Economics, 23 (2), pp. 115-139.

[274] DeFond, M. L., Hung, M., Li, S. and Li, Y., 2015. Does mandatory IFRS adoption affect crash risk? . The Accounting Review, 90 (1), pp. 265-299.

[275] Dell'Ariccia, G. and Marquez, R., 2006. Lending booms and lending standards. The Journal of Finance, 61 (5), pp. 2511-2546.

[276] Demerjian, P., Lev, B. and McVay, S., 2012. Quantifying managerial ability: A new measure and validity tests. Management Science, 58 (7), pp. 1229-1248.

[277] Demers, E. and Vega, C., 2008. Soft information in earnings announcements: News or noise? . Board of Governors of the Federal Reserve System, 951.

[278] Denis, D. J. and Denis, D. K., 1993. Managerial discretion, organizational structure, and corporate performance: A study of leveraged recapitalizations. Journal of Accounting and Economics, 16 (1-3), pp. 209-236.

[279] Deumes, R., 2008. Corporate risk reporting: A content analysis of narrative risk disclosures in prospectuses. The Journal of Business Communication (1973), 45 (2), pp. 120-157.

[280] Dhaliwal, D. S., Radhakrishnan, S., Tsang, A. and Yang, Y. G., 2012. Nonfinancial disclosure and analyst forecast accuracy: International evidence on corporate social responsibility disclosure. The Accounting Review, 87 (3), pp. 723-759.

[281] Diamond, D. W. and Rajan, R. G., 2001, June. Banks, short-term debt and financial crises: Theory, policy implications and applications. In Carnegie-Rochester conference series on public policy. North-Holland, 54 (1), PP. 37-71.

[282] Diamond, D. W. and Verrecchia, R. E., 1991. Disclosure, liquidity, and the cost of capital. The Journal of Finance, 46 (4), pp. 1325-1359.

[283] Diamond, D. W., 1984. Financial intermediation and delegated monitoring. The Review of Economic Studies, 51 (3), pp. 393-414.

[284] Diamond, D. W., 1991a. Debt maturity structure and liquidity risk. The Quarterly Journal of Economics, 106 (3), pp. 709-737.

[285] Diamond, D. W., 1991b. Monitoring and reputation: The choice between bank loans and directly placed debt. Journal of Political Economy, 99 (4), pp. 689-721.

[286] Diamond, D. W., 1993. Seniority and maturity of debt contracts. Journal of Financial Economics, 33 (3), pp. 341-368.

[287] Dick, A. A. and Lehnert, A., 2010. Personal bankruptcy and credit market competition. The Journal of Finance, 65 (2), pp. 655-686.

[288] Djankov, S., Hart, O., McLiesh, C. and Shleifer, A., 2008. Debt enforcement around the world. Journal of Political Economy, 116 (6), pp. 1105-1149.

[289] Dou, Y., Masulis, R. W. and Zein, J., 2019. Shareholder wealth consequences of insider pledging of company stock as collateral for personal loans. Forthcoming, Review of Financial Studies.

[290] Doyle, J. T., Ge, W. and McVay, S., 2007. Accruals quality and internal control over financial reporting. The Accounting Review, 82 (5), pp. 1141-1170.

[291] Du, K. and Zhang, X. F., 2012. Orphans deserve attention: Financial reporting in the missing months when corporations change fiscal year. The Accounting Review, 88 (3), pp. 945-975.

[292] Dunbar, C. G., 2000. Factors affecting investment bank initial public offering market share. Journal of Financial Economics, 55 (1), pp. 3-41.

[293] Dyck, A. and Zingales, L., 2004. Private benefits of control: An international comparison. The Journal of Finance, 59 (2), pp. 537-600.

[294] Easley, D. and O'hara, M., 2004. Information and the cost of capital. The Journal of Finance, 59 (4), pp. 1553-1583.

[295] Easterbrook, F. H., 1984. Two agency-cost explanations of dividends. The American Economic Review, 74 (4), pp. 650-659.

[296] Einhorn, H. J. and Hogarth, R. M., 1981. Behavioral decision theory: Processes of judgement and choice. Annual Review of Psychology, 32 (1), pp. 53-88.

[297] Erickson, M. M., Heitzman, S. M. and Zhang, X. F., 2013. Tax-motivated loss shifting. The Accounting Review, 88 (5), pp. 1657-1682.

[298] Erkens, D. H., Subramanyam, K. R. and Zhang, J., 2014. Affiliated banker on board and conservative accounting. The Accounting Review, 89 (5), pp. 1703-1728.

[299] Faccio, M. and Lang, L. H., 2002. The ultimate ownership of Western European corporations. Journal of Financial Economics, 65 (3), pp. 365-395.

[300] Fama, E. F., 1970. Efficient capital markets: A review of theory and empirical work. The Journal of Finance, 25 (2), pp. 383-417.

[301] Fama, E. F., 1985. What's different about banks?. Journal of Monetary Economics, 15 (1), pp. 29-39.

[302] Fama, E. F., 1990. Contract costs and financing decisions. Journal of Business, pp. S71-S91.

[303] Fang, L. H., 2005. Investment bank reputation and the price and quality of underwriting services. The Journal of Finance, 60 (6), pp. 2729-2761.

[304] Fang, V. W., Huang, A. H. and Karpoff, J. M., 2016. Short selling and earnings management: A controlled experiment. The Journal of Finance, 71 (3), pp. 1251-1294.

[305] Feldman, R., Govindaraj, S., Livnat, J. and Segal, B., 2010. Management's tone change, post earnings announcement drift and accruals. Review of Accounting Studies, 15 (4), pp. 915-953.

[306] Fernando, C. S., Gatchev, V. A. and Spindt, P. A., 2005. Wanna dance? How firms and underwriters choose each other. The Journal of Finance, 60 (5), pp. 2437-2469.

[307] Field, L., Lowry, M. and Shu, S., 2005. Does disclosure deter or trigger litigation?. Journal of Accounting and Economics, 39 (3), pp. 487-507.

[308] Finnerty, J. E., 1976. Insiders and market efficiency. The Journal of Finance, 31 (4), pp. 1141-1148.

[309] Flesch, R., 1948. A new readability yardstick. Journal of Applied Psychology, 32 (3), p. 221.

[310] Foster, G., 1980. Externalities and financial reporting. The Journal of Finance, 35 (2), pp. 521-533.

[311] Francis, J., LaFond, R., Olsson, P. and Schipper, K., 2005. The market pricing of accruals quality. Journal of Accounting and Economics, 39 (2), pp. 295-327.

[312] Francis, J., LaFond, R., Olsson, P. M. and Schipper, K., 2004. Costs of equity and

earnings attributes. The Accounting Review, 79 (4), pp. 967-1010.

[313] Francis, J., Nanda, D. and Olsson, P., 2008. Voluntary disclosure, earnings quality, and cost of capital. Journal of Accounting Research, 46 (1), pp. 53-99.

[314] Francis, J., Philbrick, D. and Schipper, K., 1994. Shareholder litigation and corporate disclosures. Journal of Accounting Research, 32 (2), pp. 137-164.

[315] Francis, J., Schipper, K. and Vincent, L., 2002. Expanded disclosures and the increased usefulness of earnings announcements. The Accounting Review, 77 (3), pp. 515-546.

[316] Friedlan, J. M., 1994. Accounting choices of issuers of initial public offerings. Contemporary Accounting Research, 11 (1), pp. 1-31.

[317] Gao, H., Harford, J. and Li, K., 2012. CEO pay cuts and forced turnover: Their causes and consequences. Journal of Corporate Finance, 18 (2), pp. 291-310.

[318] Gao, P., 2010. Disclosure quality, cost of capital, and investor welfare. The Accounting Review, 85 (1), pp. 1-29.

[319] Ge, R. and Lennox, C., 2011. Do acquirers disclose good news or withhold bad news when they finance their acquisitions using equity? . Review of Accounting Studies, 16 (1), pp. 183-217.

[320] Gertner, R. and Scharfstein, D., 1991. A theory of workouts and the effects of reorganization law. The Journal of Finance, 46 (4), pp. 1189-1222.

[321] Giannetti, M., 2003. Do better institutions mitigate agency problems? Evidence from corporate finance choices. Journal of Financial and Quantitative Analysis, 38 (1), pp. 185-212.

[322] Gilson, S. C., 1990. Bankruptcy, boards, banks, and blockholders: Evidence on changes in corporate ownership and control when firms default. Journal of Financial Economics, 27 (2), pp. 355-387.

[323] Golubov, A., Petmezas, D. and Travlos, N. G., 2012. When it pays to pay your investment banker: New evidence on the role of financial advisors in M&As. The Journal of Finance, 67 (1), pp. 271-311.

[324] Gong, Q., Li, O. Z., Lin, Y. and Wu, L., 2016. On the benefits of audit market consolidation: Evidence from merged audit firms. The Accounting Review, 91 (2), pp. 463-488.

[325] Graham, J. R., Li, S. and Qiu, J., 2008. Corporate misreporting and bank loan con-

tracting. Journal of Financial Economics, 89 (1), pp. 44-61.

[326] Green, T. C., Jame, R., Markov, S. and Subasi, M., 2014. Access to management and the informativeness of analyst research. Journal of Financial Economics, 114 (2), pp. 239-255.

[327] Grossman, S. J. and Hart, O. D., 1982. Corporate financial structure and managerial incentives. In The economics of information and uncertainty (pp. 107-140). University of Chicago Press.

[328] Grossman, S. J. and Stiglitz, J. E., 1980. On the impossibility of informationally efficient markets. The American Economic Review, 70 (3), pp. 393-408.

[329] Grossman, S. J., 1981. The informational role of warranties and private disclosure about product quality. The Journal of Law and Economics, 24 (3), pp. 461-483.

[330] Groysberg, B., Healy, P. M. and Maber, D. A., 2011. What drives sell-side analyst compensation at high-status investment banks?. Journal of Accounting Research, 49 (4), pp. 969-1000.

[331] Gul, F. A., Kim, J. B. and Qiu, A. A., 2010. Ownership concentration, foreign shareholding, audit quality, and stock price synchronicity: Evidence from China. Journal of Financial Economics, 95 (3), pp. 425-442.

[332] Hadlock, C. J. and Pierce, J. R., 2010. New evidence on measuring financial constraints: Moving beyond the KZ index. The Review of Financial Studies, 23 (5), pp. 1909-1940.

[333] Hagerman, R. L. and Zmijewski, M. E., 1979. Some economic determinants of accounting policy choice. Journal of Accounting and Economics, 1 (2), pp. 141-161.

[334] Hainz, C., 2003. Bank competition and credit markets in transition economies. Journal of Comparative Economics, 31 (2), pp. 223-245.

[335] Hanley, K. W. and Hoberg, G., 2010. The information content of IPO prospectuses. The Review of Financial Studies, 23 (7), pp. 2821-2864.

[336] Hansen, R. S. and Torregrosa, P., 1992. Underwriter compensation and corporate monitoring. The Journal of Finance, 47 (4), pp. 1537-1555.

[337] Hansen, R. S., 2001. Do investment banks compete in IPOs?: The advent of the "7% plus contract". Journal of Financial Economics, 59 (3), pp. 313-346.

[338] Harris, M. and Raviv, A., 1990. Capital structure and the informational role of debt. The Journal of Finance, 45 (2), pp. 321-349.

[339] Hart, O. and Moore, J., 1994. Debt and seniority: An analysis of the role of hard claims

in constraining management (No. w4886) . National Bureau of Economic Research.

[340] Hart, O. and Moore, J., 1995. Debt and Seniority: An Analysis of the Role of Hard Claims in Constraining Management. American Economic Review, 85 (3) .

[341] Hart, O. and Moore, J., 1998. Default and renegotiation: A dynamic model of debt. TheQuarterly Journal of Economics, 113 (1), pp. 1-41.

[342] Haw, I. M., Lee, J. J. and Lee, W. J., 2014. Debt financing and accounting conservatism in private firms. Contemporary Accounting Research, 31 (4), pp. 1220-1259.

[343] Hayes, R. M. and Lundholm, R., 1996. Segment reporting to the capital market in the presence of a competitor. Journal of Accounting Research, 34 (2), pp. 261-279.

[344] Healy, P. M. and Palepu, K. G., 2001. Information asymmetry, corporate disclosure, and the capital markets: A review of the empirical disclosure literature. Journal of Accounting and Economics, 31 (1-3), pp. 405-440.

[345] Healy, P. M., 1985. The effect of bonus schemes on accounting decisions. Journal of Accounting and Economics, 7 (1-3), pp. 85-107.

[346] Healy, P. M., Hutton, A. P. and Palepu, K. G., 1999. Stock performance and intermediation changes surrounding sustained increases in disclosure. Contemporary Accounting Research, 16 (3), pp. 485-520.

[347] Heath, R. L. and Phelps, G., 1984. Annual reports Ⅱ: Readability of reports vs. business press. Public Relations Review, 10 (2), pp. 56-62.

[348] Heflin, F. L., Shaw, K. W. and Wild, J. J., 2005. Disclosure policy and market liquidity: Impact of depth quotes and order sizes. Contemporary Accounting Research, 22 (4), pp. 829-865.

[349] Heinkel, R. and Zechner, J., 1990. The role of debt and perferred stock as a solution to adverse investment incentives. Journal of Financial and Quantitative Analysis, 25 (1), pp. 1-24.

[350] Henry, E., 2008. Are investors influenced by how earnings press releases are written?. The Journal of Business Communication (1973), 45 (4), pp. 363-407.

[351] Hirschey, M., Slovin, M. B. and Zaima, J. K., 1990. Bank debt, insider trading, and the return to corporate selloffs. Journal of Banking & Finance, 14 (1), pp. 85-98.

[352] Hirshleifer, D. and Teoh, S. H., 2003. Limited attention, information disclosure, and financial reporting. Journal of Accounting and Economics, 36 (1-3), pp. 337-386.

[353] Hoberg, G. and Phillips, G., 2016. Text - based network industries and endogenous

product differentiation. Journal of Political Economy, 124 (5), pp. 1423-1465.

[354] Hobson, J. L., Mayew, W. J. and Venkatachalam, M., 2012. Analyzing speech to detect financial misreporting. Journal of Accounting Research, 50 (2), pp. 349-392.

[355] Hope, O. K., Hu, D. and Lu, H., 2016. The benefits of specific risk-factor disclosures. Review of Accounting Studies, 21 (4), pp. 1005-1045.

[356] Horton, J., Serafeim, G. and Serafeim, I., 2013. Does mandatory IFRS adoption improve the information environment? . Contemporary Accounting Research, 30 (1), pp. 388-423.

[357] Hou, Q., Jin, Q., Yang, R., Yuan, H. and Zhang, G., 2015. Performance commitments of controlling shareholders and earnings management. Contemporary Accounting Research, 32 (3), pp. 1099-1127.

[358] Huang, X., Teoh, S. H. and Zhang, Y., 2014. Tone management. The Accounting Review, 89 (3), pp. 1083-1113.

[359] Huang, Z. and Xue, Q., 2016. Re-examination of the effect of ownership structure on financial reporting: Evidence from share pledges in China. China Journal of Accounting Research, 9 (2), pp. 137-152.

[360] Hui, K. W., Klasa, S. and Yeung, P. E., 2012. Corporate suppliers and customers and accounting conservatism. Journal of Accounting and Economics, 5.

[361] Hutton, A. P., Lee, L. F. and Shu, S. Z., 2012. Do managers always know better? The relative accuracy of management and analyst forecasts. Journal of Accounting Research, 50 (5), pp. 1217-1244.

[362] Hutton, A. P., Marcus, A. J. and Tehranian, H., 2009. Opaque financial reports, R2, and crash risk. Journal of Financial Economics, 94 (1), pp. 67-86.

[363] Indjejikian, R. J., 1991. The impact of costly information interpretation on firm disclosure decisions. Journal of Accounting Research, 29 (2), pp. 277-301.

[364] Jaffe, J. F., 1974. Special information and insider trading. The Journal of Business, 47 (3), pp. 410-428.

[365] Jain, B. A. and Kini, O., 1999. On investment banker monitoring in the new issues market. Journal of Banking & Finance, 23 (1), pp. 49-84.

[366] James, C., 1987. Some evidence on the uniqueness of bank loans. Journal of Financial Economics, 19 (2), pp. 217-235.

[367] Jayaraman, S. and Shivakumar, L., 2013. Agency-based demand for conservatism: Evi-

dence from state adoption of antitakeover laws. Review of Accounting Studies, 18 (1), pp. 95–134.

[368] Jegadeesh, N. and Wu, D., 2013. Word power: A new approach for content analysis. Journal of Financial Economics, 110 (3), pp. 712–729.

[369] Jensen, M. C. and Meckling, W. H., 1976. Theory of the firm: Managerial behavior, agency costs and ownership structure. Journal of Financial Economics, 3 (4), pp. 305–360.

[370] Jensen, M. C. and Murphy, K. J., 1990. Performance pay and top-management incentives. Journal of Political Economy, 98 (2), pp. 225–264.

[371] Jensen, M. C., 1986. Agency costs of free cash flow, corporate finance, and takeovers. The American Economic Review, 76 (2), pp. 323–329.

[372] Jimenez, G., Salas, V. and Saurina, J., 2006. Determinants of collateral. Journal of Financial Economics, 81 (2), pp. 255–281.

[373] Jin, H., Qian, Y. and Weingast, B. R., 2005. Regional decentralization and fiscal incentives: Federalism, Chinese style. Journal of Public Economics, 89 (9-10), pp. 1719–1742.

[374] Jin, L. and Myers, S. C., 2006. R2 around the world: New theory and new tests. Journal of Financial Economics, 79 (2), pp. 257–292.

[375] Jo, H. and Kim, Y., 2007. Disclosure frequency and earnings management. Journal of Financial Economics, 84 (2), pp. 561–590.

[376] Johnson, S., La Porta, R., Lopez-de-Silanes, F. and Shleifer, A., 2000. Tunneling. American Economic Review, 90 (2), pp. 22–27.

[377] Jones, J. J., 1991. Earnings management during import relief investigations. Journal of Accounting Research, 29 (2), pp. 193–228.

[378] Jones, M. J., 1988. A longitudinal study of the readability of the chairman's narratives in the corporate reports of a UK company. Accounting and Business Research, 18 (72), pp. 297–305.

[379] Jones, M. J., 1996. Readability of annual reports: Western versus Asian evidence—A comment to contexualize. Accounting, Auditing & Accountability Journal, 9 (2), pp. 86–91.

[380] Jung, M. J., Wong, M. F. and Zhang, X. F., 2014. Analyst interest as an early indicator of firm fundamental changes and stock returns. The Accounting Review, 90

(3), pp. 1049–1078.

[381] Kadan, O., Madureira, L., Wang, R. and Zach, T., 2008. Conflicts of interest and stock recommendations: The effects of the global settlement and related regulations. The Review of Financial Studies, 22 (10), pp. 4189–4217.

[382] Kalay, A., 1982. Stockholder–bondholder conflict and dividend constraints. Journal of Financial Economics, 10 (2), pp. 211–233.

[383] Kao, L., Chiou, J. R. and Chen, A., 2004. The agency problems, firm performance and monitoring mechanisms: The evidence from collateralised shares in Taiwan. Corporate Governance: An International Review, 12 (3), pp. 389–402.

[384] Kaplan, S. E., Pourciau, S. and Reckers, P. M., 1990. An examination of the effect of the president's letter and stock advisory service information on financial decisions. Behavioral Research in Accounting, 2 (1), pp. 63–92.

[385] Kasznik, R. and Lev, B., 1995. To warn or not to warn: Management disclosures in the face of an earnings surprise. Accounting Review, pp. 113–134.

[386] Kim, J. B. and Shi, H., 2012. IFRS reporting, firm–specific information flows, and institutional environments: International evidence. Review of Accounting Studies, 17 (3), pp. 474–517.

[387] Kim, J. B. and Zhang, L., 2014. Financial reporting opacity and expected crash risk: Evidence from implied volatility smirks. Contemporary Accounting Research, 31 (3), pp. 851–875.

[388] Kim, J. B. and Zhang, L., 2016. Accounting conservatism and stock price crash risk: Firm–level evidence. Contemporary Accounting Research, 33 (1), pp. 412–441.

[389] Kim, J. B., 2016. Accounting flexibility and managers' forecast behavior prior to seasoned equity offerings. Review of Accounting Studies, 21 (4), pp. 1361–1400.

[390] Kim, J. B., Li, Y. and Zhang, L., 2011a. CFOs versus CEOs: Equity incentives and crashes. Journal of Financial Economics, 101 (3), pp. 713–730.

[391] Kim, J. B., Li, Y. and Zhang, L., 2011b. Corporate tax avoidance and stock price crash risk: Firm – level analysis. Journal of Financial Economics, 100 (3), pp. 639–662.

[392] Kim, J. B., Wang, Z. and Zhang, L., 2016. CEO overconfidence and stock price crash risk. Contemporary Accounting Research, 33 (4), pp. 1720–1749.

[393] Kim, O. and Verrecchia, R. E., 1994. Market liquidity and volume around earningsan-

nouncements. Journal of Accounting and Economics, 17 (1-2), pp. 41-67.

[394] Kimbrough, M. D. and Wang, I. Y., 2013. Are seemingly self-serving attributions in earnings press releases plausible? Empirical evidence. The Accounting Review, 89 (2), pp. 635-667.

[395] Kohut, G. F. and Segars, A. H., 1992. The president's letter to stockholders: An examination of corporate communication strategy. The Journal of Business Communication (1973), 29 (1), pp. 7-21.

[396] Kornai, J., 1979. Resource-constrained versus demand-constrained systems. Econometrica: Journal of the Econometric Society, pp. 801-819.

[397] Kornai, J., 1980. Economics of shortage. Amsterdam: North-Holland.

[398] Kornai, J., 1998. The place of the soft budget constraint syndrome in economic theory. Journal of Comparative Economics, 26 (1), pp. 11-17.

[399] Kornai, J., Maskin, E. and Roland, G., 2003. Understanding the soft budget constraint. Journal of Economic Literature, 41 (4), pp. 1095-1136.

[400] Kostiuk, P. F., 1990. Firm size and executive compensation. Journal of Human Resources, pp. 90-105.

[401] Kothari, S. P., Leone, A. J. and Wasley, C. E., 2005. Performance matched discretionary accrual measures. Journal of Accounting and Economics, 39 (1), pp. 163-197.

[402] Kothari, S. P., Shu, S. and Wysocki, P. D., 2009. Do managers withhold bad news?. Journal of Accounting Research, 47 (1), pp. 241-276.

[403] Kravet, T. and Muslu, V., 2013. Textual risk disclosures and investors' risk perceptions. Review of Accounting Studies, 18 (4), pp. 1088-1122.

[404] Krigman, L., Shaw, W. H. and Womack, K. L., 2001. Why do firms switch underwriters? . Journal of Financial Economics, 60 (2-3), pp. 245-284.

[405] Kroszner, R. S. and Strahan, P. E., 2001. Bankers on boards: Monitoring, conflicts of interest, and lender liability. Journal of Financial Economics, 62 (3), pp. 415-452.

[406] Kutsuna, K., Smith, J. K. and Smith, R. L., 2007. Banking relationships and access to equity capital markets: Evidence from Japan's main bank system. Journal of Banking & Finance, 31 (2), pp. 335-360.

[407] La Porta, R., Lopez-de-Silanes, F. and Shleifer, A., 1999. Corporate ownership around the world. The Journal of Finance, 54 (2), pp. 471-517.

[408] La Porta, R., Lopez-de-Silanes, F., Shleifer, A. and Vishny, R., 2000. Investor

protection and corporate governance. Journal of Financial Economics, 58 (1-2), pp. 3-27.

[409] Lambert, R., Leuz, C. and Verrecchia, R. E., 2007. Accounting information, disclosure, and the cost of capital. Journal of Accounting Research, 45 (2), pp. 385-420.

[410] Landsman, W. R. and Maydew, E. L., 2002. Has the information content of quarterly earnings announcements declined in the past three decades? . Journal of Accounting Research, 40 (3), pp. 797-808.

[411] Landsman, W. R., Maydew, E. L. and Thornock, J. R., 2012. The information content of annual earnings announcements and mandatory adoption of IFRS. Journal of Accounting and Economics, 53 (1-2), pp. 34-54.

[412] Lang, L. H., Stulz, R. and Walkling, R. A., 1991. A test of the free cash flow hypothesis: The case of bidder returns. Journal of Financial Economics, 29 (2), pp. 315-335.

[413] Lang, M. and Lundholm, R., 1993. Cross-sectional determinants of analyst ratings of corporate disclosures. Journal of Accounting Research, 31 (2), pp. 246-271.

[414] Lang, M. and Sul, E., 2014. Linking industry concentration to proprietary costs and disclosure: Challenges and opportunities. Journal of Accounting and Economics, 58 (2-3), pp. 265-274.

[415] Lang, M. H. and Lundholm, R. J., 1996. Corporate disclosure policy and analyst behavior. Accounting Review, pp. 467-492.

[416] Lang, M. H. and Lundholm, R. J., 2000. Voluntary disclosure and equity offerings: Reducing information asymmetry or hyping the stock?. Contemporary Accounting Research, 17 (4), pp. 623-662.

[417] Larcker, D. F. and Zakolyukina, A. A., 2012. Detecting deceptive discussions in conference calls. Journal of Accounting Research, 50 (2), pp. 495-540.

[418] Latif, S., Strickland, S. and Yang, Y., 2011. Earnings management: The case of sudden CEO death. Academy of Accounting and Financial Studies Journal, 15 (2), p. 39.

[419] Lee, T. S. and Yeh, Y. H., 2004. Corporate governance and financial distress: Evidence from Taiwan. Corporate Governance: An International Review, 12 (3), pp. 378-388.

[420] Lee, Y. J., 2012. The effect of quarterly report readability on information efficiency of stock prices. Contemporary Accounting Research, 29 (4), pp. 1137-1170.

[421] Lehavy, R., Li, F. and Merkley, K., 2011. The effect of annual report readability on analyst following and the properties of their earnings forecasts. The Accounting Review, 86

(3), pp. 1087–1115.

[422] Leland, H. E. and Pyle, D. H., 1977. Informational asymmetries, financial structure, and financial intermediation. The Journal of Finance, 32 (2), pp. 371–387.

[423] Lennox, C., Wu, X. and Zhang, T., 2016. The effect of audit adjustments on earnings quality: Evidence from China. Journal of Accounting and Economics, 61 (2-3), pp. 545–562.

[424] Leone, A. J., Rock, S. and Willenborg, M., 2007. Disclosure of intended use of proceeds and underpricing in initial public offerings. Journal of Accounting Research, 45 (1), pp. 111–153.

[425] Leuz, C. and Verrecchia, R. E., 1999. The economic consequences of increased disclosure.

[426] Lewellen, K., 2006. Risk, reputation, and IPO price support. The Journal of Finance, 61 (2), pp. 613–653.

[427] Li, E. X. and Ramesh, K., 2009. Market reaction surrounding the filing of periodic SEC reports. The Accounting Review, 84 (4), pp. 1171–1208.

[428] Li, E. X., Ramesh, K., Shen, M. and Wu, J. S., 2015. Do analyst stock recommendations piggyback on recent corporate news? An analysis of regular-hour and after-hours revisions. Journal of Accounting Research, 53 (4), pp. 821–861.

[429] Li, F., 2008. Annual report readability, current earnings, and earnings persistence. Journal of Accounting and Economics, 45 (2-3), pp. 221–247.

[430] Li, F., 2010. The information content of forward-looking statements in corporate filings—A naïve Bayesian machine learning approach. Journal of Accounting Research, 48 (5), pp. 1049–1102.

[431] Li, F., 2011. Survey of the Literature. Journal of Accounting Literature, 29, pp. 143–165.

[432] Li, F., Lundholm, R. and Minnis, M., 2013. A measure of competition based on 10-K filings. Journal of Accounting Research, 51 (2), pp. 399–436.

[433] Li, K., Wang, T., Cheung, Y. L. and Jiang, P., 2011. Privatization and risk sharing: Evidence from the split share structure reform in China. The Review of Financial Studies, 24 (7), pp. 2499–2525.

[434] Li, V., 2016. Do false financial statements distort peer firms' decisions?. The Accounting Review, 91 (1), pp. 251–278.

[435] Li, X. and Masulis, R., 2004. Venture capital investments by IPO underwriters: Certification or conflict of interest? .

[436] Li, X., 2010. The impacts of product market competition on the quantity and quality of voluntary disclosures. Review of Accounting Studies, 15 (3), pp. 663-711.

[437] Li, Y. and Zhang, L., 2015. Short selling pressure, stock price behavior, and management forecast precision: Evidence from a natural experiment. Journal of Accounting Research, 53 (1), pp. 79-117.

[438] Libby, R. and Rennekamp, K., 2012. Self - serving attribution bias, overconfidence, and the issuance of management forecasts. Journal of Accounting Research, 50 (1), pp. 197-231.

[439] Libby, R., 1979. Bankers' and auditors' perceptions of the message communicated by the audit report. Journal of Accounting Research, pp. 99-122.

[440] Liu, Q. and Lu, Z. J., 2007. Corporate governance and earnings management in the Chinese listed companies: A tunneling perspective. Journal of Corporate Finance, 13 (5), pp. 881-906.

[441] Liu, X. and Ritter, J. R., 2011. Local underwriter oligopolies and IPO underpricing. Journal of Financial Economics, 102 (3), pp. 579-601.

[442] Ljungqvist, A., Marston, F. and Wilhelm Jr, W. J., 2006. Competing for securities underwriting mandates: Banking relationships and analyst recommendations. The Journal of Finance, 61 (1), pp. 301-340.

[443] Lo, A. K., 2014. Do declines in bank health affect borrowers' voluntary disclosures? Evidence from international propagation of banking shocks. Journal of Accounting Research, 52 (2), pp. 541-581.

[444] Loughran, T. and McDonald, B., 2011. When is a liability not a liability? Textual analysis, dictionaries, and 10-Ks. The Journal of Finance, 66 (1), pp. 35-65.

[445] Lowry, M., 2009. Discussion of "Shareholder litigation and changes in disclosure behavior". Journal of Accounting and Economics, 47 (1-2), pp. 157-159.

[446] Lummer, S. L. and McConnell, J. J., 1989. Further evidence on the bank lending process and the capital - market response to bank loan agreements. Journal of Financial Economics, 25 (1), pp. 99-122.

[447] Maloney, M. T., McCormick, R. E. and Mitchell, M. L., 1993. Managerial decision making and capital structure. Journal of Business, pp. 189-217.

[448] Manove, M. and Padilla, A. J., 1999. Banking (conservatively) with optimists. The RAND Journal of Economics, pp. 324-350.

[449] Manove, M., Padilla, A. J. and Pagano, M., 2001. Collateral versus project screening: A model of lazy banks. RAND Journal of Economics, pp. 726-744.

[450] Marinovic, I. and Varas, F., 2016. No news is good news: Voluntary disclosure in the face of litigation. The RAND Journal of Economics, 47 (4), pp. 822-856.

[451] Marquardt, C. A. and Wiedman, C. I., 1998. Voluntary disclosure, information asymmetry, and insider selling through secondary equity offerings. Contemporary Accounting Research, 15 (4), pp. 505-537.

[452] Marquez, R., 2002. Competition, adverse selection, and information dispersion in the banking industry. The Review of Financial Studies, 15 (3), pp. 901-926.

[453] Martin, X. and Roychowdhury, S., 2015. Do financial market developments influence accounting practices? Credit default swaps and borrowers' reporting conservatism. Journal of Accounting and Economics, 59 (1), pp. 80-104.

[454] Massa, M., Zhang, B. and Zhang, H., 2015. The invisible hand of short selling: Does short selling discipline earnings management? . The Review of Financial Studies, 28 (6), pp. 1701-1736.

[455] Mayer, C., 1990. Financial systems, corporate finance, and economic development. In Asymmetric information, corporate finance, and investment (pp. 307-332) . University of Chicago Press.

[456] Mayew, W. J. and Venkatachalam, M., 2012. The power of voice: Managerial affective states and future firm performance. The Journal of Finance, 67 (1), pp. 1-43.

[457] Mayew, W. J., Sethuraman, M. and Venkatachalam, M., 2014. MD&A Disclosure and the Firm ' s Ability to Continue as a Going Concern. The Accounting Review, 90 (4), pp. 1621-1651.

[458] McConnell, D., Haslem, J. A. and Gibson, V. R., 1986. The president ' s letter to stockholders: A new look. Financial Analysts Journal, 42 (5), pp. 66-70.

[459] McInnis, J. and Collins, D. W., 2011. The effect of cash flow forecasts on accrual qualityand benchmark beating. Journal of Accounting and Economics, 51 (3), pp. 219-239.

[460] Menkhoff, L., Neuberger, D. and Suwanaporn, C., 2006. Collateral-based lending in emerging markets: Evidence from Thailand. Journal of Banking & Finance, 30 (1), pp. 1-21.

[461] Merkley, K. J., 2014. Narrative disclosure and earnings performance: Evidence from R&D disclosures. The Accounting Review, 89 (2), pp. 725-757.

[462] Merton, R. C., 1987. A simple model of capital market equilibrium with incomplete information. The Journal of Finance, 42 (3), pp. 483-510.

[463] Michaely, R. and Shaw, W. H., 1994. The pricing of initial public offerings: Tests of adverse-selection and signaling theories. The Review of Financial Studies, 7 (2), pp. 279-319.

[464] Milgrom, P. and Roberts, J., 1986. Relying on the information of interested parties. The RAND Journal of Economics, pp. 18-32.

[465] Milgrom, P. R., 1981. Good news and bad news: Representation theorems and applications. The Bell Journal of Economics, pp. 380-391.

[466] Miller, B. P., 2010. The effects of reporting complexity on small and large investor trading. The Accounting Review, 85 (6), pp. 2107-2143.

[467] Miller, G. S., 2002. Earnings performance and discretionary disclosure. Journal of Accounting Research, 40 (1), pp. 173-204.

[468] Miller, G. S., 2006. The press as a watchdog for accounting fraud. Journal of Accounting Research, 44 (5), pp. 1001-1033.

[469] Mohanram, P. S., 2014. Analysts' cash flow forecasts and the decline of the accruals anomaly. Contemporary Accounting Research, 31 (4), pp. 1143-1170.

[470] Moore, M. L., 1973. Management changes and discretionary accounting decisions. Journal of Accounting Research, pp. 100-107.

[471] Morck, R., Shleifer, A. and Vishny, R. W., 1990. Do managerial objectives drive bad acquisitions? . The Journal of Finance, 45 (1), pp. 31-48.

[472] Morsfield, S. G. and Tan, C. E., 2006. Do venture capitalists influence the decision to manage earnings in initial public offerings? . The Accounting Review, 81 (5), pp. 1119-1150.

[473] Murphy, K. J., 1985. Corporate performance and managerial remuneration: An empirical analysis. Journal of Accounting and Economics, 7 (1-3), pp. 11-42.

[474] Muslu, V., Radhakrishnan, S., Subramanyam, K. R. and Lim, D., 2014. Forward-looking MD&A disclosures and the information environment. Management Science, 61 (5), pp. 931-948.

[475] Myers, S. C. and Majluf, N. S., 1984. Corporate financing and investment decisions when

firms have information that investors do not have. Journal of Financial Economics, 13 (2), pp. 187-221.

[476] Myers, S. C., 1977. Determinants of corporate borrowing. Journal of Financial Economics, 5 (2), pp. 147-175.

[477] Nagar, V., Nanda, D. and Wysocki, P., 2003. Discretionary disclosure and stock-basedincentives. Journal of Accounting and Economics, 34 (1-3), pp. 283-309.

[478] Nanda, V. and Yun, Y., 1997. Reputation and financial intermediation: An empirical investigation of the impact of IPO mispricing on underwriter market value. Journal of Financial Intermediation, 6 (1), pp. 39-63.

[479] Nelson, K. K. and Pritchard, A. C., 2007, August. Litigation risk and voluntary disclosure: The use of meaningful cautionary language. In 2nd Annual Conference on Empirical Legal Studies Paper.

[480] Niinimäki, J. P., 2009. Does collateral fuel moral hazard in banking? . Journal of Banking & Finance, 33 (3), pp. 514-521.

[481] Nikolaev, V. V., 2010. Debt covenants and accounting conservatism. Journal of Accounting Research, 48 (1), pp. 137-176.

[482] Nini, G., Smith, D. C. and Sufi, A., 2012. Creditor control rights, corporate governance, and firm value. The Review of Financial Studies, 25 (6), pp. 1713-1761.

[483] Noe, C. F., 1999. Voluntary disclosures and insider transactions. Journal of Accounting and Economics, 27 (3), pp. 305-326.

[484] Ono, A. and Uesugi, I., 2009. Role of collateral and personal guarantees in relationship lending: Evidence from Japan's SME loan market. Journal of Money, Credit and Banking, 41 (5), pp. 935-960.

[485] Palepu, K. G., 1986. Predicting takeover targets: A methodological and empirical analysis. Journal of Accounting and Economics, 8 (1), pp. 3-35.

[486] Pashalian, S. and Crissy, W. J., 1950. How readable are corporate annual reports?. Journal of Applied Psychology, 34 (4), p. 244.

[487] Patton, A., 1951. Current practices in executive compensation. Harvard Business Review, 29 (1), pp. 56-64.

[488] Peek, E., Cuijpers, R. and Buijink, W., 2010. Creditors' and shareholders' reporting demands in public versus private firms: Evidence from Europe. Contemporary Accounting Research, 27 (1), pp. 49-91.

[489] Penman, S. H., 1982. Insider trading and the dissemination of firms' forecast information. Journal of Business, pp. 479-503.

[490] Penman, S. H., 1985. A comparison of the information content of insider trading and management earnings forecasts. Journal of Financial and Quantitative Analysis, 20 (1), pp. 1-17.

[491] Petersen, M. A. and Rajan, R. G., 1995. The effect of credit market competition on lending relationships. The Quarterly Journal of Economics, 110 (2), pp. 407-443.

[492] Piotroski, J. D. and Zhang, T., 2014. Politicians and the IPO decision: The impact of impending political promotions on IPO activity in China. Journal of Financial Economics, 111 (1), pp. 111-136.

[493] Piotroski, J. D., Wong, T. J. and Zhang, T., 2015. Political incentives to suppress negativeinformation: Evidence from Chinese listed firms. Journal of Accounting Research, 53 (2), pp. 405-459.

[494] Poshalian, S. and Crissy, W. J., 1952. Corporate annual reports are difficult, dull reading, human interest value low, survey shows. Journal of Accountancy (pre-1986), 94 (2), p. 215.

[495] Pourciau, S., 1993. Earnings management and nonroutine executive changes. Journal of Accounting and Economics, 16 (1-3), pp. 317-336.

[496] Radhakrishnan, S. and Wu, S. L., 2014. Analysts' cash flow forecasts and accrual mispricing. Contemporary Accounting Research, 31 (4), pp. 1191-1219.

[497] Raffournier, B., 1995. The determinants of voluntary financial disclosure by Swiss listed companies. European Accounting Review, 4 (2), pp. 261-280.

[498] Rajan, R. and Winton, A., 1995. Covenants and collateral as incentives to monitor. The Journal of Finance, 50 (4), pp. 1113-1146.

[499] Rajan, R. G., 1992. Insiders and outsiders: The choice between informed and arm's-length debt. The Journal of Finance, 47 (4), pp. 1367-1400.

[500] Ramanna, K. and Roychowdhury, S., 2010. Elections and discretionary accruals: Evidence from 2004. Journal of Accounting Research, 48 (2), pp. 445-475.

[501] Rennekamp, K., 2012. Processing fluency and investors' reactions to disclosure readability. Journal of Accounting Research, 50 (5), pp. 1319-1354.

[502] Rogers, J. L. and Van Buskirk, A., 2009. Shareholder litigation and changes in disclosure behavior. Journal of Accounting and Economics, 47 (1-2), pp. 136-156.

[503] Rogers, J. L., Van Buskirk, A. and Zechman, S. L., 2011. Disclosure tone and shareholder litigation. The Accounting Review, 86 (6), pp. 2155–2183.

[504] Rogers, R. K. and Grant, J., 1997. Content analysis of information cited in reports of sell–side financial analysts. Journal of Financial Statement Analysis, 3, pp. 17–31.

[505] Ross, D. G., 2010. The "dominant bank effect": How high lender reputation affects the information content and terms of bank loans. The Review of Financial Studies, 23 (7), pp. 2730–2756.

[506] Rozeff, M. S., 1982. Growth, beta and agency costs as determinants of dividend payout ratios. Journal of Financial Research, 5 (3), pp. 249–259.

[507] Ruckes, M., 2004. Bank competition and credit standards. Review of Financial Studies, 17 (4), pp. 1073–1102.

[508] Ruland, W., Tung, S. and George, N. E., 1990. Factors associated with the disclosure of managers' forecasts. Accounting Review, pp. 710–721.

[509] Salancik, G. R. and Meindl, J. R., 1984. Corporate attributions as strategic illusions of management control. Administrative Science Quarterly, pp. 238–254.

[510] Schipper, K., 1989. Earnings management. Accounting Horizons, 3 (4), p. 91.

[511] Sengupta, P., 1998. Corporate disclosure quality and the cost of debt. Accounting Review, pp. 459–474.

[512] Shleifer, A. and Vishny, R. W., 1997. A survey of corporate governance. The Journal of Finance, 52 (2), pp. 737–783.

[513] Skinner, D. J., 1994. Why firms voluntarily disclose bad news. Journal of Accounting Research, 32 (1), pp. 38–60.

[514] Skinner, D. J., 1997. Earnings disclosures and stockholder lawsuits. Journal of Accounting and Economics, 23 (3), pp. 249–282.

[515] Slovin, M. B. and Young, J. E., 1990. Bank lending and initial public offerings. Journal of Banking & Finance, 14 (4), pp. 729–740.

[516] Smith Jr, C. W. and Warner, J. B., 1979. On financial contracting: An analysis of bond covenants. Journal of Financial Economics, 7 (2), pp. 117–161.

[517] Smith, J. E. and Smith, N. P., 1971. Readability: A measure of the performance of the communication function of financial reporting. The Accounting Review, 46 (3), pp. 552–561.

[518] Smith, M. and Taffler, R., 1992. The chairman's statement and corporate financial per-

formance. Accounting & Finance, 32 (2), pp. 75-90.

[519] Soper, F. J. and Dolphin, R., 1964. Readability and corporate annual reports. The Accounting Review, 39 (2), p. 358.

[520] Stiglitz, J. E. and Weiss, A., 1981. Credit rationing in markets with imperfect information. The American Economic Review, 71 (3), pp. 393-410.

[521] Stulz, R., 1990. Managerial discretion and optimal financing policies. Journal of Financial Economics, 26 (1), pp. 3-27.

[522] Subramanian, R., Insley, R. G. and Blackwell, R. D., 1993. Performance and readability: A comparison of annual reports of profitable and unprofitable corporations. The Journal of Business Communication (1973), 30 (1), pp. 49-61.

[523] Takaoka, S. and McKenzie, C. R., 2006. The impact of bank entry in the Japanese corporate bond underwriting market. Journal of Banking & Finance, 30 (1), pp. 59-83.

[524] Tan, H., Wang, S. and Welker, M., 2011. Analyst following and forecast accuracy after mandated IFRS adoptions. Journal of Accounting Research, 49 (5), pp. 1307-1357.

[525] Tan, H. T., Wang, E. Y. and Zhou, B., 2015. How does readability influence investors' judgments? Consistency of benchmark performance matters. The Accounting Review, 90 (1), pp. 371-393.

[526] Tan, L., 2013. Creditor control rights, state of nature verification, and financial reporting conservatism. Journal of Accounting and Economics, 55 (1), pp. 1-22.

[527] Teoh, S. H., Wong, T. J. and Rao, G. R., 1998. Are accruals during initial public offerings opportunistic? . Review of Accounting Studies.

[528] Tetlock, P. C., 2007. Giving content to investor sentiment: The role of media in the stock market. The Journal of Finance, 62 (3), pp. 1139-1168.

[529] Tetlock, P. C., Saar-Tsechansky, M. and Macskassy, S., 2008. More than words: Quantifying language to measure firms' fundamentals. The Journal of Finance, 63 (3), pp. 1437-1467.

[530] Trueman, B., 1986. Why do managers voluntarily release earnings forecasts? . Journal of Accounting and Economics, 8 (1), pp. 53-71.

[531] Tsang, E. W., 2002. Self-serving attributions in corporate annual reports: A replicated study. Journal of Management Studies, 39 (1), pp. 51-65.

[532] Verrecchia, R. E. and Weber, J., 2006. Redacted disclosure. Journal of Accounting Re-

search, 44 (4), pp. 791–814.

[533] Verrecchia, R. E., 1983. Discretionary disclosure. Journal of Accounting and Economics, 5, pp. 179–194.

[534] Wang, D., 2006. Founding family ownership and earnings quality. Journal of Accounting Research, 44 (3), pp. 619–656.

[535] Wang, H. and Qian, C., 2011. Corporate philanthropy and corporate financial performance: The roles of stakeholder response and political access. Academy of Management Journal, 54 (6), pp. 1159–1181.

[536] Warner, J. B., Watts, R. L. and Wruck, K. H., 1988. Stock prices and top management changes. Journal of Financial Economics, 20, pp. 461–492.

[537] Watts, R. L. and Zimmerman, J. L., 1990. Positive accounting theory: A ten year perspective. Accounting Review, pp. 131–156.

[538] Watts, R. L., 2003. Conservatism in accounting part I: Explanations and implications. Accounting Horizons, 17 (3), pp. 207–221.

[539] Weiner, B., 1979. A theory of motivation for some classroom experiences. Journal of Educational Psychology, 71 (1), p. 3.

[540] Weisbach, M. S., 1988. Outside directors and CEO turnover. Journal of Financial Economics, 20, pp. 431–460.

[541] Welker, M., 1995. Disclosure policy, information asymmetry, and liquidity in equity markets. Contemporary Accounting Research, 11 (2), pp. 801–827.

[542] Wittenberg – Moerman, R., 2008. The role of information asymmetry and financial reporting quality in debt trading: Evidence from the secondary loan market. Journal of Accounting and Economics, 46 (2–3), pp. 240–260.

[543] Wong, P. T. and Weiner, B., 1981. When people ask "why" questions, and the heuristics of attributional search. Journal of Personality and Social Psychology, 40 (4), p. 650.

[544] Xu, C., 2011. The fundamental institutions of China's reforms and development. Journal of Economic Literature, 49 (4), pp. 1076–1151.

[545] Yasuda, A., 2007. Bank relationships and underwriter competition: Evidence from Japan. Journal of Financial Economics, 86 (2), pp. 369–404.

[546] Yeh, Y. H., Ko, C.,, and Su, Y. H., 2003, Ultimate control and expropriation of minority shareholders: New evidence from Taiwan, Academia economic papers 31,

pp. 263-299.

[547] Yeh, Y. H., Shu, P. G. and Yang, Y. W., 2016. How insiders' personal incentives and timeliness of information revelation are related to their sales timing. Review of Pacific Basin Financial Markets and Policies, 19 (2).

[548] Yeh, Y. H., Shu, P. G., Lee, T. S. and Su, Y. H., 2009. Non-tradable share reform and corporate governance in the Chinese stock market. Corporate Governance: An International Review, 17 (4), pp. 457-475.

[549] Yermack, D., 1997. Good timing: CEO stock option awards and company news announcements. The Journal of Finance, 52 (2), pp. 449-476.

[550] Yermack, D., 2006. Flights of fancy: Corporate jets, CEO perquisites, and inferior shareholder returns. Journal of Financial Economics, 80 (1), pp. 211-242.

[551] Yezegel, A., 2015. Why do analysts revise their stock recommendations after earnings announcements? . Journal of Accounting and Economics, 59 (2-3), pp. 163-181.

[552] You, H. and Zhang, X. J., 2009. Financial reporting complexity and investor underreaction to 10-K information. Review of Accounting Studies, 14 (4), pp. 559-586.

[553] Yu, F. F., 2008. Analyst coverage and earnings management. Journal of Financial Economics, 88 (2), pp. 245-271.

[554] Zang, A. Y., 2011. Evidence on the trade-off between real activities manipulation and accrual-based earnings management. The Accounting Review, 87 (2), pp. 675-703.

[555] Zarutskie, R., 2006. Evidence on the effects of bank competition on firm borrowing and investment. Journal of Financial Economics, 81 (3), pp. 503-537.

[556] Zhang, J., 2008. The contracting benefits of accounting conservatism to lenders and borrowers. Journal of Accounting and Economics, 45 (1), pp. 27-54.

[557] Zimmer, I., 1980. A lens study of the prediction of corporate failure by bank loan officers. Journal of Accounting Research, pp. 629-636.

重要术语索引